浙江省普通高校"十三五"新形态教材

创新创业启蒙

金伟林　吴画斌　任本燕　主　编
王　侦　邵天舒　来　炳　副主编

中国财经出版传媒集团
经济科学出版社
Economic Science Press

图书在版编目（CIP）数据

创新创业启蒙/金伟林，吴画斌，任本燕主编；王侦，邵天舒，来炳副主编. —北京：经济科学出版社，2021.11

浙江省普通高校"十三五"新形态教材
ISBN 978-7-5218-3075-0

Ⅰ.①创⋯　Ⅱ.①金⋯②吴⋯③任⋯④王⋯⑤邵⋯⑥来⋯　Ⅲ.①大学生-创业-高等职业教育-教材　Ⅳ.①G647.38

中国版本图书馆 CIP 数据核字（2021）第 232867 号

责任编辑：李　雪　袁　澈
责任校对：王苗苗
责任印制：王世伟

创新创业启蒙

金伟林　吴画斌　任本燕　主　编
王　侦　邵天舒　来　炳　副主编
经济科学出版社出版、发行　新华书店经销
社址：北京市海淀区阜成路甲 28 号　邮编：100142
总编部电话：010-88191217　发行部电话：010-88191522
网址：www.esp.com.cn
电子邮箱：esp@esp.com.cn
天猫网店：经济科学出版社旗舰店
网址：http://jjkxcbs.tmall.com
北京季蜂印刷有限公司印装
787×1092　16 开　18.75 印张　350000 字
2021 年 11 月第 1 版　2021 年 11 月第 1 次印刷
ISBN 978-7-5218-3075-0　定价：48.00 元
(图书出现印装问题，本社负责调换。电话：010-88191510)
(版权所有　侵权必究　打击盗版　举报热线：010-88191661
QQ：2242791300　营销中心电话：010-88191537
电子邮箱：dbts@esp.com.cn)

前 言
PREFACE

创新创业,是国家发展之根,是民族振兴之魂。党的十六大把"提高自主创新能力,建设创新型国家"定为"国家发展战略的核心""提高综合国力的关键",要把我国建设成创新型国家。实现这一宏伟目标,培养创新创业人才是关键,而人才培养,教育是基础。继续深化教育改革,开展创新创业能力教育是根本途径。因此,国家与各级政府部门高度重视大学生创新创业教育,全国各高校也纷纷设立创业学院,并开设创新创业相关课程。课程教学离不开教材,本书主要是为了开发大学生创意、创新、创业潜能,提升大学生创新与创业意识,培养大学生发现问题与解决问题的能力而编写的一部专用通识类基础教材。

大众创业,万众创新的时代背景下,创业教育的目的不是让每一个大学生都去创业、去开公司,而是要增强学生的创新精神、创业意识和创新创业能力,从而不断提高应用型人才培养质量、促进学生全面发展、更好地推动毕业生创业就业。因此,本书在内容上追求知识点基础全面、通俗易懂;在结构上,层次清晰,由浅入深,结合较新案例,让读者有更好的阅读体验。

全书共九章:第一章,时代呼唤大学生创新创业,介绍大学生为什么要学习创新创业;第二章,从创新到创业,让我们理解创新与创业的深层内涵等;第三~五章,介绍蒂蒙斯模型中的三大要素,机会、团队与资源,在创业过程中这三者相辅相成,缺一不可;第六章,创业风险控制,创业的风险很高,失败的代价很大,创业者要提前做好风险防范;第七章,如何设计商业模式,在"互联网+"时代,好的商业模式助力创业成功;第八章,创新创业能力提升与路演融资,介绍如何提升创新创业能力,以及如何路演才能吸引投资人,这也是创业过程中非常关键的一个环节;第九章,如何创办新企业,介绍创业企业如何成立,成立后如何生存下来,在生存下来后又如何快速成长。同时教材配套丰富的数字资源,把教学要点与教材中知识点完美结合,启发学生思考,强化学生练习,提升教学质量。

《创新创业启蒙》一书,从我国大学生的实际出发,立足于培养开发学生的双创通识基础能力，着眼于培养创新、创业人才，从理论与实践、历史与现实、知识点与案例的结合上，采用深入浅出的手法，对创新、创业、思维等有关理论作了重点阐述，文字通俗易懂，层次分明，概念清晰，有较强的可操作性。

  同时，本教材在编写过程中，借鉴和参考了国内外大量前沿的创业指导和创新创业教育研究成果和文献资料，在这里对相关原创作者表示衷心的感谢。由于编者水平有限，书中难免存在疏漏和不足之处，恳请有关专家、同行及所有读者批评指正，以便我们能够进一步地完善和提高。

编 者
2021年10月于杭州

目 录
CONTENTS

第一章 时代呼唤大学生创新创业 ... 1
- 第一节 经济转型与创新创业 ... 1
- 第二节 创新创业与人生发展 ... 7

第二章 从创新到创业 ... 16
- 第一节 如何理解创新 ... 16
- 第二节 创业基本过程 ... 33
- 第三节 创新思维与创业 ... 41

第三章 创业机会从何而来 ... 55
- 第一节 创业机会认知 ... 55
- 第二节 创业机会识别 ... 64
- 第三节 创业机会评价 ... 72

第四章 怎样寻找创业伙伴 ... 79
- 第一节 创业者 ... 79
- 第二节 创业团队 ... 85

第五章 如何整合创业资源 ... 101
- 第一节 创业资源认知 ... 101
- 第二节 创业资源整合 ... 110
- 第三节 创业融资渠道 ... 119

第六章 创业风险控制 ... 141
- 第一节 创业风险认知 ... 141

第二节　创业风险识别 …………………………………… 148
　　第三节　创业风险管理 …………………………………… 154

第七章　商业模式设计 …………………………………… 161

　　第一节　商业模式认知 …………………………………… 161
　　第二节　商业模式剖析 …………………………………… 170
　　第三节　商业模式设计 …………………………………… 183

第八章　创新创业能力提升与路演融资 ………………… 195

　　第一节　大学生创新创业能力 …………………………… 195
　　第二节　创业路演 ………………………………………… 210

第九章　如何创办新企业 ………………………………… 221

　　第一节　新企业的成立 …………………………………… 221
　　第二节　新企业的生存 …………………………………… 242
　　第三节　新企业的成长 …………………………………… 266

参考文献 ……………………………………………………… 289
后记 …………………………………………………………… 293

第一章
时代呼唤大学生创新创业

大学生的创新创业发展一直是我国提倡、支持的重要政策,早在2015年,李克强总理在给清华学子的创客回信中阐述了他的观点:"青年愿意创业,才能让社会充满生机;青年积极创新,才能让国家体现朝气。"[①] 2021年10月15日,国务院办公厅发布了《国务院办公厅关于进一步支持大学生创新创业的指导意见》,从提升大学生创新创业能力、优化大学生创新创业环境、加强大学生创新创业服务平台建设、推动落实大学生创新创业财税扶持政策、加强对大学生创新创业的金融政策支持、办好中国国际"互联网+"大学生创新创业大赛等八个方向出发,旨在督促支持大学生创新创业各项政策的落实,及时帮助大学生解决实际问题。

第一节 经济转型与创新创业

经济转型是指一个国家或地区的经济结构和经济制度在一定时期内发生的根本变化。具体地讲,经济转型是经济体制的更新,是经济增长方式的转变,是经济结构的提升,是支柱产业的替换,是国民经济体制和结构发生的一个由量变到质变的过程。经济转型不是我国特有的现象,任何一个国家在实现现代化的过程中都会面临经济转型的问题。即使是市场经济体制完善、经济非常发达的西方国家,其经济体制和经济结构也并非尽善尽美,也存在着现存经济制度向更合理、更完善经济制度转型的过程,也存在着从某种经济结构向另一种经济结构过渡的过程。

---

① 中央政府门户网站. 李克强为啥在"五四"给创客回信?[EB/OL]. (2015-05-04)[2015-05-05]. http://www.gov.cn/xinwen/2015-05/05/content_2856862.htm.

一、我国经济新常态

中国经济发展在过去几十年间成绩显著，现在也处于经济转型时期。从更长期的趋势看，由于"人口红利"逐步消失和劳动力低成本优势减弱，土地和矿产资源稀缺将继续推动成本上扬，加大环境治理力度使环境成本上升，技术扩散效应下降使生产率增长趋缓，这些变化都对经济转型提出了迫切要求。早在2014年习近平同志就指出："我国发展仍处于重要战略机遇期，我们要增强信心，从当前我国经济发展的阶段性特征出发，适应新常态，保持战略上的平常心态。"① 并强调指出："我国经济发展进入新常态，是我国经济发展阶段性特征的必然反映，是不以人的意志为转移的。认识新常态、适应新常态、引领新常态，是当前和今后一个时期我国经济发展的大逻辑。"② 这一重要论断将新常态提升到国家战略层面。中国经济向形态更高级、分工更复杂、结构更合理阶段演化，这是我们做好经济工作的出发点。

新常态之"新"，意味着不同以往；新常态之"常"，意味着相对稳定，主要表现为经济增长速度适宜、结构优化、社会和谐。转入新常态，意味着我国经济发展的条件和环境已经或即将发生诸多重大转变，经济增长将与过去30多年10%左右的高速度基本告别，与传统的不平衡、不协调、不可持续的粗放增长模式基本告别。在习近平看来，新常态有几个主要特点：速度——"从高速增长转为中高速增长"，结构——"经济结构不断优化升级"，动力——"从要素驱动、投资驱动转向创新驱动"③。

党的十九大提出，创新是引领发展的第一动力，是建设现代化经济体系的战略支撑，新形势下，我国正在深入实施创新驱动发展战略、加快创新型国家建设步伐。由于各国之间综合国力的强弱取决于科学技术知识的创新，以及能否将创新性成果迅速转化为当前生产力，大量优质创新创业人才就显得尤其关键。我国党的十七大也曾明确提出了建设创新型国家发展的战略，创新创业精神和能力对其有着直接的影响，是国家发展战略目标的实现过程。

---

①② 人民网. 深刻认识我国经济发展新常态 [EB/OL]. (2015-06-02)[2015-06-03]. http://opinion.people.com.cn/n/2015/0602/c1003-27088631.html.
③ 人民网.《谋求持久发展 共筑亚太梦想》——在亚太经济组织工商领导人峰会开幕式上的演讲 [EB/OL]. (2014-11-09)[2014-11-10]. http://finance.people.com.cn/n/2014/1110/c1004-26000555.html.

【视野拓展】

分享经济：新常态下的新动能[①]

虚拟商铺、网租房、网约车……分享经济近年来逐渐扩展到消费的各个领域，给人们生活带来极大便捷。而与此同时，这一新兴的经济模式对传统经济模式也造成了冲击。是观望还是迎接？如何看待分享经济的兴起与未来的走势？几位经济学与社会学学者就相关话题接受了记者采访。

1. 带有明显的互联网"基因"

"分享经济是个人将闲置资源共享，借助互联网平台把资源提供给需要的人或群体，使供需匹配最优化。"在武汉大学社会学系副教授张杨波看来，与传统经济模式相比，这种新模式既增加了资源提供者的额外报酬，也降低了资源获取者付出的成本。随着网络技术的快速更新，社会群体对新模式的接受度提高以及人们闲置资源增多，从个人到正式组织都将成为分享经济的主体。

分享经济带有明显的互联网"基因"。山东省中国特色社会主义理论体系研究中心研究员崔宝敏介绍说，分享经济以现代信息技术为支撑，以互联网、物联网、大数据和云计算为技术支持，以社交网络（SNS）信任机制为信用保障，基于未知的服务为多样化的交易需求提供了可能。

"信息网络技术从两方面为分享经济的发展提供了条件。"中国社会科学院信息化研究中心秘书长姜奇平提出，一是促进了供求信息便捷沟通，从而为协同消费提供了信息对称的条件；二是促进了生产资料非排他性使用，从而为平台分享提供了分摊固定成本的条件。

基于开放的互联网平台，每个参与者既是生产者也是消费者。"分享经济体现了人人参与的主体特征和闲置利用的客体特征。"崔宝敏表示，参与者越多，消费者剩余也就越大，社会产品的经济价值便能得到最大限度发挥。分享经济的核心就是整合分散的各类资源，发挥其最大效用。

关于"使用"的新的经济逻辑得益于产权变革带来的支配权与使用权的"核裂变"，正如姜奇平所说，产权制度的变革是分享经济产生的制度条件。在分享经济中，使用物品但不必占有。张杨波认为，分享意味着提供者让渡了资源的使用权，分享经济最突出的特点是所有权和使用权的分离。崔宝敏进一步分析说，采用以租代买、以租代售的方式分享部分产权，不仅达

[①] 资料来源：张清俐. 分享经济：新常态下的新动能 [N]. 中国社会科学报，2016-12-09.

到了交易双方互惠，而且实现了消费体验的共赢。

2. 有利于拉动经济发展

在我国经济新常态形势下，发展分享经济适应了"创新、协调、绿色、开放、共享"五大发展理念的新要求。

姜奇平提出，定义分享经济不应只从消费、商品这一低层次概括，还要从生产、资本这一更高层次概括。产生于网络信息技术时代的分享经济是信息生产力的产物。信息生产力比工业生产力更先进、更高级，代表着现代化的新驱动力。分享经济带来的利益共享，是生产力发展到高级阶段的必然结果。

分享经济对整体经济发挥的拉动作用，体现在新常态下的新动能上。姜奇平介绍说，首先是增长的新动能，新常态下增速下降，但分享经济通过分享生产资料，相当于"复印"资本，使资本的充裕度上升，由此带来高质量的增长。其次是就业的新动能，分享经济通过支持"双创"，鼓励平台将其重资产分享给"双创"人员，有力地支持了灵活就业。最后，分享经济还为服务实体经济提供新动能。分享经济与金融经济同为虚拟经济，但后者往往脱离实体经济，造成经济的"华尔街"化，而分享经济只有为实体经济服务、贴近实体经济才有出路。

崔宝敏从全球经济的客观形势判断，分享经济的产生与成长既受益于现代信息技术的推动之力，也来源于经济层面诸多瓶颈的倒逼之力。传统产业的产能过剩与海量的闲置资源为分享经济提供了巨大的供给池，原有商业模式的链条臃肿与协同障碍迫使各行业急切地突破流通困局。经济危机的频现最终引发人类对传统生产方式的反思，诱致分享经济"使用而不占有""不使用即浪费"的消费价值观在全球范围内得到认同。

二、经济转型与创业热潮

考研热潮、公务员热潮是我们几年前经常听到的热点词，如今，创业热潮已然就在我们身边。无处不在的创业激情、创业故事表明，我们正处在一个大众创业的黄金时代。这一转变的背后，不仅是全社会对于不同职业价值评判标准的变化，也与中国经济发展进入新阶段，以及产业组织方式的深刻变革等因素密切相关。

（一）经济转型是创业热潮的本质驱动力

在伴随着经济转型的知识经济时代，创办以技术或创新为主要驱动力的企业成为经济发展的重要基础，创业在经济发展中的地位和作用更加突出，日益成为经济发展的强大动力。伴随着国际化的改革，中国在加速工业化、城市化和市场化的同时为创业热潮的兴起提供了大量的创业机会，特别是在高新技术产业中。

当前经济转型进入经济社会各领域的全面转型，一部分原来由政府承担的社会、经济职能改由市场中介机构承担，创业者依法创办这类中介机构，在政府监督下承担这些职能，有利于在市场中介领域引入竞争机制，有利于完善市场经济体制所必需的服务体系；同时在促进经济与社会发展、防止垄断、促进市场商品和生产要素流动等方面发挥重要作用。

（二）创新创业是经济转型升级的先锋力量

在经济新常态的背景下，中国转型升级需要创新创业来实现。中国正处在转型升级的过渡期，传统产业竞争力在弱化，新兴产业产生的新动力正在发展。尽管先进制造业、高新技术产业发展速度比较快，但总量还很小。以新能源汽车为例，2020 年我国全年产量 145.6 万辆，比上年增长 17.3%，我国产销量连续 6 年位居全球第一，累计推广超过 550 万辆，但整体来看，2020 年我国汽车总产量为 2522.5 万辆，新能源汽车产量占比仅有 5.77%。因此，中国新兴产业发展的活力还没有得到充分释放，新兴产业发展仍有很大空间。

当下创新创业已经成为转变增长方式的突破口，从结构调整的成效来看，新兴产业具有的高附加值、高利润特点，对产业质量和效益将发挥决定性作用。2015 年 5 月，中国实现制造强国的第一个十年的行动纲领《中国制造 2025》出台。"十三五"期间，我国战略性新兴产业总体实现持续快速增长，经济增长新动能作用不断增强。在工业方面，我国战略性新兴产业规模以上工业增加值增速始终高于全国工业总体增速，2020 年上半年，我国战略性新兴产业规模以上工业增加值同比增长 2.9%，高出全国总体增速 4.2 个百分点。在相关服务业方面，2018 年以来，我国战略性新兴服务业的营收增速也始终高于全国规模以上服务企业营收增速，2020 年 1~11 月，全国战略性新兴服务业的营收增速达 8.6%，而全国规模以上服务企业营收增速为 1.6%。这意味着我国传统产业的转型升级和新兴产业的加快发展，正在同时发力。

（三）经济转型与创业热潮相互推进并持续发展

在知识经济条件下，创业热潮的兴起使网络等通信手段更加发达，知识的生产加快,知识的传播、知识的转移速度也得到加快,人们能够更广泛、更及时地实现知识、信息、资源共享。创业热潮的积极作用反过来又要求进一步加快经济转型,为更好地促进经济社会发展优化环境,因此经济转型与创业热潮是相互推进发展的过程。

当前,我国的经济转型从部分领域的转型进入经济社会的全面转型阶段,经济结构和社会结构呈现为整体性的加速跃迁。全球经济一体化的浪潮也在加快着我国经济发展的步伐。同时伴随着大数据、云计算、移动互联网和社交网络的广泛应用,移动互联领域掀起新的创业大潮被看作当前创业浪潮中的亮点,由此可见,经济转型与创业热潮的相互作用还在持续。

三、创新创业与社会进步

(一)创新创业增加社会财富

根据马斯洛(Maslow)的需求层次论,需要对不同的人表现为不同层次,有最基本的生存需要,也有最高层次的自身价值实现的需要。正如亚当·斯密(Adam Smith)所言:"我们从胎里出来一直到死,从没有一刻放弃过改良自身状况的愿望。我们一生到死,对于自身地位,几乎没有一个人会有一刻觉得完全满意,不求进步,不求改良。但怎样改良呢,最显而易见,最具常识性的办法是增加财产。"创业者的创新创业活动也许出于多种目的,但根本的动力是获利,这也是创业者的共同心愿。创业者的大量出现、创新创业活动的风起云涌,必然将随之产生一批具有创新创业烙印的企业,也必然从收益结果上增加社会财富。

(二)创新创业推动科技进步

经过几代人艰苦卓绝的持续奋斗我国科技事业取得了令人鼓舞的巨大成就,以"两弹一星""载人航天""杂交水稻""高性能计算机"等为代表的一大批重大科技成就,极大地增强了我国的综合国力。然而,同发达国家比,这中间的差距还是巨大的,仍需我们不断努力,发挥好创新创业将新理论、新技术、新知识、新制度形成现实生产力的转化器作用,实现先进技术转化,推动新发明、新产品或新服务的不断涌现,创造出新的市场需求,从而进一步推动和深化科技创新,提高企业或是整个国家的创新能力,推动经济增长。

(三) 创新创业增强经济活力

无论是"大众创新、万众创业"的号召引来的大批寻梦者、各类创业沙龙和路演上侃侃而谈的创业者、每天奔走在数个项目间的投资人,还是如雨后春笋般冒出的创业孵化器、新锐投资机构,无一不印证着创业带给个人和社会无限的机遇。创新创业是一个国家经济发展中最具有活力的部分,无论在任何国家,创新创业都是经济发展的原动力。从全球视角来看,创业对一国经济发展起着至关重要的作用。在过去的30年里,美国出现了"创业革命",高新技术与创业精神相结合成了美国保持世界经济"火车头"地位的"秘密武器"。我国改革开放以后,国家实行市场经济,积极支持个人投资兴办企业,新创办的中小企业成为我国新的经济增长点,对我国经济持续高速增长,以及促进我国的城市化进程和现代化建设,都起到了重要的作用。大众创业是适应经济转型发展的需要,通过创新创业引导社会各层次,更广泛地参与经济建设,打造经济发展新引擎,增强经济活力。

(四) 创新创业推动社会进步

创新创业促进了经济的发展,促进了市场的繁荣,丰富了人们的生活,提高了人们生活的质量,促进了社会稳定和谐……总之,创新创业推动了社会的进步。创业有利于激发全社会的创新思维与创业精神,形成鼓励创业、容忍失败的社会氛围;创业有利于转变人们的观念,使国家更加富强与文明,社会更加自由与公正,个人更加诚信与敬业。创新创业伴随着大量新价值的产生,它是促进就业质量提升、改善人们生活质量、调整社会生产关系的有效途径之一。创新创业可以使社会资源在竞争状态下达到有效配置,从而实现人、经济与社会的科学、可持续、和谐的发展。创新创业也是解决人类社会发展中问题的路径之一,包括全球气候变暖问题、社会发展不平衡问题、能源耗竭问题等,知识经济时代下,人们通过对新知识、新技术的研究和应用,用商业思维去解决普遍的人类社会问题。

第二节 创新创业与人生发展

创新创业是一种理念,一种精神,一种不满足于现状、敢于创新并承担奉献的精神,也是一种在考虑资源约束的情况下把握机会创造价值的认识。

从广义的角度来看，创业活动可以理解为一个人根据自己的性格、兴趣、知识、能力等选择适合自己的事业，最终实现人生目标的过程。创新创业能力中所包含的创新能力、领导能力、管理能力、沟通协调能力等，具有普遍性和适应性，无论你从事什么样的行业和职业，都将在个人职业生涯、人生发展中发挥积极的作用。

一、创业与就业

创业与就业，从表面看来，是大学生选择出路的两种完全不同的方式，但从职业发展之路来说，两种选择都可能是暂时的，并非相互对立的、不可改变的，这从毕业生创业率、一年后创业率、三年后创业率的数据变化中可见一斑。但在选择的当下，创业与就业，分别代表了两种完全不同的职业发展道路，甚至是不同的人生。创业与就业的主要差别表现在：

两者在企业中的地位、肩负的责任和使命均有较大差异。就业者通常处于企业中低层，到达高层需要一个相对长期的过程，也不需要对企业的成长负责，做好本职工作即可。创业者则通常处于新创企业的高层，在企业的创建过程中，创业者始终是负责人，始终参与其中。

就业很大程度上依靠企业实体，但创业更多地要考虑自身的经验、学识与财力，以及各种需求和各种资源占有等条件。就业者通常具备一项专业技能即可开展自己的工作；创业者通常身兼多职，既要有战略眼光，也要有具体的经营技能，从而要求其具备相当全面的知识和技能。这也意味着在不同的位置上，职业成长的空间、速度、可能性都存在着较大的差距。

就业的主要投入是数年的教育成本，而创业除了教育成本外，还包括前期准备中投入的人力、物力和资金成本。一旦失败，就业者并不会丧失教育成本，但创业者会损失在创业前期投入的几乎一切成本；而一旦成功，就业者只能获得约定的工资、奖金及少量的利润，创业者则会获得大多数经营利润，其数额理论上没有上限。

当前时代背景下，对人才创新创业能力和素质的需求，并不限于自主创业者，而是对未来劳动者的共同要求，即使就业，也会面临原有企业的创新发展、内部创业，以及个体的职业转换。因而，高校愈发重视创新创业教育，众多高校将创新意识、创新精神、实践能力、创新创业能力等写入人才培养目标。浙江省教育评估院每年对毕业生就业情况评估中，将实践动手能力、专业水平、创新能力、管理能力、合作与协调能力、人际沟通能力、心理素质及抗压能力、综合素质8项指标纳入用人单位对各高校毕业生满意度考察，其与创新创业能力的高度重合，在一定程度上证明了创新创业与就业的正向促进作用。当代大学生必须具有从业和创业的双重能力，具备全面的职业转换能力和自主创新创业能力，才能适应未来的社会经济环境。这既是社会进步对人的要求，也是人们自身发展的必然趋势。

【视野拓展】

江南世家的传承与创新[①]

朱某，浙江省某高校国际经济与贸易专业2010届毕业生，现任浙江省某研究协会的副会长，绍兴某纺织有限公司副总，绍兴某进出口有限公司总经理。

从小活泼调皮，成绩优异，而大学毕业后的工作经历也无一不展现出了其敢闯敢拼的心态：2010年毕业后，他在上海某地产公司担任了两年财务总监助理，两年后他成为旗下品牌区域招商经理，随后又在某国际公司内担任了两个外地项目的独立招商总监，分别完成南通新天地和苏州花样城的招商工作。回到绍兴后，在绍兴某广场担任过招商经理。这是他继承家业前的丰富就业经历。

子承父业，二次创业

2015年，从上海回绍后，朱某开始踏入一个陌生行业——纺织领域。继承父亲的企业，他经历了从无到有，从不懂到精通，从工厂到贸易公司的转变，经过三年时间的积累与沉淀、改革和创新，终于将原企业完美转型蜕变，并成立了自己独立运作的贸易公司。

工作之初，从产品报价到跟单再到整个合同的完成，需要全部独当一面时，朱某承受了巨大的压力。白天，他正常上班，在厂里学习报价、生产等产业链实操知识，到了晚上则去培训班上课，学习该领域的专业知识。用了两个月的时间，朱某对公司业务及领域专业知识具有了一定的了解。之后，他开始制作企业销售计划，致力于用销售带动生产。

二次创业的过程同样是艰辛的。刚接手企业时，朱某主要做了两方面的变革。一是以点带面，用销售带动生产；二是引进互联网技术，提高企业效

---

① 资料来源：邵毅平，沃健．活力 魅力 实力——浙江财经大学东方学院校友成长录[M]．北京：中国经济出版社，2019：167-170．

率。在对外营销方面，朱某主要通过电子商务做企业推广，利用专业平台、公众号等进行宣传。在对内管理方面，亦是充分利用互联网来提高管理效率。比如，在产品管理方面，引进了产品运作管理系统，以方便产品的检索与寻找。同时，他将面料基本的五大要素一一对应制作样卡，并与系统配对，致力于为客户提供最全面最周到的服务。

然而，培养新人却成为朱某创业路上最为棘手的一环。既然是"销售带动生产"，那么，销售人员的素质水平则成为战略实施中的关键。由于公司产品的特殊性，作为销售人员，要求其能够掌握产品的方方面面，比如面料的甄选与辨别、样品分析等。倘若不了解这些专业知识，就很难进行产品的销售工作。因此，朱某在培养人员时，采用老带新的培训模式，既从职业经理人的角度去培训他们的工作能力，又从专业知识方面对他们进行培训与提升。

朱某表示，他和他的企业无时无刻不在做的是培训，是与时俱进的学习。作为领导者，则需要具有一定的谋略，不能只会埋头苦干。同时，要具有一定的思辨能力和大局观。能够预知可能会发生的问题，并提前安排部署。对于员工的培养，则要求领导者能够正确决策，知道如何引路。

企业的二次变革

企业运营了一段时间之后，朱某发现，企业接到的订单要求并不高，但是厂房做出的产品却经常出现质量问题，或者不能按期交付等问题。与此同时，在厂房运作中，一旦机器由于客观原因停下来，折损的就是产品成本以及员工成本，致使厂房常常处于亏损状态。至此，朱某经过深思熟虑，调整了企业战略方向，舍弃实业，转为纯贸易公司。

在此战略方向下，企业将厂房整体出租出去，不仅没有了工厂生产压力，同时还能够获得一笔租金收益，而企业则能够专注于服务的提供。谈妥的订单，可以下放到其他工厂生产，只需保证按期交付与质量问题即可。由此，企业二次变革，成功转型为纯贸易公司。

资源整合，企二代的再创新

新产品的出现势不可当，老产品随时面临被市场淘汰的风险，如何与时俱进，成为朱某考虑的重要问题。由于企业生产的提花面料极具市场特殊性，只适合小众女装品牌群体，如何打开市场局面一直是他日思夜想的问题，同时，如何整合工厂与客户的资源更成为企业发展的重中之重。

客户如何找、如何稳定是朱某在拓展市场时的重要难题。由于朱某较为关注市场行情，具有一定的信息敏感度。他敏锐地看准了料展会的平台，利用去上海参加面辅料展会的机会有效地打开了市场局面。随后，又在杭州、宁波、深圳等地多次参与料展会，通过五年的客户积累，朱某拓展了丰富的客户资源。

从2018年起，他正式发展提花面料的上下游产业链，开辟了一条新的销售渠道——家纺提花领域。同时，将半成品的加工延伸到成品的家装服务。此举一下将整个公司的业务范围扩大了一倍，利润点也翻了几番。从提花的产品自身需求出发，逐一研究深入女装和家纺两大领域是不容易的，亦可谓是艰难的再创业。

朱某的品牌——某禅，暗含一茶一坐一叶浮舟的"禅"意，倡导员工做事先做人，平和、谦逊、不骄躁、不急功近利，无处不散发着他内心的价值导向，同时也彰显着独特的企业文化。而"求真务实"的精神也使得禅意人生与摩登时尚中西结合，将面料远销中国香港、韩国、日本、意大利、美国和南美等地，这也充分体现了朱某长远的眼光与格局。

二、创新创业与职业发展

一定程度上来说，创业比就业对我们个人能力的要求更高，当我们以创业为目标来提升自己的能力时，显然我们可以轻松地驾驭更多的职业选择。良好的创新创业能力将为我们的职业生涯发展提供源源不断的精神动力和智力支持，给人以百折不挠的毅力和坚定的信心，帮助我们在个体职业生涯的发展中走得更高更远。

既然创业只是职业发展的形式之一，那么不做职业生涯规划就选择创业是很危险的。从做好规划这一点来看，创业与职业发展都有规划的必要性和重要性。没有个人职业发展的目标，就会让创业者迷失在公司的烦琐事务中，没有时间深入思考职业发展的长远规划，更不会主动去培养自己创业成功所必备的素质，这就会造成企业成长没有后劲、个人发展缺少方向。所以，创业者有必要认真做好自己的职业生涯规划，并有意识地接受创新创业教育，培养创业者的意识、能力与素质。

一个真正的创业者不仅要努力实现个人价值，更要考虑社会价值的实现。这就要求我们处理好创业与职业发展的关系，把专业知识和职业技能创造性地运用到经济社会发展中去，让自己的创业产生最大的社会效益。创新创业教育就是要培养我们的社会责任感，如培养创造价值、服务国家、服务人民等信念，培养我们自尊、自爱、自强、自信的精神，培养我们迎难而上、坚持不懈、勇于创新的意志品质，以及遵纪守法、诚实守信、善于合作的职业操守，从而保障我们创业的正确方向。

三、创新创业与人生

我们可以从就业的角度去思创新考创业，也可以从职业的角度去看待创新创业，还可以从创业人生的角度去体味创新创业。创业是一段精彩纷呈的旅程，是一个包罗万象的舞台，是时空无限延展、蕴藏无限可能的别样世界。很多创业者吐露心声，描述创业对其人生的影响，总结起来无外乎两个维度：广度和高度。

（一）创业活动极大丰富了人生体验

创业活动，意味着你要走出象牙塔、走出格子间，走到更广阔的社会环境中，寻找团队、寻找资源、寻找机会，不断突破固有的屏障，推动创业的进程。这种人生体验的丰富程度，只有创业能够给予。创业者选择创业项目，通常都会从个人感兴趣的领域着手，将其与自己的知识技能、专业特长等结合起来。而做自己喜欢做的事本身就是一种享受。创业充满机会和风险，同时也充满克服种种挑战的无穷乐趣。在创业过程中，可以感受到无穷的变化、挑战和机遇，这是一个令人兴奋的过程。创业者可以通过征服创业过程中的重重困难来丰富自己的人生体验。

（二）创业活动极大体现了人生价值

无论是物质财富，还是精神感悟，创业活动都提供了极大的想象空间供您驰骋。工薪阶层的收入有高有低，但都是有限的，而开创一份完全属于自己的事业，他提供的利润是没有极限的，看一下中外富豪榜，一目了然。许多年轻人脑袋里充满奇思妙想，但苦于怀才不遇。给别人打工，受于种种约束和限制，很难充分施展自己的才华。而创业则完全可以摆脱各种条条框框、甩开羁绊，挖掘自己的最大潜能。创业者创造的企业为社会提供了产品或服务，同时也为社会创造了价值。企业融入社会再生产的大循环之中，从多个环节为国家和社会作出了贡献。这种贡献使得创业者个人能够从中收获巨大的成就感。总之，创业活动是实现人生理想和价值、获得自身全面发展的有效途径。

【视野拓展】

城里人的中药生意经[①]

许某,浙江某高校会计专业 2012 届毕业生,现任杭州某农业科技有限公司董事长、浙江省农创客发展联合会理事,曾获浙江省 2010 年"浙江教育十大年度影响力人物"、2015 年浙江省首届十佳大学生"农创客"、2018 年首届"中国(杭州)美丽乡村丰收节"乡村丰收人物"创业新农人"等荣誉。

从学生到农科专家

许某大学毕业后,曾就职于会计师事务所,之后成立杭州某农业科技有限公司,经过短短几年的发展,公司已是国内率先成功实现浙江三叶青高效产出的企业,亦是国内少数几家能够采用生物工程快速繁殖浙江三叶青种苗的企业,并且在技术上与省内两所大学生命科学学院进行深入合作研究。公司拥有自有三叶青产育基地 550 亩[②],并完成现代农业园区一期建设,同时,公司与浙江某大学开展联合扶贫项目,现已带动浙江省内贫困户种植三叶青上千亩。公司作为"江南药王"胡庆余堂独家原药合作商,始终选育药性最为优良的浙江三叶青品种,同时公司还与胡庆余堂达成双品牌战略合作。公司还独立承担了 2015 版《浙江省中药炮制规范》三叶青部分的修订(浙江省级强制性标准),并主持了《三叶青生产技术规程》(杭州市地方标准规范)。

很多人不禁会问:"一个城里人,学的也是跟农业种植不沾边的会计专业,他为何选择种植草药,他创业的原因究竟是什么,他到底经历了什么才取得了今天的成就?"

情定三叶青

说起"三叶青"这个词儿,很多人可能有些生分。三叶青又名金线吊葫芦,全草均可入药,以块根为主要药用部分,主要分布在浙江、江西、福建等地区,但因产地不同,形状、药性会略有差异,其中浙江三叶青的葫芦状果实呈金黄色,大如莲子,就药性而言在各类三叶青中属上品。三叶青喜高山阴湿处,是天然的"植物抗生素",有清热解毒、祛风化痰、消肿止痛的功效,民间主要用于治疗小儿咳嗽高热、炎症、结节等,近年来现代医学

[①] 资料来源:邵毅平,沃健. 活力 魅力 实力——浙江财经大学东方学院校友成长录[M]. 北京:中国经济出版社,2019:206 – 209.

[②] 1 亩 = 0.0667 公顷。

研究发现其有一定的抗癌功效。

许某与三叶青结缘是源于一个患癌的亲戚。当时他的一个亲戚患肺癌晚期，在化疗效果不佳的情况下尝试服用自家刚开始种植的三叶青。但意想不到的是，经过一段时间的坚持，亲戚肺部阴影居然消失了，肿瘤也没有扩大的迹象。

这件事对他的触动很大，他发现三叶青对治疗感染性疾病以及癌症有着一定的效果，有极高的药用价值，这使他在心中悄悄埋下了创业的种子。

打造三叶青"王国"

种植三叶青可不是件容易事儿。别看这只是种植和营销草药一件事，整个过程不仅要深入了解草药的习性，还要考虑各种政策、资金链、人工成本等各种因素。那么，不是这方面的行家怎么办？

为了更好地种植三叶青，许某积极对接高校资源，邀请了两所浙江高校生命科学学院专家来担任技术顾问，并申请成为两所高等院校的教学与研究基地。同时，他还用所学的金融学知识，给自己的三叶青种植方案制订了可行性融资计划。

刚开始运作公司时，许某成功地向身边的朋友和亲戚融资了100万元，并承包了50亩地。因为管理得当，原本亩产100斤的三叶青，产量翻了三倍，种植规模也从50亩扩大至550亩。加上他长期对三叶青种植方法的研究，掌握了膨根技术，大大缩短了三叶青的种植周期，并开辟50多亩试验田，积极尝试进行容器种植、林下套种模式等。

同时，许某公司生产的高质量、高产量的浙江三叶青正好符合了"江南药王"胡庆余堂的需求，使公司成功牵手胡庆余堂，成为胡庆余堂三叶青粉剂的独家原药合作商，并且公司还与胡庆余堂达成双品牌战略合作。

奋斗·坚持·希望

许某的成功看似顺风顺水，实际上也饱含心酸。农业行业的特殊性，注定了他在创业路上的不断摸索前行。许某觉得自己就像纱网前的一只苍蝇，即使看到了前途一片光明，也要不停地找出口。

农业的投入超乎了他最开始的设想，原本设想在五年左右应该就可以将三叶青的项目推向正轨，然而老天偏喜欢考验人的意志。2012年的特大山洪，2013年中华人民共和国成立以来浙江省最严重的干旱，不仅导致三叶青产值损失达百万斤，也极大地减缓了整个项目的前进步伐。连年的自然灾害对于初出茅庐的许某来讲，无疑是致命的打击，而自然灾害对三叶青的影响直到2015年初才算松了口气，三叶青的种植才再次走向正轨。期间，家里为了支持他,甚至卖掉了三套房子。

　　许某认为三叶青的发展仅仅靠自身的"动静结合"的智慧是远远不够的,创业路上给予悉心指导的专业导师们,和早早打造好的创业团队都是他创业路上的宝贵财富。

　　他说,将三叶青种植得好,只能说是一名优秀的农创客;而能将三叶青推广出去,才能算是一位成功的企业家,才能实现他的创业初衷,才能为社会贡献自己的一分力量。下一步,他打算利用三叶青的种植特性,建立三叶青研究所,加强整个三叶青的产业深度,带动更多的贫困山区农户致富。

第一章
从创新到创业

第一节 如何理解创新

一、创新内涵及意义

(一) 创新的起源及特性

美国经济学家熊彼特(Schumpeter)于1912年最先在德文版《经济发展理论》一书中提出了"创新理论",成为创新理论研究的鼻祖。他认为:"所谓创新,就是建立一种新的函数,也就是把一种从来没有过的关于生产要素和生产条件的组合引入生产系统。"从总体上看,熊彼特侧重从经济发展视角论述创新在生产中的重要意义,但是创新概念的提出为学者们进一步研究创新奠定了基础。"现代管理学之父"彼得·德鲁克(Peter F. Drucker)在《创新与企业家精神》一书中提出,创新是一个过程,是一项"有组织、有系统且富有理性的工作;创新是企业家展现其创业精神的特定工具,是赋予资源一种新的能力使之成为创造财富的活动,创新本身就创造了资源。"其关于创新的定义强调创新的意义和效果,认为创新需要改变现存的资源及财富创造的方式。

从国内外的研究来看,创新的概念从经济学、管理学和心理学这几个学科界定比较多。从广义上说,创新是指对社会和个人的创新产物的统称。从狭义上说,创新是指按照一定的目标,充分运用已知的信息,通过个体创造活动的过程,产生出某种新颖、独特、具有个人和社会价值产品的智力特征。不难看出,创新呈现的是从构思到实现,从思想到行动的知行统一的发展过程。

根据国家社会科学基金成果评估指标的规定，创新可概括为三个方面：理论创新、方法创新和新描述。可见创新的内容是丰富多彩的：开辟新领域，创立新理论，提出新观点，建立新概念，寻求新材料，探索新方法，等等，都应当属于创新的范畴。随着社会的发展，创新的内涵不断变化、延伸和丰富，其内在特性主要体现在以下几个方面。

首先，创新要立足现实。创新是对现实存在的变革和超越，如科学发现、技术革新等皆源于对社会需求的思考，没有一项创新活动可以脱离社会实际而顺利发展。只有主体立足客观实际，准确认识把握事物的本质和规律并与主观愿望相结合，才能够达到改造客体的目的。其次，创新要批判继承。创新是对已有观念和做法的突破，尽管任何领域的发展必须在继承前人的基础上进行，但是创新中的继承不是"照单全收"、简单重复，而是坚持一分为二地对好的因素继承，对不合时宜的方面批判改变。再次，创新要尝试探索。创新不是一蹴而就的，必须通过不断尝试和探索，放弃不切实际的观点，实现符合规律的设想，从而发现、发明新的事物。因此尝试探索是创新须臾不可离开的要素，否则创新就只是空谈，不可能实现促进客体发展的目的。最后，创新要标新立异。按照既定的规范去重复和模仿，无法创造新事物，不能实现创新。在创新实践中，要坚持标新立异，敢于打破旧式束缚，或不断拓宽人类新的活动领域、提出新的思想、开发新的产品等，以取得新突破，或将原先没有的因素引入旧的体系而获得新发展。

（二）六大创新要素的内涵

1. 战略创新

战略创新指的是：企业为了适应市场环境变化和自身发展需要，针对企业战略进行了一系列调整和变革，包括企业战略的渐进性变革和重大变革。企业战略是随时代变化而变化，其目标是参与全球竞争并在其中占有应有的地位。

例如：海尔集团战略创新。海尔集团每七年一个战略阶段：1984～1991年的名牌战略阶段；1991～1998年的多元化战略阶段；1998～2005年的国际化战略阶段；2005～2012年的全球化战略阶段；2012～2019年的网络化战略阶段；2019年开始进入生态化战略阶段[1]。

视频2.1：
全面创新理论与实践

---

[1] 资料来源：许庆瑞，陈政融，吴画斌，刘海兵. 传统制造业企业战略演进——基于海尔集团的探索性案例分析[J]. 中国科技论坛，2019（08）：52-59.

2. 组织创新

广义的组织创新是指组织文化创新、信息技术创新、流程创新和组织结构创新。狭义的组织创新是指组织结构和流程的创新。其目的是通过系统规划、实施和有效管理，提高组织快速响应顾客和全球市场的能力，进而提高组织绩效。业务流程再造就属于此类创新。

主要涉及两部分内容：流程创新和组织结构创新。

（1）流程创新——是对现有业务流程进行局部的更新或全部变革，达到快速有效响应环境、提高绩效。

例如：宜家的流程创新。宜家开发了适用于任何国家或地区的扁平包装家具，其产品的构件和使用说明不会因购买地点而发生改变，从而有助于优化企业内部生产流程①。

（2）组织结构创新——指改变组织的分工和协作，层次与机构设置，以及协调沟通和联系的方式。改革发展新的组织结构，要使之与组织的战略、文化、流程和技术间保持动态协调，进而提高组织的绩效。

例如：海尔集团的组织结构创新，如图2-1所示。

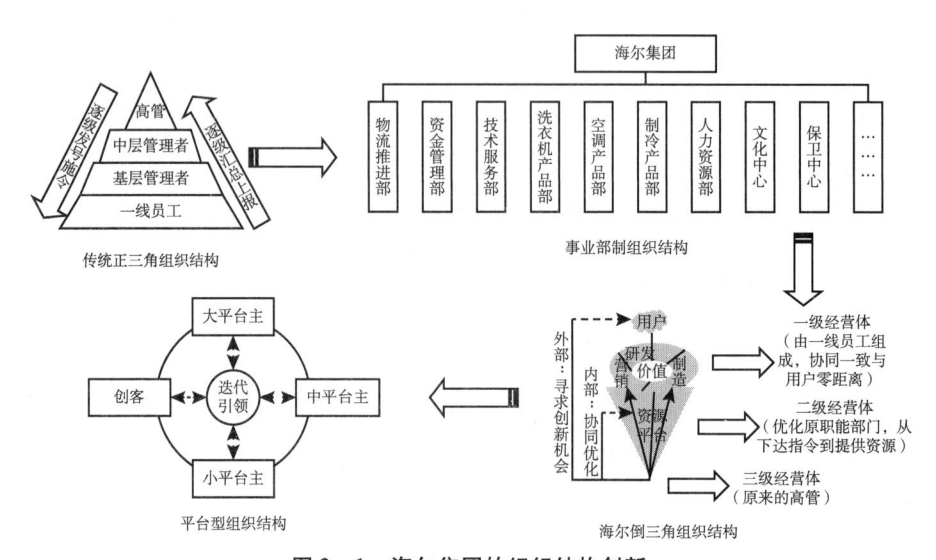

图2-1 海尔集团的组织结构创新

资料来源：吴画斌，刘海兵. 传统制造业创新型人才培养的路径及机制——基于海尔集团1984—2019年纵向案例研究［J］. 广西财经学院学报，2019，32（04）：123-136.

3. 技术创新

技术创新是指生产技术的创新，包括开发新技术，或者将已有的技术进

---

① 资料来源：许庆瑞. 全面创新管理［M］. 北京：科学出版社，2007.

行应用创新。科学是技术之源,技术是产业之源,技术创新建立在科学道理的发现基础之上,而产业创新主要建立在技术创新基础之上。

技术创新也指发明的第一次商业化应用,因此,技术创新活动是一个由一系列事件交织而成的过程:探索、发现、试验、开发、模仿以及采用新产品、新工艺和新的组织结构。技术创新过程也可以看作创新要素(信息、思想、物质、人员等)在创新目标下的流动和实现过程。技术创新不仅要着眼于企业技术创新的技术方面,而且要兼顾组织过程、制度过程和市场过程在技术创新全过程中的重要作用。

例如:H企业的产品技术创新。

热水器部分核心技术:防电墙技术、3D速热技术、蓝火苗技术、热泵变频技术、太阳能热水器直热技术。

洗衣机部分核心技术:直驱洗衣机、免清洗洗衣机、不用洗衣粉洗衣机、双子洗衣机、蒸汽洗、双动力清洗、S—D芯变频技术。

电冰箱部分核心技术:干湿分储技术、智能语音交互技术、风机遮蔽技术、气体保鲜技术、磁制冷技术。

空调部分核心技术:自清洁技术、双温差PID联动控制技术、换气技术、无氟变频技术。

4. 市场创新

市场创新是企业根据企业经营战略进行的市场发展和新市场开辟的活动,以及以企业市场子系统(主要是市场部门和营销部门)为主体所执行的营销职能。从根本上说,市场创新包括两部分内容:市场发展开拓和营销过程。市场创新包括市场营销管理的全部内容,包括对长期需求的预测、规划和大众消费市场开拓所需的全部营销工作如共享单车的市场创新。

5. 文化创新

企业文化指的是企业组织的基本假设、价值观、外在表现形式。其要素组成的说法众多,一般涉及的要素为:思想、语言、行为、标志物等。文化变革一般发生于企业出现信仰和价值危机、主要领导人更替或企业经营遇到了重大问题需要企业发生根本性的变化。其发生的过程多为被动的反馈,在经过主要领导人的更换、组织结构调整、企业战略的重新制定一系列过程之后逐渐形成新的企业价值观和制度规范。

例如:阿里巴巴的文化创新,如图2-2所示。

图 2-2 阿里巴巴组织结构创新

资料来源：金伟林，王卫红，何伏林. 创业案例教程 [M]. 杭州出版社，2017.

客户第一：客户是衣食父母。

团队合作：共享共担，平凡人做平凡事。

拥抱变化：迎接变化，勇于创新。

诚信：诚实正直，言行坦荡。

激情：乐观向上，永不言弃。

敬业：专业执着，精益求精。

6. 制度创新

制度作为社会行动规则和有经济价值的服务提供者，对企业创新而言，一种新的创新范式的形成必然要求其所规定的行动规则有利于企业培育和积累核心能力及更有效适应组织内外部环境的需求，并且这种行为规则本身必然要为企业在市场活动中创造高于运行所需成本的价值，否则企业不会做这样的安排。

例如：华为的制度创新。华为的干部不是培养出来的，而是从"上甘岭"上打出来的。在干部晋升方面，是基于多种标准来选拔干部，还是基于简单的一元标准来选拔干部？华为坚守的是简单的一元标准：干部是打出来的，将军是从上甘岭上成长起来的[①]。

【视野拓展】

陆特（LT）能源的全面创新[②]

LT 成立于 2005 年，经过 10 多年的时间获得了较大的发展，从一个"跟跑"的小型公司逐渐成为国内地源热泵领域的引领者，地源热泵中央空

---

① 资料来源：金伟林，王卫红，何伏林. 创业案例教程 [M]. 杭州出版社，2017.

② 资料来源：吴画斌，许庆瑞，陈政融. 创新驱动下企业创新能力提升路径及机制——基于单案例的探索性研究 [J]. 科技管理研究，2020，40（10）：1-9.

调的建设改造、储能系统的建设应用以及区域能源规划运营等是目前 LT 公司的主营业务。LT 在浙江大学及武汉科技大学设立了两大实验室来支持其技术创新,目前累积获得各项自主知识产权 56 项。凭借突出的技术能力,LT 发展迅速,已从初创公司演变成了一家中等规模的公司,分支机构及实施项目遍布国内 30 多个重点城市,其中 LT 参与实施的上海虹桥交通枢纽项目获得了"申安杯"优质工程奖。在 10 多年的快速发展过程中,LT 多次获得荣誉,2012 年荣登"福布斯最佳潜力非上市公司"榜单,2013 年挺进"浙商 500 强"。LT 创始人在成立公司初期就确定了其文化理念,明确了"创造高品质低碳生活"的社会使命。

战略创新。随着发展期的三角战略和组织结构的不适应性凸显,以及工程承接量的猛增和内部施工人才资源的有限性,工程中心在完成项目的质量和进度上能力略显单薄,在很多情况下无法兑现当初营销中心给客户的承诺,使得工程中心与营销中心内部矛盾激增,出现了部门协同割裂、不再相互信任的状况。同时,由于工程项目量的猛增,公司的管控部门也很难对所有工程进行精细化控制和管理,使得公司不得不作出战略性变革,以适应新的环境和挑战。于是在 CEO 的带领下,公司制定并实施了分公司化战略,将原有的"设计—工程—营销"的三角组织结构和权力下放到分公司,使各个分公司拥有了更多的独立自主经营权和管理权限;而且由于项目分散在各个分公司,每个分公司的工程项目基本维持在 7 个左右,使得三角组织结构可以再次成功运行(如图 2-3 所示)。同时,在总公司层面也制定了政策对分公司进行集体性奖励,如果市场做得好但工程做得不好,也会对分公司进行综合性的评价后进行集体奖励,这样使得分公司的各个营运中心更加注重内部协同和合作,使得企业不断向前发展。

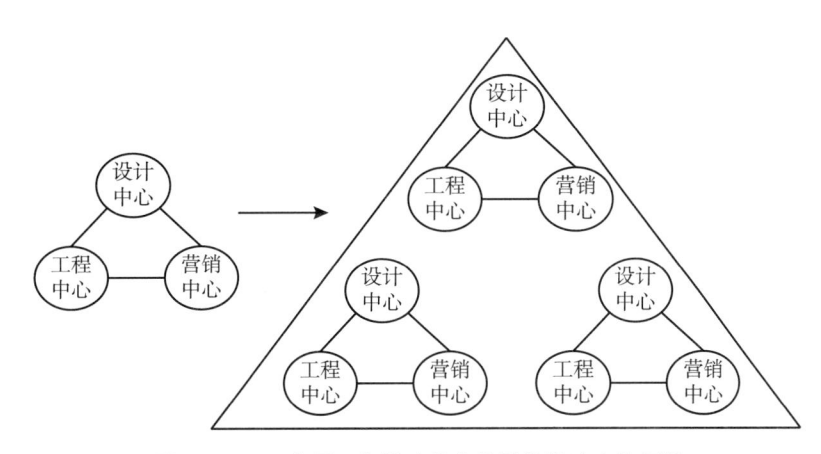

图 2-3 LT 公司三角战略的分公司化战略实施框架

制度创新。尽管 LT 还属于中小企业，但是十分重视制度和流程建设，制度和流程的规范一方面有利于提高工作效率，另一方面也有利于对分公司及各事业部进行管控，实现最大化的内部协作和积累。2012 年，LT 的 CEO 认为数据化和信息化可以极大地提高企业运营效率，于是开始组建团队自主开发 PMS 软件，目的是针对施工过程中的日志写作、材料申请、预算和成本等模块进行信息化跟踪和管理，以便及时找出工程项目潜在的瓶颈和问题。正是因为 PMS 助推下的制度建设，LT 现在已经基本完成了项目现场管理的体系建设，现场人员已经在技术上基本掌握了如何使用 PMS，同时管理理念也有所提高。例如，流程及信息化管理部经理说："比如，出入库管理的规范，这种意识在中国施工现场管理还是比较缺失的，但是 PMS 要求现场人员必须出库和入库，现场人员就会有出库和入库的概念。因为，假如你不入库，后续财务可能就不能进行报销，因为材料到现场是以入库为凭据，货到付款是基本的交易理念，如此就会倒逼现场人员做出入库。现场人员刚开始可能不愿意做，因为这样相当于是增加他们的工作量，这主要是现场人员的信息化知识水平还是比较低的，对他们来说在 PMS 上操作是比较麻烦的一件事，但是他们想要报销，就必须这样做。"

文化创新。LT 始终坚持要成为低碳能源企业，认为应当肩负起行业使命和社会责任，利用先进技术创造出高品质的低碳生活，在不牺牲生活品质的同时实现节能效益，因此企业提出的口号是"LT 在、世界在"。在这样的文化熏陶下，LT 坚持在创造客户价值、员工价值、产品价值和社会价值 4 大价值的基础上进一步实现自身的价值。同时，企业始终保持人才梯队的合理性，总工程师办公室（以下简称"总师办"）和设计事务所等关键技术部门由年长的"60 后"主持工作、"70 后"做后备支持，其余团队建设基本以"80 后"和"90 后"为主，这样的年轻化队伍建设是 LT 人自认为具有创新活力和生机的重要原因。

管理创新。除了前述分公司化战略，LT 也在财务积累方面做到了管理创新。由于现阶段的主要任务是谋求上市，因此，为了保证上市前的良好绩效，LT 进行了第二轮融资（由于项目需要垫资，所以有效的资金支持是必要的），以便在房地产市场不景气的条件下仍然可以大量承接项目。同时在发展过程中，当遇到以往没有碰到过的管理难题时，LT 的做法一般是从外界聘请高管负责攻关难题和主持工作。此外，LT 始终强调内部人才培养的重要性，尤其是技术人才，因此企业也会组织大量的培训，帮助员工更好地成长。

市场创新。LT一直努力实现转型，希望成为一个系统集成服务商。LT在市场上与竞争对手相比具有一定的优势，这主要得益于它的技术能力，即对地源热泵施工关节点的准确测量能力、施工安装能力，使得LT不像行业内其他公司那样需要依靠关系和资源拉拢项目，而完全是凭借陌生拜访和口碑积累实现市场的抢占。相比于竞争对手，LT不是被客户选择，而是主动选择客户。单纯从市场的角度看，LT自信，只要客户满足企业的客户标准，LT都能凭借其技术和服务能力去争取到这些客户。LT选择客户的标准是：第一，客户要有诚信；第二，企业需要的是战略合作伙伴；第三，企业想为业主提供更舒适、更好的服务。企业与客户彼此匹配很重要，目前的经济形势也决定了企业选择客户时一定要考虑客户的履约能力，因此就算客户再好，但是如果没有到期付款的能力，LT也不会去承接这类客户的项目。

技术创新。LT在整个地源热泵产业链中完成方案规划、项目设计等系统集成角色，在成立的短短几年时间里工程项目已达到700万平方米，在碳排放、煤燃烧、节电等方面都作出了巨大的贡献；同时，企业研究院也被评定为杭州市级企业研发中心，已经成功申报了国家级和省市级等各级科技项目11项。目前，LT研发战略的核心是使LT成为建筑节能领域内知名的、具有创新能力的企业，其技术创新工作主要体现在三个方面：首先是能源管理软件的开发，其次是供应链的技术进化，最后是工艺创新。现阶段，BIM技术的应用研究被作为重点研发项目，同时Loopsee地源热泵监控系统也在重点研发对象之中。

（三）创新是国家发展的根本动力

中国的制造业正处于转型升级阶段，发达国家跨国公司对中国制造企业的知识与技术封锁是一种常态，制造业垂直专业化分工并没有实现中国制造企业升级的目标，相反还会陷入发达国家的俘获型产品价值链条中，从而遏制产业升级的步伐。为此，中国应该走具有自己特色的自主创新道路，推出一系列科技体制改革重大举措，在开放的环境中形成自己的核心技术，不断提高自身的创新能力，加强创新驱动系统能力整合，逐步发展成核心能力。2012年，原国家主席胡锦涛同志在"两院院士大会"上明确指出"实现创新驱动发展，最根本的是要依靠科技的力量，最关键的是要大幅提高自主创新能力。"[1] 2014年，习近平总书记同样在"两院院士大会"上强调"实施创新驱动发展战略，最根本的是要增强自主创新能力，最紧迫的是要破除体

---

[1] 中国经济网.胡锦涛在两院院士大会上的讲话（全文）[EB/OL].（2012 - 06 - 11）[2012 - 06 - 12]. http：//www.ce.cn/xwzx/gnsz/szyw/201206/11/t20120611_23398528.shtml.

制机制障碍，推动以科技创新为核心的全面创新。"① 党的十九大报告中，习近平总书记仍然在强调实施创新驱动发展战略，必须提高自主创新能力，建设创新型国家，这是国家发展战略的核心。

1. 创新能促进科技的进步

经过几代人艰苦卓绝的持续奋斗，我国科技事业取得了令人鼓舞的巨大成就。以"两弹一星""载人航天""杂交水稻""高性能计算机"等为标志的一大批重大科技成就，极大地增强了我国的综合国力。我们已经在全国范围内建立起门类齐全、独立完整的科技体系，形成了开发研究、高技术研究和基础研究三个层次的发展布局，培养和造就了一支宏大的科技队伍，科学技术呈现出蓬勃发展的崭新局面。然而，同发达国家相比，这中间的差距还是巨大的，仍需我们不断努力，尤其是要加大加快自由创新的步伐。

2. 创新能提高企业的国际竞争力

国际竞争力是指一国实现国民经济持续高速增长的能力。它是影响社会经济发展进程的基本力量，自主创新能力是国际竞争力的核心，也是构成企业竞争力的核心，技术进步在竞争力的形成过程中发挥着重大的作用。在经济全球化迅猛发展的今天，自主创新是企业寻求生存与发展，形成核心竞争力的重要砝码。很多国际知名企业之所以能在激烈的市场竞争中立于不败之地，就在于他们掌握着具有自主产权的技术，拥有持续创新的能力。而我国以企业为主体的国家自主创新体系尚未形成，自主创新意识不强，整体自主创新能力薄弱，在与国外竞争的过程中处于劣势。这一现状要求我们的企业要加大自主创新力度，努力形成具有自主知识产权的核心技术，打造属于自己的核心竞争力。只有我们手里拥有领先于世界的自主知识产权，我们的企业才会有国际竞争力，否则与世界先进水平企业的竞争只能是失败。

3. 创新能提高我国的经济实力

改革开放以来，中国经济的增长是靠投资拉动的，科技进步对经济增长的贡献极小，这已经成为人们的共识。经济发展到今天这个程度，科技自主创新能力不足已经成为制约我们加快经济社会发展的主要障碍。在这种条件下，推进自主创新体系建设显得尤为迫切和必要。这就要求我们把经济建设转移到不仅依靠科技进步的轨道上来，而且是依靠科技自主创新实现科技进步的轨道上来，使科学技术成为经济和社会发展的首要推动力量。因此，我

---

① 中国共产党新闻网. 习近平在中国科学院第十七次院士大会、中国工程院第十二次院士大会开幕会上发表重要讲话 [EB/OL]. (2014-06-10) [2014-06-11]. http://cpc.people.com.cn/n/2014/0610/c64094-25125590.html.

们要加快提高科技自主创新的能力,不能再满足于"加工厂"的角色,经济必须实现升华,达到更高的层次,从而拥有更多的、关键的自主创新产品,从根本上推动产业结构优化升级,致力于实现增长方式转变,全面增强我国的国际竞争力。我们要选择一些有影响、有牵动作用的重点领域和行业进行科技自主创新和突破。要选定一些有可能取得率先突破的高新技术领域,集中必要的人力、物力、财力开展联合攻关,努力开发一批具有自主知识产权、核心竞争能力强的技术和产品,从而提升我们的经济实力。

【视野拓展】

创新是社会经济发展的不竭动力[①]

伴随着知识经济发展和经济科技全球化时代的到来,国家的创新能力对实现社会经济发展目标将起到关键性的作用,创新已成为衡量一个国家竞争力的关键因素。1912年熊彼特开创了"创新经济学",指出"创新是一阵创造性破坏的狂飙""创新是经济发展的引擎"。随着科技创新速度的加快,以全球化、信息化、可持续发展为特征的新型工业进程的加速,特别是近年来全球经济社会发展模式的转变,"创新管理与持续竞争力"研究已成为当代国内外管理学界所关注的焦点。

在实践中,中国经济在取得巨大成就的同时,资源消耗型增长模式所形成的隐患日渐凸显。三大瓶颈严重地制约着中国向现代化迈进的步伐,即:过度依赖重度消耗自然资源(尤其是矿物质能源)和人口资源所形成的"资源瓶颈";缺乏自主知识产权,严重依赖外来技术和外资的"拉美化"增长所导致的"自主知识产权瓶颈";当代科技革命所要求的现代管理范式转变与大量企业和部门的基础管理水准仍低于原始的泰勒制科学管理要求的双重"管理升级瓶颈"。显然,没有创新的推动,中国国家、区域、产业和企业各层面上的竞争力就无法提升,就不能形成真正的持续竞争力。

为此,实现中国经济发展模式必须实现三大战略性转变:一是竞争力基础的转变,即从自然资源的密集消耗向知识资源的创造性应用转变;二是资源整合途径的转变,即从封闭环境下的区域性资源消耗向开放环境下的全球资源共享转变;三是创新模式的转变,从引进、模仿性创新向原始性创新、突破性创新、完善的自主知识产权体系构建等自主创新模式转变。

---

① 资料来源:许庆瑞. 全面创新管理:理论与实践 [M]. 北京:科学出版社,2007.

视频2.2：
如何提升大学生
创新能力

二、基于创新的创业

（一）创新与创业

创新既是一种意识又是一种过程；创业既是一种价值观又是一种实践活动。创业与创新紧密相关，与创新相比，创业更加明确地强调顾客导向，强调创造价值和财富。建立在创新基础上的创业活动更有可能获得成功并实现快速成长。创新与创业的内在属性、外在表现，都有着千丝万缕的联系。我们可以从三个方面来进行探讨：

1. 创新是创业的基础

创业者在进行创业时，重要的创业资源包括核心技术、创业知识、运作资金、创业团队、创新能力等，其中的创新能力具有关键性的作用。创业者在创业过程中需要具备创新意识和创新精神，需要独特和新颖的创新思维，产生出富有创意的独特想法，寻求解决问题的新的思路和方法，不断克服企业发展中的瓶颈和难题，最终才能够取得创业的成功。创新的重要价值就在于将潜在的知识、技术和商机转化为产品与服务，推向市场，创造财富，实现创业。

2. 创业的本质是创新

每一个创业能够取得成功，必然内在存在着价值创新。与一般劳动相比，创业更强调创造出创新性价值。当今较为典型的创业大多诉求创新带来的新价值，这些新价值通过技术、产品和服务等方式的变革更好地为消费者服务，促进社会的发展和进步。创业活动是一种开创性的实践活动，在创业实践活动中主体的主观能动性得到充分的发挥，这在本质上体现了创业是人们的一种创新性活动，即创业的过程就是不断创新的过程。

3. 寻找市场用户痛点

痛点，就是如果没有得到满足，就会让人觉得特别难受，或者对于一个需求非常强烈。客户的痛点才应该是创业的出发点。当一个人决定要创业的时候，应该认真分析目标人群的痛点，发掘客户的核心需求。人的需求是分层次的，包括衣食住行这些最基本的需求，也包括高层次的精神需求。越是低层的东西，越难互相替代，越是高层的东西，可替代性越强。通常，那些最下面的需求往往是没有被充分满足的，更可能会产生痛点。

创业者要分析目标群体的消费习惯，找到一个完整的大的痛点，才能改善其模型和流程，创造更高的效率，制造出新的商业机会。

【视野拓展】

引爆市场的小小改变[①]

有时一个小小的改变,就可以使产品引爆市场。2014年11月5日,一款史上最便捷路由器kisslink悄然登陆京东众筹平台,在不到24小时内,就获得近5000人支持,筹资金额超过百万元,再次刷新国内产品众筹纪录,创下了在24小时之内支持人数最高的纪录,2个月内公司估值就蹿升至数亿元人民币。

这款路由器的创始人是张兆龙,他2004年从中国科技大学毕业后,加盟了安移通(Aruba)路由器公司,之后他当上了产品经理,但是这个干了十年路由器的"技术宅",不满足于现状,决心创业,他选择的方向是做一个面向消费端的家用路由器。而家用路由器的竞争很激烈,除了普联(TP-LINK)这个行业巨头,还有360、小米等后起之秀,要想脱颖而出谈何容易。但是有着十年路由器从业经历的张兆龙还是敏锐地发现了市场空隙。如果打开百度,输入"怎么"两个字,百度智能排序系统一定会自动联想出"怎么设置无线路由器"。一个看似不大的问题,却成了困扰所有地球人的问题。张兆龙找到了切入市场的机会。

经过多年技术积累,张兆龙在2013年为自己未来的路由器申请了拥有全球专利的kiss认证技术。基于这个技术打造的kisslink路由器,只要插上网线和电源线就可以上网。不需要输入密码,只需把手机或其他移动设备靠近这个路由器5厘米之内,置于认证面板之上,路由器就会提取用户信息进行匹配,匹配成功就可以上网。这个产品,不仅让上网更加"傻瓜",也从硬件层面阻断了蹭网、黑客等问题。因为没有密码,也就无码可破。kisslink解决了人们的痛点,让人们不需要思考和记忆,用最少的精力去关注路由器,更多地关注上网的体验,更方便地使用。

张兆龙几乎同时在美国众筹平台kickstarter发起预售。很快,kisslink再次创造了所有中国项目在海外支持人数最多的纪录,与此同时,Wi-Fi之父马修·加斯特(Matthew Gast)也在其社交网络中力推kisslink。之后,kisslink还在备受瞩目的国际消费类电子展览会(CES)上高调亮相,并被MSN英文站列为2015年最佳发明之一,成为首个入榜的中国发明。短短50天,kisslink就凭借优美的工业设计,极简的操控以及亲民的价格卖出了近5万台。通过国内外的两次众筹,kisslink积累了第一批真正热衷于产品的粉丝级用户。

---

① 资料来源:金伟林,王卫红,何伏林. 创业案例教程[M]. 杭州:杭州出版社,2017.

（二）创业要素

创业是指发现某种信息、资源、机会或掌握某种技术，利用或借用相应的平台或载体，将其发现的信息、资源、机会或掌握的技术，以一定的方式，转化或创造成更多的财富及价值，并实现某种追求或目标的过程。

1. 蒂蒙斯创业过程模型

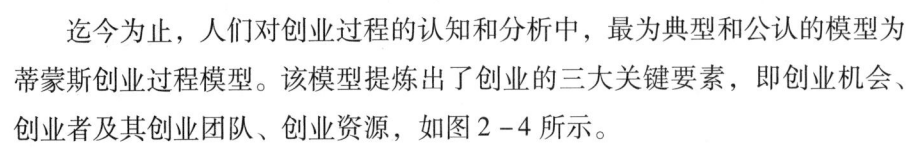

迄今为止，人们对创业过程的认知和分析中，最为典型和公认的模型为蒂蒙斯创业过程模型。该模型提炼出了创业的三大关键要素，即创业机会、创业者及其创业团队、创业资源，如图 2-4 所示。

视频 2.3：蒂蒙斯创业过程模型

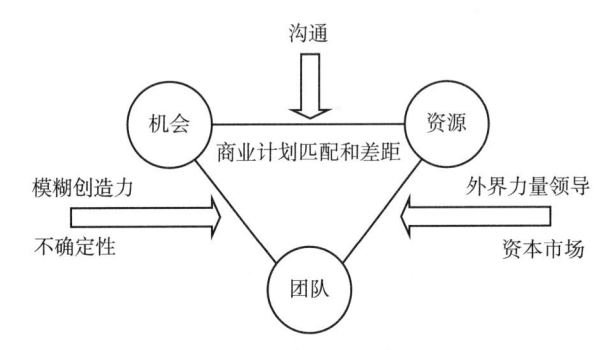

图 2-4 蒂蒙斯创业过程模型

蒂蒙斯创业过程模型的主要含义包括：

（1）三个关键要素紧密相连。如果没有创业者及其创业团队的主观努力，创业活动是不可能发生的；应该说机会是普遍存在的，如果没有机会，创业活动就成了盲动，难以创造真正的价值，关键要看创业者及其创业团队能否有效识别和开发机会；创业者及其创业团队把握住合适的机会后，还需要有相应的资金和设备等资源，如果没有必要的资源，机会也就难以被开发和实现。

（2）创业是三个要素动态协调平衡过程。蒂蒙斯模型具有动态性的特征，随着创业过程的展开，其重点也相应发生变化，创业要将机会、创业团队和资源三者做出动态的调整，保证相互的匹配与平衡。因此，创业现象也被认为是机会、创业者和资源三者之间的有效链接。尽管这三个部分很难保持完全匹配，但只有持续地追求一种动态的平衡，创业过程才能保持持久的发展。当用平衡的观念来展望创业的未来时，创业者需要常常自问：目前的团队是否足够优秀，可以承担创业的使命？目前的机会是否足够笃定，可以推动创业的前进？目前的资源是否足够充足及配置是否合理，可以保障创业的过程？

(3) 机会驱动—团队领导—资源保障。一般情况下，创业过程始于机会，在一开始，真正的机会要比团队的才干和能力或适宜的资源更重要。创业团队的作用就是利用创造力在模糊、不确定的环境中发现机会，并利用资本市场等外界力量组织资源，领导企业来实现机会的价值。在这个过程中，资源与机会是适应、差距再到适应的动态过程。商业计划的作用是提供沟通这三个要素的质量、相互之间匹配和平衡状态的语言、规则。处于模型底部的创始人或创业团队要善于配置和平衡，借此推进创业过程。

【视野拓展】

一个创业者的反思[①]

创业需要有特殊的基因，成功具有偶然性，没有做好失败的准备就不要轻易创业，然而机会就是这样，不尝试你永远无法切身体会。项目本身的产品、运营、盈利模式，团队成员是否能够把项目带向成功，项目负责人是否具备领袖气质，以及你自身是否足够理性应对创业中的所有问题，这四点是我目前认为创业最应该思考的。回首总结这半年以来的第四次创业，团队解散，项目停摆，以失败告终，所经历的一切历历在目，所投入的时间、精力、金钱和感情，就像风中的尘土，慢慢归于平静，消失于世。尘归尘，土归土，失败不是世界末日，重要的是要勇敢且坦然地承认失败，并从中学习和成长。

☆ 我怎样加入了项目

2014年3月，那个时候在南昌，人们还没有习惯使用微信，刷朋友圈开始在校园里流行，微博时代已经过去，微信的时代快要到来，很多人还在问"微信跟QQ有什么区别"，那个时候，我已经开始嗅到微信可能带来商机。2014年春节，微信通过一个红包游戏，让上亿用户绑定了自己的银行卡。一个即时通信（IM）社交工具绑定银行卡，其用意路人皆知。微信商业化来了！3月我正式接触团队的时候，正是看到机会来了的时候。

首先是团队，已经有两个全职的合伙人和一个出钱的合伙人。其次是购物平台，用一个php订单系统改造过来，界面简单。在这个时候，我以一个技术的身份加入，开始承担所有的平台设计与开发工作。当时可供选择的方式不多，微盟乐享刚起步，口袋通还没有名气，我从长远考虑，决定全部自己研发平台，以确保我们自己掌握所有资料，用户信息不被泄露，并花了不

[①] 资料来源：金伟林，王卫红，何伏林. 创业案例教程［M］. 杭州：杭州出版社，2017.

到一个月的时间，上线了全新的平台，界面上和功能上都实现了质的飞跃。

这个项目的概念非常简单：移动购物商城。囊括微信、微博、QQ在内的所有能上网的移动端，都可以从我们商城订购商品，甚至用短信都可以。我们要做的，是一种移动端的购物消费体验。现在看起来如此简单，甚至过时的概念，在那个时候其实还是非常新颖的，当时很多人都提出了移动互联网电商的口号，却没有人真正去做，我们是先驱。

其间大家在一起探讨很多，并最终确定了整个项目的核心——区域生活（消费）服务入口，先从高校做起，逐步扩大。和淘宝、京东相比，我们距离用户更近，我们就是学生身边的人，我们就来自学生，信任度更高。再以小型配送团队最快15分钟就能送到作为亮点，吸引用户，慢慢培养用户通过手机端消费的习惯。拥有用户量之后，转型线上到线下（O2O）生活服务平台，覆盖与本地消费最适宜的移动端服务，例如类似大众点评的门店推荐、教育、就业招聘、娱乐休闲，甚至我们还想过做社交，例如有了用户之后就可以做异性交友。我们最初以"小京东"自居，意思是指在移动端的京东模式，但比京东更可靠，体验更好。后来各种想法加入进来之后，甚至无法用一种模式来概括，我们觉得这应该是一种新的模式吧，只是还不知道怎么去称呼它。

☆ 项目如何走向了停摆

4月我把第一个版本开发出来之后，提出寻找融资。然而在一阵热情之后，没有了下文，当时我有点纳闷儿，但不以为然，继续在平台的研发上加大投入。5月团队有了新的合伙人，并且带来了新的资金，团队成员确定为6个人。6月开始业务萎靡，7月处于类似停业的状态，8月公司成立，租了一间不错的办公室。我再次对平台进行大幅度升级，向着我前面所说的宏大目标迈进。升级之后，界面上实现了Web App效果，体验感很好。

9月初在升级和推广力度加大的促进下，业务回升，但仍然没有巨大的逆转，外加项目负责人抛给我一句"就是为了赚钱"，让我很快开始对项目产生巨大怀疑。到9月底，推广和促销结束后，饿了么和美团外卖开始疯狂地抢占市场，这个时候的环境和氛围与3月底我加入团队时已大不一样。微信发展过快，微商噱头浓厚，朋友圈代购，小女生创业，超级课程表准备拿阿里几千万元的投资，一切发展之快，只能感叹我们自己走得太慢。我甚至开始怀疑，我们走过的都是什么路，到底是不是在主流的发展趋势里面。而这个时候，团队内部已经悄然发生了变化，负责人完全脱离业务，每天在自己的办公室不知道做什么，仓库里的配送管理始终无法提高效率，市场推广负责人已经忘记了自己的本职，去帮忙送单，而最初那个出第一笔资金的合伙人始终没有辞职出来。我也开始动摇，回想自己半年多的努力，放弃了相对稳定的兼职开发收入，全身心投入，打造的两个版本，却没人按照我的设计去处理线上商品，最后界面一团糟，让我感觉自己的孩子长歪了。10月，我选择了停止研发，回到自己的生活中，只有在需要技术改进的时候再出面稍做调整。实际上，这个时候我就已经萌生退意，感觉很憋屈，公司也不去了，其实就是处于慢慢脱离的状态。11月，3个合伙人投身淘宝，团队解散。直到吃完最后一顿饭，开完最后一次会，就像尘埃落定一样，对这段创业经历彻底说再见。我从这次创业中收获巨大，但也教训惨痛。

☆ **创业心得体会**

第一，项目以及项目背后的理念与模式酷到今后可以赚大钱吗？

这是一个基础性的问题。如果一个创业项目，一点都不酷，那么去做的人到后面肯定会觉得枯燥乏味。所以即使是旧瓶换新酒，也要让自己的项目在理念上、文化上、潮流上、模式上看上去很酷，很多听上去很玄乎拿过来一用才发现原来就是那么回事的产品都这样。项目的核心价值观可以凝聚团队，团队成员创业就图两个东西：理想和钱。在创业阶段没钱，所以理想最重要，要强调项目的核心价值，能够改变世界，能够带来多少的规模，能够用多少估值去衡量其价值，在这个时候是最需要认真思考和表达出来的。我的这个项目，虽然我不是项目最终负责人，但是问题也看得很明白。3月的时候觉得那样做很酷，到了9月升级系统之后，仍然还停留在3月的思维方式，所以我这个时候觉得看不到发展和进步，因此也就对项目失望，外加负责人没有给我指明项目的最终目标和理想，我很快失去了坚持下去的动力。

除了产品价值观的模糊之外，杂念太多也干扰了整个项目发展。在设计好发展规划之后，不但没有按照规划去执行，而且还想一出是一出，各种各样的杂念融进来，让整个项目就像一个大杂烩，没有重点，也就没有亮点。最后，一个团队成员还说，我们这儿就是一个网上的杂货铺。连自己要做一个什么东西，具体在哪些方面达到什么效果都不知道，还创什么业？如果自己分析项目的时候，发现项目的模式存在问题，就应该坐下来反思，停下来学习和试错。互联网时代，每日出新，很多看上去很酷的东西，不到2个月就已经过时了。快速迭代和项目升级也很重要，是留住用户的重要基础。大的模式和整个行业的发展相吻合，才能继续往下做；如果不吻合，就应该回过头来思考，到底应该怎么发展，找出一条行得通的路。固执己见，到最后怎么失败的都不知道。

第二，没有靠谱的团队，一切都是白搭。

这里的"靠谱"是指团队在项目上的作用，不是独立的个人的品格。

我现在终于明白了两件事：为什么投资人就看团队，以及为什么人才是第一生产力。我们这个团队有6个人，这对其他创业团队来说，人数已经挺多了。然而事实是，除了我之外没有一个人有互联网方面的创业背景，其中有两个人有过传统行业创业开公司的经历，只有一个人有互联网领域的经验，其他人根本没有"互联网思维"。这样的一个团队在运营一个互联网项目，说起来都有点搞笑。但是并非没有互联网基因就不能进行互联网创业啊！马云不就是这样过来的吗？我想在我的这个团队里存在更深刻的问题：没有互联网经验不要紧，然而也没有类似于以用户为中心、体验为王、病毒营销、追求极致之美、头脑风暴等互联网的一些基本思维方式，其实也就是没有互联网创业的基因。

不爱学习。我进团队第一天就带去了我自己的书，包括当时最新的一些互联网趋势和思维分析的书。公司成立之后，我专门要求了一个小房间作为阅读和交流的空间，然而，书没人看，也没有交流的氛围，我在内部邮件中表达了自己在这方面的担心，但没有一个人对此回应。

对人才渴望度低。从始至终都没有主动去挖人，特别是在技术和市场方面。后来陆续有新的成员加进来，不要工资，也没提股份的事，结果这样的人到后面还不要。

人员角色能力不足。虽然我一个人研发了两个版本，但那是凭着一腔热血，熬夜熬出来的，自始至终只有我一个人在开发。我本担任产品的角色，但一直没有给我配备新的程序员，设计是我找来的，虽然我也应该去找程序员，但是作为团队，好像一点都不在乎，对技术的不崇拜也是后来我失望的原因。除了技术之外，市场、运营，也都没有人才来做，6个人的团队，真正满足角色能力需要的我觉得不到一半。

合作能力欠佳。合作上倒也没有特别大的不足，但由于理念和个性的不同，经常无法相互理解，或者盲目自大。合作上远不及理想的默契。

股权分配。6个人，3个出钱多的各占20%左右，其余3个占13%，这种结构现在想想真不知道是出于什么考虑，有点莫名其妙，是平均主义吗？谁对团队更重要完全没有概念吗？总之，整个团队说得好听点叫"不够成熟"，说得难听点就是"不具备创业成功的潜力"。

第三，跟什么样的项目负责人一起干很重要。

网上流行互联网项目的各种"死法"，那都是对项目负责人说的。而对于项目的联合创始人而言，在这个项目中的"死法"只有一种：无名而死。除了像阿里、腾讯这样的超大型上市公司，其联合创始人名声在外，各种小公司都是 CEO 或最初的项目负责人出名，其他人基本是做绿叶衬托的。而如果项目被做死了，那么项目负责人可能还能被更多投资人知道，那些非负责人的创业者就这样默默不见了，连名字都没听说过。所以对于联合创始人来说，跟对负责人很重要。一个项目由于人的因素死掉和由于钱的因素死掉是不一样的。如果因为人不行，这个项目死掉了，那么对于合伙人而言顶多学到一些过程性的东西，比如怎么做起来，怎么应对问题，但不能学到思维和价值观的东西；而如果一个团队战斗力十足，即使由于没钱项目死掉，合伙人出去都能被其他企业接受。我的项目负责人总体上存在这么几个问题：对项目的目标不清楚，没有产品核心价值观，想法就是赚钱；商业计划书都写不出来；没有吸引资金稳定军心；没有挖人才扩充实力；团队管理能力差，没有形成凝聚力；虚荣心膨胀，后期拿着公司的名声去跟其他老板拼酒桌文化；不踏实，躲在自己的办公室，不知道在做什么，对实际问题无法做出高效的判断和服众的决定。

第二节　创业基本过程

一、创业的一般过程

创业的一般过程是从创业者产生创业想法，到创建新企业或开创新事业，并获取回报，涉及识别机会、组建团队、寻求融资等一系列活动组成的流程。通常分为以下六个主要环节。

1. 产生创业动机

创业动机是创业机会识别的前提，是创业的原动力，它推动创业者去发现和识别市场机会。创业活动的主体是创业者，创业活动首先取决于个人是否希望决定成为创业者。当然，不少人是因为看到了创业机会，由于潜在收益的诱惑，才产生了创业动机，进而成为一名创业者或创业团队人员。一个人能否成为创业者，会受三方面因素的影响：一是个人特质。每个人都可能具有创业精神，但其创业精神的强度不同，强度的大小有遗传的成分，更受环境的影响。比如温州人的创业意愿相对强烈，其中环境起到了很大的作用。二是创业机会。创业机会的增多会形成巨大的利益驱动，促使更多的人尝试创业。社会经济转型、技术进步等多方面的因素在使创业机会增多的同时，也会降低创业门槛，进而促成更大的创业热潮。三是创业成本。人们能从其他工作获得高收入和满足需求，创业意愿就低。比如科学家独立创业的少，是因为科学家已经谋得了一份收入相对丰厚而且稳定的工作，就较少愿意去冒创业风险。

2. 识别创业机会

识别创业机会是创业过程的核心环节。识别创业机会包括发现机会来源和评价机会价值。一般应澄清四个基本问题：第一，机会何来？就是说创业者应该找到创业机会的来源在哪里。第二，受何影响？就是说创业者应该找到影响创业机会的相关因素。第三，有何价值？就是说创业者应该找到创业机会所具有的并能被评价的价值。第四，如何实现？就是说创业者应该明了能通过什么形式或途径使机会变成实际价值。围绕这些问题，创业者在识别创业机会阶段需要采取行动多交流、多观察、多获取、多思考、多分析，最终抓住创业机会。

3. 整合有效资源

整合资源是创业者开发机会的重要手段。一般情况下，创业者可以直接控制的可用资源往往很少，创业几乎都会经历白手起家、从无到有的过程。对创业者来说，整合资源往往意味着需要借船出海，要善于尝试依靠盘活别人掌握的资源来帮助和实现自己的创业起步。人、财、物都是开展创业活动所必需的基本生产要素。创业者所需要做的，首先是要能组建团队，凝聚志同道合的人；其次是要能进行有效的创业融资；最后是要有创业的基础设施，包括创业活动的场地和平台。创业是在创业者面对资源约束情况下开展的具有创造性的工作，一定会面临很大的不确定性，所以，创业者在创业初期乃至新企业成长的很长一段时间里，都要把主要精力放在资源的获取上，以解决公司和企业的生存问题。此外，创业者还需要围绕创业机会设计出清晰的有吸引力的商业模式，有时还需要制订详细的创业计划，以此向潜在的资源提供者陈述和展示，以获取更多的资源支持。

4. 创建创业企业

新企业的创建是创业者的创业行为最为直接的标志。创建新企业包括公司制度设计、企业注册、经营地址选择、进入市场的途径，途径包括选择完全新建企业还是采取加入或收购现有企业等。值得注意的是，许多创业者在创业初期迫于生存的压力，以及对未来缺乏准确预期，往往容易忽视这部分工作，结果给以后的发展留下了隐患。

5. 提供市场价值

创业者识别机会、整合资源、创建新企业等的目的是实现自己的创业目标，但真正能促成创业目标最终实现的是看创业者能否提供市场价值。这是创业过程中的重要环节，关系新企业的生存与成长。因此，创业者必须面对挑战，采取有效措施，使创业的市场价值得到充分涌流和实现，不断地让客户受益，从而获得企业的长期利润，逐步把企业做活、做好、做大、做强。

6. 收获创业回报

收获回报是创业活动的主要目的，对回报的获取有助于促进创业者的事业发展。回报可能是多种多样的，对回报的满意程度在很大程度上取决于创业者的创业动机。调查发现，创业者的创业动机不同，对收获创业回报的态度和想法也有所不同。对多数年轻创业者来说，获取回报最为理想的途径之一，是把自己创建的企业尽快发展成为一家快速成长型企业，并成功上市。

【视野拓展】

新创企业案例分享——光珀智能的诞生[①]

很偶然的机会，他们（光珀智能创始人：白云峰等）接触到浙大的两位老师，一位老师承接了军用863课题，他提出一种全新的三维传感器概念，解决了现在的三维传感器比如激光雷达高成本、分辨率低和相机不抗阳光的一些问题，他（白云峰）就觉得这是一个非常好的项目。其实他们也面临着战略选择。一方面是利珀科技虽遇到很多困难，但还是在快速发展；另一方面，他们又碰到了一个新的技术，他们需要做一个战略选择。在选择过程中，他想就是那关键的两个字——价值，他们要创造一种什么样的价值。利珀科技做的视觉检测产品确实能够为客户带来很多价值，但它的整个市场空间相对来说较小，而且创造的价值也并不是独特的，比如他占领了80%的市场份额，还有20%的市场份额，别人虽然做得比他差一点，但客户也能接受，他们创造价值的差异化和独特性稍微小一点。而深度相机这种传感器却不一样，它有巨大的市场空间，可以广泛地应用在无人驾驶、机器人和安防监控中的各个领域，所以当时他从价值的角度考虑——他们不光是要把利珀做好，也要做一种更先进的、应用空间更广阔的技术。在这种想法的驱动下，他在利珀科技的内部成立了10人的项目组，专门做光珀前身的一些技术开发和应用。在开发了2年以后，他们独立出来成为一个科技公司。他的重心也转向了光珀智能——做一个先进的3D的传感器。什么叫3D

---

① 资料来源：白云峰. 如何发现创业"商机"？ [EB/OL]. [2020-05-15]. https://m.thepaper.cn/baijiahao_7404893.

传感技术？安防摄像头、智能驾驶的辅助驾驶系统都是用普通摄像头，但2D摄像头无法感知三维的形状，会受到光线的影响。

他们在人脸识别时遇到了最大的问题，其实已经不是算法了，关键是图像质量，比如说阴阳脸，环境光的干扰，会对视觉产生重大的影响。而3D技术可以很好地解决这些问题。如今，3D技术已经成为人工智能各个方面的关键感知技术。现在他们主要的四类客户，来源于机器人、安防市场、消费电子、自动驾驶等领域，而这些都是人工智能的一些最火热的应用，同时这些也都对三维的视觉提出了非常旺盛的需求。其实他们在很多性能指标上能够做到世界第一，源于他们提出了一条全新的原理。传统的几种深度感知技术，第一种是激光雷达，比如他们看到谷歌无人驾驶、百度无人驾驶，头顶顶了一个圆球，这就叫机械扫描式激光雷达。这个激光雷达的问题很多，它成本非常高，达数万美元，而且它过不了车规，分辨率很低。第二类叫双目视觉，它的问题就是原理本身容易出错，因为它是计算出来的，不是测量出来的，光线对它的视觉影响也是比较大的，再就是计算量会比较大。第三类深度感知的产品叫深度相机，现在也是非常火，典型的就是微软的两代体感游戏机，第一代叫结构光体感游戏机，这个结构光的技术现在已经非常广泛地应用在各种各样的刷脸支付、刷脸开锁等上面。华为手机、苹果手机的前面都有一个叫结构光的深度相机，用来感知三维的活体。但结构光有很多巨大的问题，成像距离、抗干扰能力都有很多限制，所以微软这款游戏的二代变成了叫ToF相机，它在抗阳光和成像距离上有所提升，但他只是从1米的距离提升到了5米左右的距离，只能用在稍微开放一点的室内，不能用在纯户外的环境，也存在多机干扰。而光珀在基于PCT的专利保护下提出了原理创新，使得光珀的ToF传感器和传统的ToF深度相机（基于连续波相法）相比，其远距离及抗阳光的特性更类似传统意义上的激光雷达，同时也解决了机械扫描式激光雷达产能受限成本高、数据稀疏空间分辨率低的两大缺陷。光珀的这个技术，从底层原理上结合了激光雷达的抗阳光距离远、高精度，又结合了深度相机的高分辨率、低成本、可量产的特性，解决了整个三维感知领域的很多关键难题。同时，感知技术的提升和改进也可大大推进很多人工智能领域的一些应用。

☆ **底层核心技术创业，要坐10年冷板凳**

他觉得做技术创业，特别是底层核心技术创业，是非常非常不容易的。所以他提醒各位有创业想法的学弟学妹，如果你要做一个科技型的创业企业，一定会是非常非常艰难的。比如他们从2008年开始做这个技术，一直做了10年时间才真正实现量产。所以,在这个过程中你要坚持下来,且一定要寻找到这个产品所能带来的价值。就算到了把产品卖给客户的阶段,也还会有很多问题,但你会发现,当你真正做成后,它确实能够为客户带来巨大价值,这时候你在面临困难时就更容易能够说服自己,让自己坚持下去。以他们的产品为例,当他们提出一种全新原理的产品,却发现没有可以配合的芯片,因此最后他们连芯片也一起做。他们是全球唯一一个可以在强光下工作的深度相机,这源于他们两个独特的技术优势。一个是他们独创的多脉冲的技术原理,它带来的就是抗强光、抗干扰、高精度、高可靠和低成本战略性优势。另一个是他们的器件优势,这是他们现在已经在批量生产的产品。比如说,在机器人领域,室内搬运机器人和户外移动机器人都有很多应用和好的客户。户外移动机器人是他非常看好的一个方向。

现在机器人主要分成三类:第一类是工业机器人,前几年非常热,主要就是机械手,其实体量不是很大,有一定的市场,但很难做成一个爆发,特别是在没有核心技术突破的情况下。第二类是消费机器人,也叫服务机器人,一些银行或商场里会将一个机器人摆在那里,这类机器人他是不看好的,因为它产生不了真正的价值,创造不了真正的生产力的进步。第三类是户外移动机器人,特别是送快递、送外卖的机器人,他认为在未来有非常广阔的空间。

未来3年内,他个人认为至少有100万台机器人将在送快递、送外卖。他创造了很大的价值和刚需,但由于成本非常高,至少需要30万元的成本,其中大部分是传感器的成本,这样就很难实现大规模的推广。他们现在是通过传感器上的核心器件的突破,把成本降下来了。但同时他们针对一些特定场景,把整个机器的成本也降到了很便宜的价格,这样他创造出来的价值就可以很轻松地覆盖掉其成本。他认为,他们很有可能在接下来的一年里生产大量这样的机器人,给大家送快递、送外卖等,这些都是他们的重点方向。

此外,在安防领域商业行为分析上,他认为也是非常有发展前景。未来的商业竞争,谁能准确地观察到消费者的行为,谁就能够掌控未来商业的核心。当然,他们还有一个很大的市场就是无人驾驶市场,他们也和上汽、通用汽车进行了很多这样的合作。

☆ 必须要有自己的核心技术

他们现在确实处在一个非常好的大环境下——他们是在中国,是全世界最渴望技术突破的国家。在国际竞争中，他们必须要通过技术的创新，不能单纯地依靠商业模式创新，他们必须要有自己的核心技术，才能够在未来的大国竞争中崛起。一个企业的成功取决于你有多少资源。现在新的阶段，知识是最重要的资源。而这些资源在哪里？就在科研院所和大学里。

在科技创业中，中国是最有优势的。在整个大环境下，在国家转型升级和科技创新环境下，他们也获得了很多政府的支持、领导的关怀。他们现在创业特别是技术创业，确实处在了一个非常好的、难得的时机。

最后，他认为一个公司的管理非常重要。他们公司有三个攻坚战，其中管理攻坚战的七个方面，第一个是战略，第二个是人才，第三个是考核，第四个是流程，第五个是组织架构，第六个是文化，第七个是激励体系。这七个方面，他后来发现和他们管理学建筑信息模型（BIM）是非常吻合的。他觉得有兴趣的同学可以去看一下 BIM 模型是怎样来帮助一个企业制定战略的。

二、精益创业

视频 2.4：
精益创业实例

精益创业（Lean Startup）由硅谷创业家埃里克·莱斯（Eric Ries）于 2012 年 8 月在其著作《精益创业》一书中首度提出，是指将创业者或者新产品的创意用最简洁的方式开发出来，可以是产品界面，也可以是能够交互操作的胚胎原型，针对客户反馈意见以最快的速度进行调整，融合到新的版本中。对于互联网时代而言，速度比质量更重要，客户需求快速变化，因此，不追求一次性满足客户的需求，而是通过一次又一次的迭代不断让产品的功能丰满。

当创业者已经确定了自己的创业模式，就要去进行验证。验证产品功能或者价格是否合理的方式有很多种：咨询自己的家人和朋友的意见；咨询和你的创业项目相关的或者相近的从业者；伪装成顾客，去同行的店里考察；在网上找一些成功和失败的案例等。但最有效的验证者，是创业者的直接客户。只有客户愿意为此而付钱，创业项目才能成立。

现在的世界是一个充满变化的时代，从精益创业的理论和观点看，创业者不能等所有的事情都准备充分了才开始创业，而是要以极小的投入尽快做出一个产品的雏形，拿出去赶快尝试，并随着客户的反馈快速地迭代，快速地更新。只有客户愿意为了产品付费，而且反复付费，才是最真实和有效的验证方式。

精益创业的优点有以下四点：(1) 公司是筹集和吸收社会资金的有效组织形式。公司为社会公众提供了一个最简单、最有效的投资场所，特别是小额股票的广泛发行，就把社会闲散资金纳入了社会资本的轨道。另外，向国外发行股票和购买外国股票已成为国际投资的重要形式之一。(2) 公司在规模经济方面具有突出的优越性。一方面，使某些需要巨额资本的部门和企业得以建立；另一方面，使整个社会生产规模得以迅速扩大。(3) 公司保证了企业生命的延续性。由于股票不能退还，从而使股票投资变成了一种永久性投资。只要公司不破产，股份资本就会永远存于企业之中，从而使公司作为一个独立的民事主体而长存，避免了独资企业或合伙企业因投资人死亡或合作者退出等因素造成企业半途夭折的现象。(4) 公司有利于分散投资者风险①。

视频2.5：精益创业理论

【视野拓展】

如何有效地验证自己的点子②

一个好的创业点子可以让你成功；相反，一个不好的点子可能会导致你的失败。Griggi.com 公司的创始人拉凯什（Rakesh）根据他的自身经验提出了一些实用性的方法——过去的几个月里，你可能一直为自己很酷的创业点子而努力工作，并且可能已经取得了一定的进展。但你依旧不能确定人们是否喜欢你的产品，是否会购买你的产品。

有一个很残酷的事实，也许你用了几年的时间来打造自己的产品，但上市的时候可能找不到任何用户。很多创业公司沿着他们的想法埋头苦干了好几个月甚至好几年，但可能只有很少的用户。我们（Griggi.com）也有同样的疑惑：我们的产品到底会不会受到用户的喜欢。所以我们做了一个试验，并遵循了"倾斜启动方法"（leans start-up methods）。

下面是我们的一些具体做法：

很多创业公司在验证想法之前就会开发推出自己的产品，这很可能会导致大规模地浪费时间、金钱和精力。如果你和科技创业者聊天会发现，他们中的大多数都是先开发产品，待正式上线后再看看效果怎么样。实际上，这种做法是错误的，他们并没有在产品生产之前对这个想法进行测试。事实

---

① 股份制企业的优缺点是什么？[EB/OL].[2018-07-26]. https://wenwen.soso.com/z/q915084354.htm.

② 资料来源：金伟林，王卫红，何伏林. 创业案例教程[M]. 杭州：杭州出版社，2017.

上，我们几乎都会犯着同样的错误。

当我们冒出一个新的想法，并且这个想法可能会产生一些有用的效果时，我们就开始准备先打造一个 MVP（minimum viable product），其实就是最小的可用产品，也就是产品的测试版，其中会包括一些最高的优先级功能。我的联合创始人对这种方法没有多大的热情，他花五年的时间在不同的想法上，但每次都没有验证过，结果也不是很成功。所以这次他决定先验证下自己的想法。

- MVP：一个可以进行作业但可能很糙的产品，它可能有一些问题（bug），而且 UI 也不太好。这需要六个月的时间才可以验证出来。
- 一个美观的登录页面，侧重于理念的验证。这最多需要六天的时间就可以验证一个想法。

不用说，我们选择了第二种方法，即验证有限，产品第二。对于创业公司来讲，前期往往比较混乱，这也会导致创始人没有时间去验证他们的想法。在当下的创业生态系统中，下面这些或多或少都出现在创业公司中，他们并没有呈现他们期待的效果。

MVP 多数都失败了。对于创业公司来讲，都期望产品能够快速上线。这就是著名的"造得快杀得快"（build fast and kill fast）准则。但不幸的是，事实上事情并没有那么简单。首先，开发一个 MVP 比预想中要难得多。即使你有了这个领域里的软件，也会花费大量的时间、精力和金钱。其次，很多创始人不希望将未完成的产品展现给用户，这不符合他们对产品的预见。

调查没有用处。调查数据对于假想的产品来说并没有任何用处。人们一般都很善良，他们会对一个本不感兴趣的产品表示"当然，我会买的"，因为他们说买的时候并不需要真正付钱。

"即将推出"的页面起不到效果。很多人都会利用"即将推出"这个页面来验证他们的想法：步骤一，用"即将推出"页面吸引 100 万个邮箱注册；步骤二，开发产品；步骤三，盈利。这个页面只有最大化地优化注册，才可能会成功，但这并不会验证你的想法。即使前期你获得了大量的注册用户，你也无法让他们去思考你的产品。这些注册用户并不会转为真正的实际用户。

正确的解决方案是在此之前就进行验证。产品的验证是一个迭代的过程，它应该是创业公司计划中最重要的一部分，应该在正式研发产品之前就做。验证应该基于强有力的数据，在没有这部分数据的时候不应该盲目地投入产品开发。

第三节 创新思维与创业

一、创新思维的培养

各行各业，世界各国都越来越重视创新，但是怎样才能创新呢？要回答这个问题，我们认为关键从两个方面着手，这就是创新的思维和创新的方法。具有了创新的思维就有了创新的意识和想法，也就有了创新的原动力；拥有了创新的方法，也就有了创新的武器。这样一来创新就不是问题。

通常人们根据思维是否具有创新性把思维活动分为两种，一种是创新思维（或创造性思维、创造思维），另一种是重复性思维（或再现性思维、常规性思维）。重复性思维是一种比较普通的思维形态，是对已经接收信息的重复和再现，大脑利用的仅是记忆和存储功能，这种思维模式是相对稳定的；而创新思维正好相反，是存储的信息根据需要（问题）的新加工，必须具有思维的创新性。

视频2.6：大学生创新思维培养方法

（一）创新思维的阻力

影响创新思维的发展的阻碍因素很多，既有主观因素也有客观因素。一般说来，影响创新思维的最主要阻力是存在于创新主体思维中形成的习惯和定势以及头脑中的传统的、固定的思想观念。

1. 思维定势

思维是人脑的机能。人们在认识事物时，由一定的心理活动所形成的某种思维准备状态，影响或决定同类后继思维活动的趋势或形成的现象，这就是通常所说的思维定势。在人的思维能力上，思维定势是一种重要的表现，是人们通过不断学习和实践积累下来的经验和形成的自己独有的对世界、对客观认识、认知的规律、途径等方面的一种观点。他既有积极意义，也有负面性。这主要看每个个体如何对待自己和认识自己的思维定势，是自觉地认识、理解和运用自己的思维定势，还是根本不知道什么是思维定势以及思维定势的利弊。

思维定势对于解决常规性问题和例行性工作具有积极意义，它可以使人们在以往经验和模式的基础上驾轻就熟，快速地对问题作出反应。然而，对于创造性地解决问题，思维定势则只能成为一种阻力或障碍，它很容易造成某些主观框框，使人思路阻塞、思域狭窄，难以闪现出创新的灵感，这是思维定势可能导致的消极影响。按预先设定心理状态的预期结果不同，思维定势分为积极的思维定势和消极的思维定势。

积极的思维定势：当面对问题发生时，相信采取某一行动一定会出现预期的结果。这种预先设定的心理状态是积极的思维定势。注意：思维定势产生的积极作用不同于积极的思维定势；积极的思维定势不一定都是正面的效应，存在正负两个方面的结果效应。

固守积极的思维定势会使企业付出不必要的代价。像当年秦池、爱多等很多中央电视台广告标王因为迷信品牌就是广告打出来的，只要有钱做广告就可以做好品牌，在如今这个广告媒体越来越分化、消费者越来越成熟的时候，仍然过于迷信单一广告的作用，结果巨额广告费用投进去却没有收到预期的效益，这是积极的思维定势付出的代价。

消极的思维定势：相信采取某一行动不会出现预期的结果。这种预先设定的心理状态是消极的思维定势。比如诸葛亮成功上演了一出"空城计"逼退司马懿，就是利用了司马懿的一种消极思维定势：诸葛亮做事一向谨慎，千万不可冒险进攻。

积极的思维定势往往来源于已往的成功经验，消极的思维定势往往来源于已有的失败教训，两种思维定势都会形成创造思维的障碍。过去成功的经验应用于现在，不一定还能成功；过去失败的事情，现在不一定还会失败。

在创新过程中，应特别注意思维定势的消极影响，尽量防止或减少已有的思维定势可能产生的束缚作用。要冲破思维定势，主要途径是有意识地进行反定势思维，即注意有意识地从原有定势不同的方向和角度进行思考。美国伯纳姆（Burnham）曾提出著名的"三问"，他认为对任何一件事情，都可以提出三个基本问题：一是能不能取消；二是能不能合并；三是能不能取代。

2. 传统观念

观念是内化于人脑潜意识中的观点和认识。人们在思维过程中，反复运用某种观点认识和思考问题，久而久之，这些观点和认识被积淀到大脑深层意识之中而达到了"无意识"状态，形成了一种约束性的一致观念，对人的认识活动起着巨大的制约作用。在人脑思维加工过程中，主体对材料的选择、组织，对问题的认识、评价，很大程度上取决于观念。历史上，每种观念的产生都是以当时的实践水平和历史文化发展为基础的,因而有他产生的根据和存在的合理性。当时代发展了,实践也随时代的发展而进步,深藏于人们头脑中的观念则不容易随实践和时代的改变而改变,成为一种思维的惯性力。这时,原本适时的观念就变成了过时的观念,这种观念一般称为传统观念。传统观念是创新思维的重要障碍,他顽强地维护着他赖以存在的实践和社会基础,反对思维对现存事物的超越。受传统观念的影响,人们会因循守旧、默守成规,用老眼光、老办法去面对新问题。所以说,传统观念是阻碍创新思维的重要因素,是创新思维的大敌。

另外,固定观念也会阻碍创新思维的发展。固定观念一般是说人们在特定的领域内形成的观念。在该领域内某种观念是适用的,一旦超出这个范围,他们就可能变得不再适用了。但是由于观念在思维中的惯性作用,人们总是习惯于固有的观念去认识、评价面对的问题,而不管这个问题是否超出了原来的适用范围。在经验范围内解决那些常规性问题,是不需要思维创新的。但如果思维超出了原有的领域而进入一个新的领域,那么适用于原来领域的固定观念在新的领域中只能起排斥新思想、扼杀新观念的作用。

创新思维阻力根源于创新主体的心理模式,创新思维受到创新主体知识、经验和个人素质的制约。因此,克服创新思维的阻力既要善于质疑和勇于批判,克服胆怯心理,实现超越,又要加强对创新主体创新思维原理等方面的学习和训练。

对创新主体来说,克服创新思维阻力的主要途径有以下几个方面:首先,要善于质疑、勇于批判。由于创新主体不知不觉地受到传统观念、固定观念和思维定势等因素的支配,因此要想克服这些因素,就要求创新主体必须有反思传统、善于质疑的精神和敢于批判的勇气,要怀疑批判别人,更要怀疑批判自己,只有通过不断怀疑和批判,才能使创新主体冲破固定框框的束缚,在怀疑批判中不断创新。其次,要克服胆怯心理,不断超越。破除传统习惯,突破权威型思维枷锁,是需要有勇气的。传统的、权威的东西同时也是为多数成员所承认和接受的东西。突破他们就意味着向多数人支持的东西挑战。而这种挑战本身又不能保证次次成功,相反却经常伴随着挫折和失败。因此,这就特别需要创新主体正确对待管理创新过程中的错误和曲折。要努力克服胆怯心理,不断实现思维方式的超越,如果处处怕犯错误,唯恐失败,就会陷于保守,就不敢突破原有的界限,也就谈不上开拓创新。最后,要努力学习创新思维的原理和方法,应用于自己的创新实践中。现代创造学总结出一些有用的原理和方法,能够帮助人们突破传统、习惯和思维定势，掌握了这些原理和方法，能够有效地帮助人们自觉地抵制和克服各种创新思维障碍。如创新的思维方法，就是打破人们通常思考问题的单一思维方式习惯，从各种不同的方面和角度进行思考。多向思维可以帮助创新主体打破思维定势，寻找到更多解决问题的新思路。如果创新主体能够善于运用这样一些方法，就可以自觉地抵制传统观念、固定观念及思维定势等的干扰，实现思维的不断创新。

【视野拓展】

打破思维定势[①]

有这样一道测试题。一位公安局局长在茶馆里与一位老头下棋。正下到难分难解之时，跑来了一个小孩，小孩着急地对公安局长说："你爸爸和我爸爸吵起来了。"老头问："这孩子是你的什么人？"公安局局长答道："是我的儿子。"请问：这两个吵架的人与公安局局长是什么关系？

据说有人曾将这题对100人进行了测验，结果只有两人答对。你是不是已经从婚姻、抚养和血缘等角度开始推测他们之间的关系，感觉是不是很复杂？

其实答案很简单：公安局局长是女的，吵架的一个是她的丈夫即小孩的爸爸，另一个是她的爸爸即小孩的外公。为什么我们刚才把他们之间的关系想得很复杂呢？因为"公安局局长""茶馆""与老头下棋"这些描述，使我们从以往的经验判断出发，为公安局局长预先设定一个男性身份，这样就把简单的问题想得复杂了。这种预先设定的心理状态和惯性的思维活动就是思维定势。人们根据以往的知识和经验积累，逐渐形成一种判断事物的思维习惯和固定倾向，从而形成"思维定势"。

"创造思维"这个叛逆的小孩，天生就不服"思维定势"妈妈的管教，时刻想挣脱她的束缚远走高飞，因而"创造思维"和"思维定势"又是一对生死冤家和宿敌。创造思维需要打破常规，而思维定势是一种固定的思维模式和思考习惯，常常对形成创造思维产生消极的作用。

思维定势可能都是在过去某一阶段的经验总结，是经过成功的经验或失败的教训验证的"正确思维"。但是当事物的内外环境变化时，仍然固守"正确的"定势思维却行不通了，甚至要吃大亏。

[①] 资料来源：王卫红，金伟林，何伏林. 创业案例教程 [M]. 杭州：杭州出版社，2017.

可见，不突破思维定势，就只能被原有的框架所束缚，就不可能激发出创造思维和取得新的成功。

（二）创新思维培养的六种方法

创新思维使人能突破思维定势思考问题，从新的思路去寻找解决问题的方法。常用的创新思维有逆向思维、侧向思维、求异思维、类比思维、综合（集中）思维、发散（扩散）思维等方式。

1. 逆向思维

所谓逆向思维，就是指突破常规考虑问题的固定思维模式，采用与一般习惯相反的方向进行思考、分析的思维方式。通俗地讲，就是倒过来想问题。我们都学过"司马光砸缸"的故事。小孩落水会淹死，要救出落入水缸的小孩，常规方法是把人拉出水面。把一个小孩拉出水缸，对大人来说不成问题，但对还是少年的司马光来说却不是一件容易的事，弄不好自己还可能被对方拉下水。司马光考虑的不是常人想的"人离水能活"这一条方法，而是反过来"水离人，人也能活"这种思维方法，结果砸破水缸救出小孩，这就是一种逆向思维。

逆向思维可分为功能反转、结构反转、因果反转、状态反转等几种。从已有事物的相反功能去设想和寻求解决问题的新途径，获得新的创造发明的思维方式即为功能反转。德国一工厂生产的一种纸因严重化水无法使用，按常规只能打浆返工。有个工程师考虑到化水原因是吸水性太强，能否专门用这种纸来吸水呢？经过"功能反转"制成了专用吸水纸，并申请了国家专利，增加了工厂收益。在日常生活中有许多用具的"缺点"往往是大家主攻的目标，但在不同使用场合，这些缺点有可能成为"优点"，想方设法扩大缺点，使之逆用，实现反转。

从已有事物的相反结构形式去设想和寻求解决问题的新途径的创造性思维方式属结构反转。如一般的门锁锁舌有斜口，这样关门比较方便，但却容易通过塞入硬片等方法把门撬开，防盗功能差，有人把门框上锁孔内侧焊个斜片，将锁舌改成方形，这样从结构上与原锁反转，关门照样方便，但由外往里撬门，由于锁舌是方形的就不易被撬开了，从而使防盗性能大大增强。从已有事物的因果关系，反过来由"果"去发现新的"因"（现象、规律），寻找解决问题的方法就是因果反转。例如磁生电（发电机）←→电生磁（电磁铁），声转电（话筒）←→电转声（听筒）。

从已有事物的另一属性，反转过来，发现或创造一种新的产品或技术的方法称作状态反转。例如，日常生活中圆珠笔的漏油是一直难以解决的难题，人们认为是由于钢珠的磨损造成的，因而许多科学家、工程师、发明家都在考虑在强化钢珠硬度、耐磨性上花费极大精力，但处于当时条件下，材料上难以突破。难道除了提高钢珠硬度、耐磨性之外就别无他法了吗？日本一位发明家想了一条与常人不同的思路——钢珠磨损后笔要漏油，但如果钢珠磨损后笔管中已没有油可漏了，这个问题不就解决了吗？他买来大量圆珠笔，反复使用，统计出常用圆珠笔写了多少字、用了多少油开始漏油的规律，采用在管中定量灌油的方式解决了圆珠笔的漏油问题。不从常人强化钢珠的方向思考，而是从油上动脑筋，使难题得以解决。

总之，当思考的问题用常规方法得不到解决时，应考虑转换思考角度、缺点逆用等思维方式来重新思考，这是人们在创新时常用的方法。

2. 侧向思维

侧向思维与逆向思维一样，都是相对常规思维活动而言的。他们的区别在于：逆向思维在许多场合表现为与他人的思维方向相反，但轨迹一致，而侧向思维不仅在方向上，而且在轨迹上也有所不同，偏重于另辟蹊径。

在日常生活中常见人们在思考问题时"左思右想"，说话时"旁敲侧击"，这就是侧向思维的形式之一。在视觉艺术思维中，如果只是顺着某一思路思考，往往找不到最佳的感觉而始终不能进入最好的创作状态。这时可以让思维发散，有时能得到意外的收获，从而促成视觉艺术思维的完善和创作的成功。这种情况在艺术创作中非常普遍。

达·芬奇创作《最后的晚餐》时，出卖基督的叛徒犹大的形象一直没有合适的构思。他循着正常的思路苦思冥想，始终没有找到理想的犹大原型。直到一天修道院院长前来警告画家，再不动手画就要扣他的酬金。达·芬奇本来就对这个院长的贪婪和丑恶感到憎恶，此刻看到他，达·芬奇转念一想何不以他作为犹大的原型呢？于是他立即动笔把修道院院长画了下来，使这幅不朽名作中每个人都具有准确而鲜明的形象[①]。在一定的情况下，侧向思维能够起到拓宽和启发创作思路的重要作用。

侧向思维一般在下述两种情况下常用：第一种情况是实现目标的途径相当明确，原有各种思维方式、思路、方法均可达到既定目标，但由于人的习惯思维，尽管原方法有优有劣，但往往总是死抱住一条路不变，在这种情况下就必须果断寻找新途径。例如要剪一圆纸板，通常先在纸板上画出一个相

---

① 资料来源：王卫红，金伟林，何伏林. 创业案例教程［M］. 杭州：杭州出版社，2017.

应直径的圆,再用剪刀仔细剪下,花费时间较长。有人想到用圆规画圆,把圆规的笔尖改装为小刀片,则成为一个很好的切圆片专用工具,不同方法解决了同一问题,还节省了时间。第二种情况更为多用,为解决某一问题孜孜以求,朝思暮想,但按常规方法却难以完美解决,这时不妨转换一下思路,从与自己研究无关的领域中寻找解决的方法,或者请"外行"来参谋,出点子,或许很容易就能解决问题。例如大家比较熟悉的鲁班发明锯、莫尔斯(Morse)发明电报就是这种思维的典范。

侧向思维是进行创新的有效思维方式,尽量利用已有新技术及邻近领域的成熟技术以图从别人想不到的角度观察、分析,达到解决问题的目的。

3. 求异思维

善于"标新立异"是发明家的共同之处。这就需要我们有一种求异思维,在常人习以为常的工具、用具、方法中标新立异,创出新品。求异思维的关键在于不受任何框架、任何模式的约束,能够突破、跳出传统观念和习惯势力的禁锢,从新的角度认识问题,以新的思路、新的方法创造人类前所未有的更好、更美的东西。日常所说的"出奇制胜",就是求异思维,使"圆变方,纵变横,平面变立体,飞机入水,船上天"。例如手机制造,屏幕越来越大、功能越来越强,成本越来越高。有厂家推出功能减少、使用方便、价格低廉的手机,就是求异思维的结果。

求异思维的主要规律和方法是对比联想。对比联想常常与客观事物之间的对比、语言学中的反义词有关,正如上面所说的方与圆、纵与横、平面与立体、红与蓝、黑与白、天与地、大与小、长与短、宽与窄、厚与薄、高与矮、多与少、导体与非导体、金属与非金属、正与负、强与弱、加与减、乘与除、交流与直流、脚与手,以及名词、动词、形容词等都是对比联想的素材,可用于开启求异思维的思路。

4. 类比思维

类比思维是一种逻辑思维方式,人们通过类比已有事物开启创造未知事物的创新思路。他把已有的事和物与一些表面看来与之毫不相干的事和物联系起来,寻找创新的目标和解决的方法。常见的方式有:形式类比、功能类比和幻想类比等多种类型。形式类比包括形象特征、结构特征和运动特征等几个方面的类比,不论哪个形式都依赖于创造目标与某一装置或客体在某些方面的相似关系。如鸟的飞行运动制成了飞机;飞机高速飞行时机翼产生强烈振动,有人根据蜻蜓羽翅的减振结构设计了飞机的减振装置。

功能类比是根据人们的某种愿望或需要类比某种自然物或人工物的功

能，提出创造具有近似功能的新装置的方法，这种方法特别在仿生学研究上有广泛应用，例如鳄鱼夹、各种机械手等。

幻想类比是根据幻想中的某种形象、某种作用、运动装置进行发明创造的思维。例如《海底两万里》的作者幻想了一种能长时间在海底活动的潜艇，经过几十年的努力后制成的现代潜艇即是这种幻想的实施。当然，一项成功的发明也可以是以上多种类比的综合，如各种机器人的出现绝非一种单纯的创造性思维所能奏效的。培根（Bacon）有句名言："类比联想支配发明。"培根把类比思维和联想紧密相连，有类比更需要联想，不论是寻找创造目标，还是寻找解决方法都离不开联想的作用。要用好类比思维，应该提高联想能力，特别是掌握相似联想，是用好这一思维的重要条件。

5. 综合思维

学习物理使我们知道，不同方向的力能够产生合力。在发明创造中，同样可以把几个不同的主意融合起来，取其长处，相互补充，组合起来，用以解决一个难题或者完成一件作品，这就是综合思维，又称集中思维。综合思维可以综合多种方法，对原理、设计、结构进行合理改进、互补、综合，达到理想目标。近年来普遍使用的"头脑风暴法"和常说的"三个臭皮匠，抵个诸葛亮"等就是这种思维的具体应用。

综合思维可在下列两种情况下使用：第一种情况是几个设想并无矛盾，分别可用在作品的不同部位，只需简单组合即可。第二种情况是几个设想集中在同一部位，相互之间各有长短，这时你就必须下一番工夫把他们各自具有的长处结合而消除弊端，就好像是几个分力使他们作用在同一直线上，你必须把他们合理安排，使他们能最大限度地达到你所想得到的效果。

6. 发散思维

围绕一个问题，突破常规思维的束缚，沿不同方向去思考、探索，寻求解决这一问题的各种可能性，由一点到多点的思维形式就叫作发散思维，又称扩散思维、多向思维、辐射思维。通常人们考虑问题，总是由提出问题的起点到解决问题的终点，喜欢按一条思路进行，走不通就打住，问题被搁置。也许，换一个思路从多个不同角度去考虑就能够很容易解决问题。思维扩散的范围越广，产生的设想越多，解决问题的可能性就越大。面对一个新方法、新技术、新规律、新产品、新现象，对一个训练有素的创新者，他会考虑能否有其他更多的用途，制作更多类型的作品，设计新的装置，开创一个个新的技术种类，一项项新的系列化产品，一片片新的应用领域。

发散思维的常用操作方式有：材料发散，就是用某种材料为基点，设想他的多种用途，并对材料的各种专用特性进行研究、改进，达到要求的目标，如纸，可写字、包装、制作玩具、引火等；功能扩散，以某种事物的功能为扩散中心，设想这种功能的其他用途，如灯，可发热、发光、取暖、烘烤、印相、发信号等；形态扩散，以某种事物形态（颜色、形状、声音、气味等）为扩散中心设想出能被利用的各种可能性，如钉子，可钉木板（把两种材料连接，挂物体）、钉墙面（水泥钉）、钉塑料（热固化材料，补洞等用）、钉鞋（防滑）、做钉耙（工具）等。

发散思维与综合思维不同，综合思维由多点集中到一点，而发散思维是由一点扩散到多点。应用发散思维，首先应寻找合适的发散源，掌握发散源的科学原理、技术基础，寻找新的应用领域去创造、去发明、去制造社会所需要的新产品。1898年，居里夫妇发现了放射性元素，自此以后，许多科学家采用他们的方法，又发现了一系列放射性元素，又有人在用途上动脑筋，使放射性由实验室走到工业、农业、医药、科研等领域，现在在育种、消毒、杀菌、治病、食品保鲜等方面都得到了广泛应用。

7. 设计思维

设计思维是一种方法论，用于为寻求未来改进结果的问题或事件提供实用和富有创造性的解决方案。在这方面，他是一种以解决方案为基础的，或者说以解决方案为导向的思维形式，他不是从某个问题入手，而是从目标或者是要达成的成果着手，然后，通过对当前和未来的关注，同时探索问题中的各项参数变量及解决方案。这种类型的思维方式最经常思考发生在已成型的环境中，这种环境也称为人工环境。

视频 2.7：
设计思维

二、创业思维

创业思维可以从两个角度来理解：一是指创业者应该具备的思维方式，即创业的意识；二是通过研究成功创业者的行动，发现尽管其行动存在差异，但在思维方式上却具有显著的一致性，这是一种截然不同于一般管理思维的思维方式，称为创业思维。

（一）创业意识

创业思维是创业者准备或正在实施创业的过程中的思考活动。主动、积极的创业思维可以推动创业者的创业实践，是从事创业活动的强大内驱动力。大学生创业的症结在于绝大多数人创业时对创业没有清晰的方向，在创

视频 2.8：
企业如何培养创客——海尔大学（上）

业过程中缺乏来自环境的有益帮助。创业与在学校做研究课题不同，需要面对纷繁复杂的事物和关系。现今，我们每位大学生创业还需要更多的扶持，这不是手拉手的"搀扶"，而是需要一个能力的"支点"。

大学生通过课程、讲座、培训等方式，如通过"如何产生你的企业想法""如何创办你的企业""如何发展你的企业""什么是风险投资""如何组织团队"等课程，进行创业思维、创业能力的训练，可以产生创业想法，增强创业的信心。要想取得创业的成功，创业者必须具备自我实现、追求成功的强烈的创业意识。强烈的创业意识，能帮助创业者克服创业道路上的各种艰难险阻，将创业目标作为自己的人生奋斗目标。创业的成功是思想上长期准备的结果，事业的成功总是属于有思想准备的人，也属于有创业意识的人。

视频 2.9：企业如何培养创客——海尔大学（下）

（二）区别于管理思维的创业思维

创业思维是一种行动导向的方法，体现了实用主义的哲学思想，认为新的投入（知识、信息、资源、网络和行动）会拓展我们对机会的认识，强调创业团队中所有成员的共同创造。诺贝尔经济学奖得主赫伯特·西蒙（Herbert Simon）教授的关门弟子萨拉斯·D·萨拉斯瓦西（Saras D·Sarasvathy）经过十余年的研究总结，提炼了创业思维的五大原则，对于创业者具有重要指导作用。

1. 二鸟在林，不如一鸟在手

按照这种原则，创业并非起始于对机会的识别和发现，或者预先设定目标，而是首先分析你是谁，你知道什么以及你知道谁，即了解你自己目前手中拥有的手段有哪些。创业行动应该是手段驱动，而不是目标驱动；创业者应该运用各种已有手段或手头资源来创造新企业，而不是在既定目标下寻找新手段。

2. 可承受损失

创业者必须首先确定自己可以承担的损失以及愿意承担的损失有多大，然后才投入相应的资源，而不是根据创业项目的预期回报来投入资源。在采取每一步行动之前，创业者都应该只付出自己能够承担并且愿意负担的投入，否则就跟赌徒差不多了。在考虑投入时，应该综合权衡各种成本，包括金钱、时间、职业和个人声誉、心理成本和机会成本等。

3. 吸引更多的人加入进来

寻找愿意为创业项目实际投入资源的利益相关者，通过谈判、磋商来缔结创业联盟,建立一个自我选定的利益相关者网络,而不是把精力花在机会成本分析上,更不要做竞争分析。联盟的构成决定创业目标,随着联盟网络的扩大,创业目标也会不断发生变化。

4. 柠檬水原则

西方有一句谚语:"如果生活给了你柠檬,就把他榨为柠檬汁。"这实际上是要求创业者以积极的心态主动接纳和巧妙利用各种意外事件和偶发事件,他们在创业途中无法避免,不应消极规避或应付。在创业过程中,你采取的行动很可能不会带来你期望的结果,这时需要友好对待,否则将会错失某些重要的东西。很多时候,意外同时也意味着新的机会。当然,意外也可能意味着问题。如果可能,解决这个问题,你的解决方案会变成你的资产。假如这个问题会永久存在并且你无法排除,那么他将成为你采取下一步行动的已知事实基础。

5. 飞行导航员原则

创业者不应该把主要精力花在预测未来上,而是要采取行动。未来取决于你现在做了什么,很多看似不可避免的发展趋势或许可以改变的,但前提是你得采取行动。当然,并非全部创业者都要采用创业思维来开展行动,毕竟不是所有创业活动都会面临高度不确定性。很多时候,需要把管理思维和创业思维结合起来。

(三) 创造力

顾名思义,创造力就是创造的能力。我们应该认识到:正常的人都具有创造潜力,只是由于一系列主客观因素的影响,这种潜力没有充分地表现出来。从创业的角度来看,创造力是创业时代的原动力,可以从如下几个方面来理解:

(1) 创造力是正常人在科学发现、技术发明、技术创新、文艺创作、经营创业等创造性活动中形成和表现出来的各种积极的个性心理特征的总和,他决定了成就产品的水平和数量。

(2) 创造力不是个别天才人物所独具的神秘能力,而是每个正常人与生俱来的潜能,通过培训可以大幅度地被激活和提升。

(3) 创造力是在创造活动中形成的,先天的某种禀赋只为创造力的形成提供了前提,环境、实践、教育和主观努力对创造力的形成和发挥都有重大影响。

(4) 只有在特定的创造性活动中,创造力才会充分表现出来,即使是具有很高创造力的人也不会在任何活动中都表现出创造性品质。

（5）创造力是指有利于实现创造目标的积极的心理特性，而无能、无为、保守、悲观等消极表现则不属于创造力的范畴。

（6）创造力的基础是知识。知识分两大类，一类是基础知识、专业知识和交叉学科知识，另一类是属于创造技能和创造技法方面的。创造技能反映人的智力技能、感情技巧和动作技能的综合水平，目前我国大学生总体创造技能水平高，但动手操作能力欠佳。创造技法是解决问题的路径和利剑，人类最有价值的知识是方法的知识，掌握技法对创业就业者将会受益终身。

（7）创造欲望和创造思维是创造力的核心，他们是个人开发创造力的具体表现。

（8）学生的个性品质包括奉献精神、独立精神、合作精神、学习精神和心理结构、能力结构等，这些都会影响其创造力的发挥。

（9）哲学思维是攀登科学顶峰的指路灯，提高创造力始终离不开加强对哲学基础理论的学习。

（10）健康的体魄、外语能力和表达能力同样是培养大学生创造力不可缺失的条件。

【视野拓展】

创业跟创意是两回事[①]

对于王林来说，选择自己创业是因为一次意外的收获，最后却成了一次意外的教训。

☆ 三个月赚到六万元

创业前，王林是某图片社的文员，平时很关注时尚，对服装有着独特的看法。一个周末，王林到同学开的服装店去玩。闲极无聊，翻看库存的一堆衣服，同学说是一个工厂托他甩卖的积压货，每件进价才两元钱，但是因为样式实在太陈旧，一直很难卖出去。王林一听来了兴致，拿了一件回家改造。两个小时以后，那件衣服变得很时尚。同学决定试卖一下，结果挂出去不到一小时，裙子以90元的价格被买走了。于是同学把这批衣服都交给王林设计、修改，卖掉后每条按35元结账。一个月不到，王林就赚了5000元。这件事让王林兴奋了很久，考虑再三，王林决定辞职创业，这5000多

[①] 资料来源：金伟林，王卫红，何伏林. 创业案例教程［M］. 杭州：杭州出版社，2017.

元钱也就成了王林的创业资本。

起初王林只是从同学的店中拿点积压的服装修改，小店生意火爆，但销售量有限。为了获得更多的利润。王林开始跑批发市场，批发来款式陈旧的服装进行"再创作"。为此，她租了一间平房，购置了三台缝纫机，聘请了三个工人，一个小型服装加工作坊就这样办了起来。

这个创意确实不错，因为每家服装店都有一些让店主头疼的积压货，很多摊主甚至天天打电话给她，希望她帮忙修改。不到三个月，王林就赚到了近六万元，这让王林的自信心迅速提升，开始盘算扩大经营规模。扩大经营成本大幅上涨，王林又租下一间100多平方米的小库房，添置了十台缝纫机，增聘了十个缝纫工，期盼着能获得更多的利润。但事情却没有想象中那么顺利，由于每日生产量增加，修改、装饰过时服装需要的配料严重短缺。以前，王林都是去布料批发市场，以极低的价格购进碎布头作配料。现在需求量上升，靠这个方法收集的零碎布头供不应求。为了确保准时交货，王林只能批量买进各式布匹。但这样，她的成本就增加了数十倍，王林还是坚信：只要销量增加，就一定会有利润。

☆ 财务一团糟只得惨败收场

因为不懂财务，王林每月收支都是一团糟，扩大生产后，每天的设计任务更重，她索性不顾财务管理了。王林的产量和销量都一直在增加，可手中的钱却越来越少。于是她找来一摞财务书恶补，虽然看不太懂，但王林记住了一句话：只要现金一直在流动，而且手中一直有现金，就没问题。两个月后，王林发现账面资金越来越少。她想节约成本，却怎么也找不出症结所在。作坊已经发展到15个工人，每日的工作量都排得满满的；厂房的空间已经极为拥挤；旧款服装虽然积压了一大批，但每款设计不是拍拍脑袋就可以想出来的。特别是以此为工作后，每天大量的设计让王林已经有些麻木，面料的采购成本也很难降低。在此后，恰逢整个服装市场进入了低谷，王林不知不觉中已经赊欠了大量布匹，工厂也基本陷入停顿状态。付清全部货款和工人工资后，再清算账面，王林惊呆了：除了一仓库的旧款服装和零碎面料外，所剩无几。虽然不至于破产，但近一年的忙碌，收获却几乎等于零。

☆ 创业失败诊断

王林的创意其实不错。但是，创业跟创意是两回事，创业一定要学会分析。王林投资失败，主要是以下三方面原因。

- 盲目扩大经营

王林为了扩大销售量而扩大经营，在她眼里"只要销量增加，就一定会有利润",显然这个观点是错误的,在扩大经营的同时却忽略了成本控制的问题。王林将原先在批发市场收集的零碎布料换成批量布匹,使得原材料的成本大大提升;员工增加到十多人,使得人工成本增加,而产品的附加值和销售价格并没有增加,导致产品利润下跌。并不是产量增加,利润就会随之增加的,缺乏了成本预算分析,盲目地扩大经营,是利润锐减的主要原因之一。

- 缺乏财务管理

财务管理是每个企业的必修课。王林自始至终都没有足够重视财务管理,而且错误地认为"只要现金一直在流动,而且手中一直有现金,财务就没问题",导致后期账面资金越来越少。发现财务有问题,王林不仅没有引起重视,还因为找不到症结所在,就干脆把问题放在一边,希望"不了了之",最终小问题日积月累,变成了拖垮整个企业的大问题。

- 缺少风险管理

王林的创业,最终在服装市场的低谷期失败了。在一系列问题未能解决的情况下,又遇到一个非常时期,任何小问题都会影响整个企业的经营。在创业初期,小企业应对风险的能力是比较弱的,如果一切等到问题出现的时候再去解决,可能已经太晚了。所以,在经营过程中,要不断地进行财务分析,发现问题及时解决,等真正的风险到来时,就不会手忙脚乱了,创业也不至于以失败告终。

第三章

创业机会从何而来

第一节 创业机会认知

一、创业机会的概念与特征

(一) 创业机会的概念

美国经济学家柯兹纳(Kirzner)认为,创业机会是未明确市场需求或未充分使用的资源或能力①。潜在的消费者可能很清楚自己的需要、兴趣或问题,也可能不明确自己的需要。即使消费者不清楚他们想要什么,当创业者把新产品推荐给他们并向他们说明产品的好处时,他们也能够识别这个新产品给他们带来的价值。和有发展潜力的新能力或新技术一样,未得到充分利用的资源也有为潜在消费者创造和传递价值的可能性,尽管这种新价值的形式还不确定。

随着市场需求被创业者精确定义出来,未得到利用或充分利用的资源也被更精确地定义为潜在的用途,创业机会就从其最基本的形式中发展起来,形成了一个商业概念。这一概念的核心观点是如何满足市场需求或如何利用资源。这一商业概念在创业者的开发下将变得更加复杂了,包括产品或服务(提供什么)、市场(提供给谁)、供应链、市场营销、经营(如何将产品或服务提供给市场)等。我们可以总结为:创业机会是有利于创业的一组条件的形成情况。

---

① Kirzner I M. Entrepreneurial Discovery and the Competitive Market Process: An Austrian Approach [J]. Journal of Economic Literature, 1997, 35 (1): 60-85.

（二）创业机会的特征

蒂蒙斯（Timmons）认为，创业机会的特征是具有吸引力、持久性和适时性，并且伴随着可以为购买者或者使用者创造或增加使用价值的产品和服务[①]。

（1）吸引力。创业者所选择的行业，即创业者所要提供的产品和服务，对于消费者来说应该是具有吸引力的，消费者愿意消费该产品和服务。

（2）持久性。创业机会应当具有持久性，能够得到进一步的发展，具体来说，市场能够提供足够的时间使创业者对创业机会进行开发。创业者进行创业机会分析时，应把握创业机会的这一特征，以免造成对资源和精力的浪费。

（3）适时性。适时性与持久性相对。创业机会存在于某个时间段，在这个时间段进入该产业是最佳时机，这样一个时间段被称作"机会窗口"。换句话说，创业机会具有易逝性或时效性，它存在于一定的空间和时间范围内，随着市场及其他创业环境的变化，创业机会很可能消失和流失。

（4）创造顾客价值。创业机会来源于创意，创意是创业机会的最初状态。创意是一种新思维或者新方法，是一种模糊的机会，如果这种模糊的机会能为企业和顾客带来价值，那么他就有可能转化为创业机会。

（三）商业机会与创业机会

商业机会是指存在于某种特定经营环境条件下，企业可以通过一定的商业活动发现、分析、选择、利用，并为企业创造利润和价值的市场需求。《21世纪创业》的作者蒂蒙斯教授提出，好的商业机会有以下四个特征：

（1）他很能吸引顾客；

（2）他能在你的商业环境中行得通；

（3）他必须在机会之窗存在的期间被实施；

（4）你必须有资源（人、财、物、信息、时间）和技能才能创立业务。

可见，创业机会必然是商业机会，但商业机会未必是创业机会。商业机会与创业机会之间并不存在截然的界限，对二者进行比较，是要强调创业机会独有的价值或者利润创造特征，突出其创新性、变革性。

第一，创业机会常常需要重新组合资源，而商业机会的范畴更广，涵盖

[①] Timmson, J. A and Spinelli, S. New Venture Creation: En-trepreneurship For The 21st Century [M]. New York: McGraw-Hill/Irwin, 2003: 56-63.

所有优化组合资源的可能性。

第二，创业机会是一种独特的商业机会，他往往会表现为超越现有情况的全盘变化甚至颠覆性变化，而商业机会只是蕴含于局部或全盘变化之中。

第三，创业机会具有持续创造超额经济利润或价值的潜力，而其他商业机会只可能改善现有利润水平，这也是创业机会与商业机会的根本区别所在。

【视野拓展】

创业的机会窗口[①]

一个具体的创业机会，其存在的时间是短暂的。杰弗里·蒂蒙斯（Timmons）在他的著作里描述了一般化市场上的"机会之窗"（window of opportunity）。一个市场在不同时间阶段，其成长的速度是不同的。在市场快速发展的阶段，创业的机会随之增多；发展到一定阶段，形成一定结构后，机会之窗打开；市场发展成熟之后，机会之窗就开始关闭。选择那些机会之窗存在的时间长一些的市场机会，创业企业可获利的时间也可长一些，取得成功的概率就大一些。这样的机会，其期望价值自然高一些。

所谓机会窗口，即特定商机存在于市场之中一定的时间跨度。市场规模和机会窗口的长度构成了风险和回报的基础。机会的时间跨度越大，市场规模越大，机会窗口越大，创业者才可能抓住这个机会。否则，创业者可能无法抓住这个机会。

产生创业机会窗口的原因主要有三点：第一，一些因不均衡冲击产生的机会常常被其他冲击带来的新机会所取代，而现有机会就会结束。第二，即使没有发生新的冲击，竞争也会耗尽机会的利润。带来机会的信息一开始不对称性显著，随着有关机会的信息逐步扩散，这种不对称性逐渐消失。当创业者开发机会时，他们将机会内容以及如何追求机会的信息传递给其他人。尽管这样的模仿一开始使得机会得到承认，但也制造了竞争，使差异消失。当其他创业者进入到达一定的比例，新进入者的收益超过成本，创业利润被越来越多的人分享时，人们追求机会的刺激就会减少。第三，在机会开发的过程中，有关机会的信息在资源所有者之间扩散，资源所有者可以根据创业者提高资源价值的行动，提高资源的价格以分享一部分创业利润。总之，信

[①] 资料来源：王卫红，金伟林，何伏林. 创业基础 [M]. 杭州：杭州出版社，2017.

息的扩散和利润诱惑的减少,将降低人们追求某具体机会的动力。

如图3-1所示,第一个阶段是机会窗口尚未开启的阶段,市场发展不快,前景也不明朗,但竞争者少,创业者往往拥有先入者优势,但风险较大;第二个阶段是机会窗口开启到关闭的阶段,这时市场进入了快速增长阶段,市场规模不断扩大,可以稳定盈利了,但市场竞争比较激烈,进入门槛逐渐提高,利润率逐渐降低了;第三阶段市场已基本成熟,趋向于稳定,市场规模增长放缓,外部企业很难再进入,机会窗口基本关闭了。

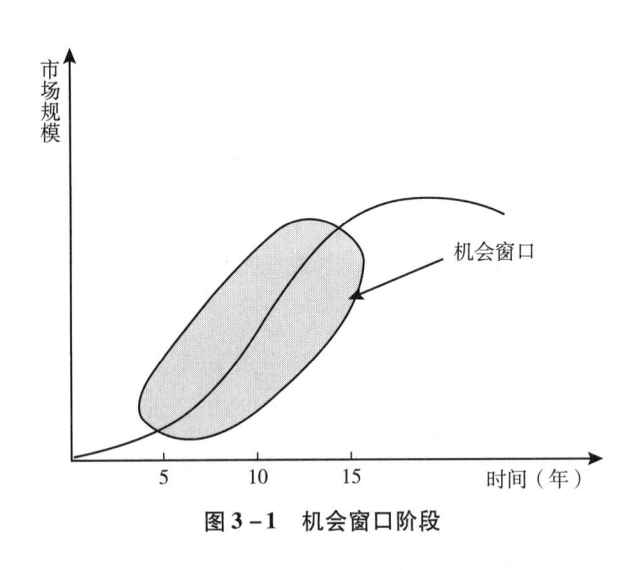

图3-1 机会窗口阶段

创业者在机会窗口的哪个阶段进入市场,很大程度上决定了创业的成败。成功的创业者往往能在机会窗口尚未开启的第一阶段就先人一步地抓住它,并毫不动摇地坚持发展,不能急功近利,追求短期效益。

机会窗口敞开时间的长短对于创业成功十分关键。机会窗口并不是永远的打开,有的机会窗口打开时间很长,有的则非常的短。美国的一项对创业投资的研究调查发现,当机会窗口的时间短于三年,新事业投资失败率高达80%以上;如果机会窗口的时间超过七年,则几乎所有投资的新事业都能获得丰厚的回收。具体到机会的开发利用时,创业者当然希望机会窗口存在的时间长一些,可获利的时间也长一些。这个周期的长短取决于许多因素。首先,是建立限制其他创业者模仿的机制,如商业秘密、专利保护或垄断合同,这些都可以延长机会的生命。其次,减缓信息扩散的速度。最后,如果其他人无法模仿、替代、交易或获得稀有的资源,也可以通过减少过剩,延长机会的持续时间。

二、创业机会的来源

创业机会既可能是自然生成的，也可能是需要创业者自己去创造的，且多数是后一种情况。创业者要想赢得创业机会，那就需要搞清并关注创业机会的来源。创业机会主要来源于环境和技术的变化。

视频3.1：创业机会的来源

（一）环境的变化

外部环境对创业者来说是可变的，也是不可控的，既包含创业发展的机遇，也包含可能面临的挑战。创业者要善于发现和把握对自身有利的环境因素，积极利用环境机会。

宏观的环境因素包括社会文化、社会习俗、社会道德观念、社会公众的价值观念、工作态度以及人口统计特征等。变化中的社会因素影响社会对企业产品或劳务的需要，也会改变企业的战略选择和发展方向。社会的不断进步会催生很多新的需求，或改变人们对于创业的看法，诱导出更多的机会。

随着经济的发展，经济建设和人民生活水平的提高以及个人消费意识和企业经营意识的变化，必然会产生一些新的需要。其中一些是新的消费需求，一些是中间性消费需求。相应地，就需要有企业去满足这些新的需求，这意味着是创业者可利用的商业机会。

市场供求平衡过程中，总有一些供给不能实现其价值，而只能以"伪均衡价格"低价售出；也总有一些需求不能真正得到满足，需求者只能以其他商品来近似地"满足"自己的消费欲望。这实际上是供给结构缺陷问题，即由于供给有缺陷，迫使人们放弃自己真正的需求，而用其他可得到的供给来将就满足。创业者如果能发现这些供给结构性缺陷，同样可以找到可利用的商业机会。

改革开放以来，存在这样一种现象，即"沿海学国外，内地学沿海"。这种学习模式的原因在于沿海与国外、内地与沿海，其差距不外乎是产品上的、技术上的、产业上的、商品经济发达程度上的，或者是市场经济制度完善程度上的。只要我们经常将本地区、本企业与先进地区或国家相比较，看看别人已有的哪些东西我们还没有，这"没有的"就是差距，其中即可能发现某种创业机会。

（二）技术的变化

创业的技术机会是指由于技术进步、技术变化带来的创业机会，包括现存技术的规范或性能有改进的可能性，也包括全新技术的出现和应用。由于新的技术突破，就为创业者提供了创业的"技术来源"，这些技术来源有可能触发创业机会。技术的发展推动新技术的诞生，技术推力表现为科学和技术的重大突破，从而创造全新的市场需求，或是激发市场潜在的需求。技术创新的需求并不是由市场产生，而是由拥有技术专利的创新主体按技术的功能适用性进行创新，从而间接地满足市场上存在的某种需求或在市场上创造新的需求。在经济发展过程中，许多重大的技术创新成果，如尼龙、人造纤维、核电站、半导体等都属于这一模式。技术突破往往意味着新产品的出现。

技术进步可以创造新的市场，产生大量新型的和改进的产品，改变创业企业在产业中的相对成本及竞争位置，也可以使现有产品及服务过时。技术的变革可以减少或消除企业间的成本壁垒，缩短产品的生产周期，带来比现有竞争优势更为强大的新的竞争优势。对于创业者来说，能正确识别和评价关键的技术机会与威胁是至关重要的。

技术融合是指沿外延机会将不同领域的现有技术进行融合集成，形成新的生产能力。在技术发展的不同阶段，技术机会是不一样的，在一项技术的萌芽阶段或成长的初期，多数创新是重大的技术突破，如晶体管代替真空管、集成电路取代分立元件等。随着新技术与新产业的不断发展，在进入成长期或成熟早期以后，技术创新从产品创新转向工艺创新，突破型技术创新让位于渐进型技术创新，技术机会从内涵更多地转向外延，技术融合逐渐占主导地位。

技术会在国家之间、地区之间和企业之间发生扩散，产生技术扩散有两个原因：一是存在着技术势差，二是存在着模仿学习者潜在利益的刺激。技术扩散可以包括技术贸易、技术转让、技术交流、技术传播等活动。由于技术的扩散，创业者在本国、本地区和本行业率先采用了扩散技术，能够获得技术上的优势，发现创业机会。

技术转移一般需要通过技术贸易来完成，技术贸易又称有偿技术转让，或技术的商业转让，是相对于技术的无偿转让而言的。在现实生活中，绝大多数涉及产品和生产技术的转让都是通过有偿方式进行的。技术贸易的基本内容是专利使用权、商标使用权和专有技术使用权。

技术引进是创业企业外部获得先进适用的技术的行为，包括引进技术，以及技术服务、配套设备、管理方法、先进人才等。通过技术引进能够弥补创业企业在技术方面的差距，提高技术水平，填补技术空白，获得发展的良好机会。创业者通过对引进技术的消化、吸收与改进,也能够形成技术机会。创业者可以进行创造性模仿、消化、吸收引进技术,减少对技术提供方的依赖,实现更大的经济效益,甚至在新旧技术结构的相互适应下形成新的技术结构。创业者还能形成自我研究开发的能力,进而根据市场需要,通过自主的研究和开发,进行改进创新。后续开发能够促进创业者对技术的消化,并建立自我发展的能力,是建立技术机会的重要途径。

【视野拓展】

饿了么:"饿"出来的创业[①]

2013年,《福布斯中文版》发布了中国30位30岁以下创业者名单,饿了么创始人张旭豪赫然在列。这时候,"饿了么"已在不知不觉中成长为一家拥有200名员工、日单量超过100万单的成长型公司,即便客单价平均只有20元,截至2012年交易额也已经达到6亿元。

创业这家网站的故事要从2008年的几个宅男的深夜经历说起。

在交大闵行校区的研究生宿舍里,张旭豪和室友康佳在聚精会神地打一场实况足球电脑游戏,时钟指向夜间10点的时候,两人饿了,接连打了好几个餐厅的外送电话,都无法接通。在经过彻夜交谈之后,两人一拍即合,决定在校园内做一个外卖服务的项目。那是2008年,他们的初步计划是去学校附近的餐馆游说,把他们印入订餐小册子,发放给校园里的同学,再买几辆电动车,招几个人做送餐员。甚至,两人在宿舍里安装了热线电话,一边召集餐馆加盟,一边当接线员,人手不够的时候,两人也要亲自送外卖。

"下大雨的时候,叫外卖的特别多,同学们都窝在寝室看着美剧等我们送餐。我和旭豪脚上的冻疮都是那时候冻出来的。"康佳是个来自山西的瘦高男生,作为联合创始人,他至今还忘不了创业初期的"艰苦"往事。比如,12万元的启动资金,全靠东拼西凑,谁有钱了就添一笔。一位送餐员和大巴相撞,发生意外,面部缝了40多针。和他俩一同创业的另两位核心成员选择退出,越来越多的订单让这个蜗居在宿舍里的创业团队难以负荷。

在忙乱不堪的状态下,张旭豪和康佳不得不做出调整,放弃拼体力的服务方式。2009年4月,"饿了么"网上订餐应运而生。他们在学校附近的小区租了套毛坯房,十几个人窝在里头办公。张旭豪和康佳晚上就睡在窄小的

[①] 中国企业家人脉促进会. 想做"小马云"的张旭豪:O2O如何闭环[EB/OL]. [2014-05-13]. http://www.qyjrm.com/qiyejia/jingying/6230.html.

上下铺上。如今想来，张旭豪倒也不觉得苦，但是一旁的康佳打趣道，"那下铺都给你压出一个坑来了，你的痛苦在于床，而我的痛苦在于你的呼噜。"

他们没想象到的是，"饿了么"并不是交大学生唯一的选择。一家同样由校友创办，注册资本超过100万元的同类网站"小叶子当家"已经运营了一段时间。比烧钱，"饿了么"不是对手。张旭豪和他的伙伴们只能在服务上下功夫。专门研发针对商户的网络餐饮管理系统，一旦餐馆安装这套终端，就可以使用这套系统，及时更新外送菜单，还附有打印订单的功能，省去餐馆人工抄单的时间。

交易额8%的佣金也被改为固定的服务费，在张旭豪看来，这样方便控制现金流，免去上门收佣金的人力成本，也能给商户释放一个信号：多劳多得。张旭豪的第一台笔记本就是苹果电脑，这个乔布斯的信徒，推崇乔式的极简理论，并应用于"饿了么"的客户端——用户只需点击三次，就能下达订单。

如今，"小叶子当家"已经关门。"饿了么"这个从校园成长起来的创业团队，花费了5年时间，从上海西南的闵行高校区起步，将业务逐步扩展到上海、杭州、北京、广州、福州、苏州、天津的高校区和写字楼。

网站开始变得有点名气，张旭豪却并不担心自己的商业模式被互联网巨头复制，在他看来，"饿了么"的核心竞争力在于线下整合餐厅而不是互联网公司擅长的线上服务。"只要我们在巨头还未及时反应之时，尽快地扩张圈地，让用户形成习惯，打个比方，你觉得交大的学生还会用百度叫外卖吗？饭馆还会在百度上开店吗？迁移的成本是很大的。"

一直以来，"O2O"（线上到线下）商业模式中的一个焦点问题是如何实现O2O的闭环，也就是说，现在大部分的O2O产品只实现了半个环——线上的行为将客流引到线下去消费体验、实现交易，但如何将线下的用户行为引到线上，还是个难题。"'饿了么'已经可以在线支付，也就实现了闭环。"这是张旭豪引以为豪的地方，通过"饿了么"的支付架构，用户可以用支付宝付款，餐厅也在这套系统中进行结算。

快速扩张中，年轻的创业者们还是遇到了一些难题。一方面，如何把现有市场的模式复制到其他区域；另一方面，如何有效管理200多人的团队。这个团队里都是年轻人，还有不少中途退学，因为创业激情而加入的。

虽然看起来嘻嘻哈哈的，但员工说，张旭豪严厉起来反倒远远超过不苟言笑的康佳。而康佳说，张旭豪的脾气"说好听点是偏执，说难听点就是傲""他是个妖人，而你永远不可轻视妖人"。两个创业伙伴十分强调创造长期价值而不是短期利益,这是两人能一路走下来的"信仰"。"饿了么"的公司名为上海拉扎斯信息技术有限公司,这里有张旭豪埋下的一个"彩蛋",在梵文里,"拉扎斯"是"激情"的意思。

张旭豪喜欢把"饿了么"和马云创建的阿里巴巴类比,致力于利用互联网改变餐饮业的生态环境。在中国的企业家中,他最欣赏的也是马云,不仅因为"他的事业格局很大",还因为"有很多人会说不会做说,也有很多人不会表达,能说出来又都能做到的不就只有他了吗。"

以下是十年来,张旭豪创业到现在的一些感悟:

(1) 其实互联网创业产品还是最重要的,我觉得创始人一定要花很多的心思在自己的产品上面,把很多的很痛点的需求一定要想明白,一定要解决好。

(2) 我觉得团队非常重要,不是说四五个人在一起创业就形成了团队,一个团队真正的形成,就是要经历几波大的挫折以后,才能把这个团队真正建立起来,真正稳固起来,真正地对彼此产生充分的信任。很多创业失败其实归根结底还是在于整个团队并没有完全的凝聚在一起,形成充分的信任才是一个团队真正的组成。我觉得一般来说如果不是成员有很好的了解的话,可能需要一年到两年才能形成一个比较有战斗力的团队。

(3) 我觉得创业更多的应该是一个愉快的过程,至少我们决定创业也不是为了要上市,就是想要做一些自己想做的事情,能够改变周围的人。看到一件事情你看不惯,你能够通过自己的方式去解决它,你告诉大家有一种新的方式,我觉得这个其实是我们更健康的创业的初衷。到后来我觉得现在资本也很热,大家其实都为了一个想法去融一笔钱,好像没有人去想创业的初心。所以今年我们公司的文化就是不忘初心,我觉得虽然融了很多的钱,还是不能忘记自己做的是什么产品,你服务的是谁,你怎么去完成它。

三、创业机会的类型

根据创业机会来源的不同,我们可以把创业机会分为问题型创业机会、预测型创业机会、组合型创业机会。

问题型创业机会,指的是顾客现有需求,或尚未解决的问题而产生的着眼于实际的创业机会。

预测型创业机会,指的是基于环境的动态变化,对顾客的潜在需求预测而产生的着眼于未来的创业机会。

组合型创业机会，是指基于环境变化、顾客需求、创新变革、市场竞争等多种因素，为创造顾客新价值而产生的，且通常是由多项技术、产品或服务组合而成的创业机会。

根据创业机会的识别难度，我们又可以把创业机会分为模仿型创业机会、挖掘型创业机会、创造型创业机会。

模仿型创业机会，指的是与现有商业机会类似，能够比较明显地辨识出来的创业机会。其前提条件是市场中现有的机会非常明显。

挖掘型创业机会，指的是还需要创业者去进行挖掘，比较难辨识的创业机会，这类机会的一般特点是商业链条的某一部分处于未知或模糊状态，难以发现。

创造型创业机会，指的是完全要靠创业者创新创造，几乎无法辨识的创业机会，这种创业机会的整个商业链条都是不明朗的，不过在这种情况下，对创业者的机会识别能力要求也特别高。

第二节　创业机会识别

一、创业机会识别的过程

创业机会识别的过程，是创业者对内自我剖析和对外环境把握的一个过程，我们可以通过三个阶段来初步识别创业机会。

（一）充分发掘创业机会

从创业机会来源的不同视角，创业者结合个人与环境特征，充分发掘创业机会，之后将每个创业机会写出来。这一部分可以由创业者或在创业团队内部进行头脑风暴，列出尽可能多的创业机会。记住，不要轻易否定任何一个看上去不起眼的机会，很多惊人的创意都来源于创业者一瞬间的灵感。

（二）排除受严重限制的创业机会

有些具有严重限制的创业机会是无须考虑的，应及时排除。常见的严重限制包括：

政策限制：国家明确规定的民间投资者不能进入或有较大进入限制的领域。

不够环保：作为创业者，应该承担一定的社会责任，尽量不要去触碰底线，在进行一些工业或生产项目时，要衡量环保状况是否可控，或者是否有办法解决，这也是为了避免后续的麻烦。

易燃易爆：此类项目必定会增加生产、储备、运输、销售的难度和风险，并时刻受到有关部门的监督，安全风险过高，所以要慎重考虑。

资源紧缺：项目所必需的原料、材料、辅助材料绝对量日益减少，或者被垄断组织控制，获取难度过大。这里的资源紧缺，也可以指创业者由于自身的局限，对特定资源的获取无能为力，而又没有办法通过其他方式进行整合，导致创业难以开展和持续。

消费能力过低：如果你的产品或服务是面对一个消费能力过低的群体，又不可能在短时间内形成规模，盈利是困难的，可能需要你从长计议。

缺乏突出优势：要么是技术的，要么是成本的，或者功能、特色、模式、创新程度、技术含量……总之，与同类项目相比，你的项目如果"一无是处"，那开发该项目的意义就不大了。

需要转变观念：观念的转变往往需要时机，例如如果不是雾霾肆虐，口罩的销量不会发生大的变化。如果你的产品或服务，一定要以转变消费者的观念为前提，那就要做好面对巨大难度的市场、长短未知的等待等难题。

启动资金过大：在没有前期运作过程，不能充分证明项目的优势的时候，最好不要指望私人股权资本和职业投资机构给你投资。这样的故事虽然确实存在，但发生的概率很小，除非你有巨大突破的技术或创意。

直接面对强大对手：竞争对方已有品牌、技术、市场和消费者认知，密集地占据你所在的地盘，与其直接对抗是不明智的，除非你能在某一个方面有绝对突出的优势。就像所有想挑战 BAT（指百度、阿里巴巴、腾讯）的创业者，都必须慎重考虑如何避开与这三大巨头的直接竞争。

严重依附他人：你的存在是建立在别的存在的基础之上，而这个"别的存在"又是自己不能控制的，不论是原料、技术还是市场，此时都应充分考虑依附他人带来的风险，最好还是能掌握"自己的命运"。

最后我们应注意：存在以上问题的创业机会，不是绝对不能进入，也不是注定会创业失败。大学生创业者要根据自己的实际情况和能力进行判断,操作难度远远超过自己的控制范围的,理论上就不应该予以考虑。当然,也可以以此为目标,不断学习,积累资源和经验,等到恰当的时机再进入。

(三) 对创业机会进行排序

在排除了具有严重限制的创业机会后,我们得到了若干个比较好的创业机会。我们不可能开发自己所有的好创意,所以应该根据一定的标准,对创业机会进行排序,从而深入地识别这些创业机会。

在此处识别创业机会时,可以主要依照两个标准进行排序。一是市场需求,市场需求必须是直观而具体的,至少要符合五点:正当的、恒久的、潜在的、有支付能力的、客户目标清楚的;二是自身优势,包括专业的知识、经验的积累、拥有的资源、独有的强项、特别的兴趣等。将每一个创业机会按照这两个标准进行评估,符合的内容越多且分布越均衡,就是需要我们重点考虑和优先选择的创业机会。

【视野拓展】

"校园传媒第一股" 圆梦 IPO,"80 后" 创始人跻身亿万富豪[①]

2020 年 5 月 28 日上午,三人行传媒集团股份有限公司在上海证券交易所主板正式挂牌。这是三人行发展史上的里程碑,也是三人行持续发展的新起点!

三人行创始人钱俊冬曾是一名贫困大学生,他是如何做到今天的成就呢?

2000 年,他考上了陕西长安大学。在报到处,攥着全家人东拼西凑来的 2000 元现金,在报名的长队里一次一次退到最后面。最后,他鼓起勇气找到学院的辅导员,争取到了缓交学费的机会。

开学第 3 天的下午,钱俊冬正独自在寝室里翻阅新教材,一位师哥进来向他推销随身听。正在这时,几位室友回到了寝室。结果,这位师兄没费多少口舌,书包里的 4 部随身听以每部 80 元的价钱留在了他们宿舍。

这件事情触动了钱俊冬,他隐约感觉到身旁有一个比较大的消费群。当天晚上,钱俊冬一直在谋划着这件事,直到在梦里成为一名"倒爷"。

---

① 资料来源:张勇,梁国胜,钱俊东:没有鸟飞的天空我飞过 [EB/OL]. [2004-08-02]. 中国青年报, http://zqb.cyol.com/content/2004-08/02/content_919683.htm.

通过打听，钱俊东很快知道了西安东郊有两处小商品批发城。周末，钱俊东走遍了两个市场，仔细对比了很多随身听的性能、质量和价格，他用15元的批发价拿到那位师兄推销的那种随身听。钱俊冬动用了仅有的存款，批发了6部随身听，拿到学生宿舍做了第一笔生意，净赚了300元。这是他的第一桶金。他尝到了挣钱的快乐。

之后，钱俊东一发不可收拾。课余时间，他特别注意观察同学们在使用什么样的消费品，大家刚习惯用卡式电话时，他就找到了IC卡经销商，把更低廉的话卡介绍给同学，自己小赚一点辛苦费。后来，游泳衣、考研的资料、英语磁带，都成了他倒卖过的物品。

从底层做起，为了创业准备

"当我在学校的第一届创业策划大赛中，获得前13名时，我创业的信心增加了数倍，真想立刻成立自己的公司。"钱俊冬说。

为充实自己，钱俊东刻意看一些法律知识、心理学、市场动态、公关营销等方面的书。钱俊东认为，当初，搞推销倒卖纯属个人行为，要创业最好还是先融入企业，先到有发展前景的企业中去体验，这样才能在创业中发挥自己的创造性。

因此，钱俊冬不但做推销，做策划，还为公司做市场调查。在推销中，他提高了自身的业务能力；在做策划时，想象力也得到了发挥；在西安大红蜂生物科技公司担任销售总监时，管理能力也得到了锻炼。"在进行业务谈判时，言谈举止要大方得体；进行产品推广时，不要总夸质量，还要向对方分析市场需求；管理企业时，要有团队精神……"钱俊冬总结了在企业工作中的经验。

2002年，钱俊冬受同学的邀请去了重庆大学。在夜市摊位上，他发现经营米线生意的竟然是几位重庆大学在读的研究生。钱俊冬问及为什么会出来卖米线时，几位研究生告诉钱俊冬：以后的社会竞争将非常激烈，我们必须做好相应的准备。听到这些，钱俊冬的心里燃起了一股冲动，酝酿很久的想法开始在脑海中逐渐清晰起来。

回到西安，钱俊冬找来同学崔蕾和马光伟。当谈到对校园市场的开发时，3个人一拍即合，决定成立一个校园信息服务中心，中心定名"三人行"，开展介绍家教、校园活动策划、产品展示、市场调查以及小网站建设等业务。

抓住商机，完成原始积累

2002年9月，在迎接新生的时候，钱俊冬发现新生宿舍里的电话接线上都没有配电话机，很多新生打电话都涌到电话亭和 IC 电话处。他立即召集"三人行"的成员商量给学生宿舍里装电话机。由钱俊冬和学校联系，取得学校的允许和支持。崔蕾和马光伟负责购买电话机，在很短的时间内给大一所有宿舍都装上了电话机，他们也小赚了一笔。

接下来的几天，他们把业务扩展到了周围的几所大学。他们每人分一两所大学，结果，没几天的工夫，周围十几所大学的新生宿舍全部装上了电话，最多的一天达 2000 门，最多的时候一天收入竟有 5 万元左右。"三人行"里的"倒爷"们成了同学们羡慕的小富翁。

渐渐地，钱俊冬开始不满足于在校园里的小打小闹了，他坚信，到社会里去闯一闯也一定能赚到钱。

一个偶然的机会，钱俊东看到上海亚太经济合作组织（APEC）峰会上各国元首都穿着唐装，西安是盛唐古都，他断定今后这里会首先流行起唐装，于是召集了大家商议：做唐装。但大家都有一点担心：和社会上的人做生意，会不会受骗？钱俊冬认为只要眼力准，考虑周到，就一定能赚到钱。最后，大家被说服了。

钱俊冬带着大家走访西安大大小小的服装厂和服装批发点，以便得到更准确的市场信息。丝绸是唐装的主要材料，考虑成熟后，钱俊冬到无锡、常州购进了一批丝绸，没想到货还在路上，订单就已经被抢完了，这一笔他们稳赚了近 10 万元。

2003 年，钱俊冬的"三人行"相继代理了移动校园卡、诺基亚手机等推广业务。学生消费的日益扩大化和时尚化的趋势，加上中国移动和诺基亚等大型企业运营商的投资，为钱俊冬"三人行"创业团队的迅速壮大注入了活力。2003 年上半年，钱俊冬共计办理大户卡、校园卡等业务达 13 万张，直接收益接近 30 万元。

创办公司，欲实现更大理想

2003 年 8 月，"三人行"已经拥有了 50 余万元，准备正式注册成立自己的公司。由于都是在校大学生，不符合注册企业的相关规定，公司一直不能顺利注册，后在西安高新技术开发区管委会负责人的支持下，在西安高新技术开发区注册成立了第一家在校本科生全资创业公司———西安三人行信息通信有限公司，注册资金为 50 万元，钱俊冬任董事长兼总经理。运营 2 年后，三人行迎来业务转型，由此前的销售代理，逐渐转向校园广告。当时的钱俊冬，已经定下了不小的目标——打造国内最大的校园广告公司。将近 17 年时间，三人行招股书披露，截至 2019 年 6 月末，三人行已与全国 800

余所高校建立了合作，占全国普通高等学校（含独立学院）总数的33%。如今，钱俊冬与妻子崔蕾合计持股74.79%，是三人行的共同实际控制人。上市后钱俊冬身家将达数亿元。

钱俊冬每一本日记的扉页上都有几个显赫的大字："没有鸟飞的天空我飞过。""那些当初看来是困境的日子，只是一些小坎，没有迈过去时他很大很可怕，但一经迈过去，他便是一生历久弥新的永恒财富。"他在日记里这么说。

二、影响创业机会识别的因素

创业机会识别过程是一个不断调整、反复权衡的过程。不同的创业者可能会关注不同的创业机会，即使是同一个创业机会，不同的人对其评价也往往不同。在影响机会识别和开发的各项因素中，主要可以分为两个方面，即机会的自然属性和创业者的个人特性。

机会的特征是影响人们是否对之进行评价的基本因素。创业者选择这项机会是因为相信其能够产生足够的价值来弥补投入的成本，创业机会的自然属性很大程度上决定了创业者对其未来价值的预期，因而对创业者的机会评价产生重大影响。

对于机会识别来说，更重要的因素应当来自创业者的个人因素，这是因为从本质上说，机会识别是一种主观色彩相当浓厚的行为。事实上，即使某一机会已经表现出较好的预期价值，但是并非每个人都能从事这一机会的开发，并且坚持到最后的成功，因此创业者的个人特征对于机会识别来说更为重要。

创业者与机会识别相关的个人特征包括：自信心、觉察力、风险感知、知识水平、社会网络等。

自信心：成功的创业者需要有执着的信念，并且能够坚持他们的事业直至最后成功。创业者的自信能够提升其对机会与风险的感知能力，降低错过好机会的风险。

觉察力：创业者渴望成功、渴望机会，这就驱使他比其他人格外留意信息，更加善于从大量的信息中快速提取与自己创业相关的进行思考。对周边事物的觉察力的差别，就意味着对创业机会的识别力的不同。

风险感知：机会评价与创业者的风险感知显著相关，而创业者的风险感知又取决于创业者的自信心、控制力、承受能力等因素。如果你对风险毫无意识,那在你眼里所有的机会都是好机会,你就难以发掘出真正属于你的创业机会;如果你对风险过于抗拒,那么你将举步维艰,因为没有任何的创业机会是不具有风险的。

知识水平:创业者更加关注与他们已经拥有的信息、知识相关的机会,并且创业者拥有的知识将在技术开发、机会识别、机会开发三个方面影响机会的发现。

社会网络:社会网络是创业者宝贵的资源,它影响着创业者对机会的识别、对机会的开发,影响着创业的整个过程。拥有大量社会网络的创业者与单独行动的创业者在机会识别上有显著的差异。

以上这些个人因素并非彼此独立存在,在某种程度上,他们彼此之间也存在一定的相关性。影响创业机会识别的因素,也不仅局限于以上这几点。总之,创业者应该全面提升自己的素质与能力,这可以帮助我们更好地识别创业机会。

三、识别创业机会的技巧

视频 3.2:
如何发现痛点

可以通过多种方法和技巧识别创业机会,这里介绍两种常见的识别技巧,很多要点其实已经在前文中有所介绍,毕竟创业机会的识别是建立在对创业机会概念、特征、来源、类型以及影响因素的了解基础之上的,对创业机会的内涵认识得越深入,越容易抓住创业机会。大学生可以从以下这些层面进行思考和探索,逐渐明晰适合的创业机会。

(一)通过市场对比识别创业机会

1. 现有市场机会和潜在市场机会

市场机会中那些明显未被满足的市场需求称为现有市场机会,那些隐藏在现有需求背后的、未被满足的市场需求称为潜在市场机会。现有市场机会表现明显,往往发现者多,进入者也多,竞争势必激烈。潜在市场机会则不易被发现,识别难度大,往往蕴藏着极大的商机。

2. 目前市场机会与未来市场机会

那些在目前环境变化中出现的市场机会称为目前市场机会,而通过市场研究和预测分析他将在未来某一时期内实现的市场机会称为未来市场机会。如果创业者提前预测到某种机会会出现,就可以在这种市场机会到来前早做准备,从而获得领先优势。

3. 全面市场机会与局部市场机会

全面市场机会是指在大范围市场出现的未满足的需求，如国际市场或全国市场出现的市场机会，着重于拓展市场的宽度和广度。而局部市场机会则是在一个局部范围或细分市场出现的未满足的需求。在大市场中寻找和发掘局部或细分市场机会，见缝插针、拾遗补阙，创业者就可以集中优势资源投入目标市场，有利于增强主动性，减少盲目性，增加成功的可能。

4. 行业市场机会与边缘市场机会

行业市场机会是指出现在某一个行业内的市场机会，而在不同行业之间的交叉结合部分出现的市场机会则被称为边缘市场机会。一般而言，人们对行业市场机会比较重视，因为发现、寻找和识别的难度系数较小，但往往竞争激烈，成功的概率也低。而在行业与行业之间出现"夹缝"的真空地带，往往无人涉足或难以发现，需要有丰富的想象力和大胆的开拓精神，一旦开发，成功的概率也较高。

（二）探寻创业项目的常见路径

所有的创业行为都要落实在一个个具体的创业项目之上。创业项目的寻找和选择至关重要，在探寻创业项目时要舍得花功夫。

1. 解决他人的困难

别人的困难往往就是企业成功的机会。企业通过为他人提供有益的服务、为他人解决工作和生活中的困难可以获得正当合法的盈利。例如，北大方正公司创始人王选先生为解决印刷行业困难，发明了激光照排系统，一举创业成功[①]。

2. 解决已有商品存在的问题

市场上销售的商品总会存在这样或那样的问题。有的样式呆板，有的颜色单一，有的在功能和性能方面不够完善，有的在结构方面不够合理，等等。创业者经过调查分析，针对这些商品存在的问题，进行改进、完善、提高，以此作为创业项目往往成功率很高。比如，美国迪斯尼乐园的创始人迪斯尼（Disney），就是针对当时市场上卡通影片存在的问题，通过改进技术创业的[②]。

3. 透视热销商品背后的商机

以热销商品为导向，认真分析热销商品背后隐藏的商机，再选定创业项

[①②] 资料来源：王卫红，金伟林，何伏林. 创业基础[M]. 杭州出版社，2017.

目进行经营。例如，当看到市场上鸡蛋热销时，分析预测鸡蛋热销背后隐藏的商机：一是马上会兴起养鸡热，二是当养鸡热兴起后，鸡饲料将会供不应求。因此，既不去卖鸡蛋也不去养鸡，而是跳过两个阶段去生产鸡饲料。这样当养鸡热兴起后，自然就会财源滚滚。

4. 分析市场供求之间的差距

从宏观上看，任何产品或服务的市场需求总量和市场供给总量之间往往都会存在一定的差距。通过调查分析，若发现哪个产品或服务的市场供给不足，就可以从中找到创业机会，选定创业项目。市场需求不仅是多样化的，而且是不断变化的。因此，即使有时市场供求总量平衡，但结构也会出现不平衡，这样就会有需求空隙存在。创业者通过分析供需结构差异，也可以从中发现创业机会，选定创业项目。

5. 尝试科学的市场细分

所谓市场细分，就是根据整体市场上顾客需求的差异性，以影响顾客需求和欲望的某些因素为依据，把某种商品的整体市场划分为若干个消费者群的一种市场分类方法。通过市场细分划分出的每个消费者群就是一个子市场。每个子市场都是具有相同或类似需求倾向的消费者构成的群体。因此，属于同一子市场的消费者对同一商品的需求极为相似；分属不同子市场的消费者对同一商品的需求则存在着明显的差异。因此，进行科学的市场细分有利于发现市场机会，选定目标市场，确定创业项目。

第三节 创业机会评价

一、蒂蒙斯创业机会评价框架

蒂蒙斯的创业机会评价框架，涉及行业与市场、经济价值、收获条件、竞争优势、管理团队、致命缺陷问题、个人标准、理想与现实的战略差异等8个方面的53项指标。通过一种量化的方式，创业者可以利用这个体系模型对行业和市场问题、竞争优势、经济结构和收获、管理团队、致命缺陷等作出判断，来评价一个创业企业的投资价值和机会，如表3-1所示。

表 3-1　　　　　　　　　　蒂蒙斯创业机会评价框架

评价项目	评价指标
行业与市场	1. 市场容易识别，可以带来持续收入 2. 顾客可以接受产品或服务，愿意为此付费 3. 产品的附加价值高 4. 产品对市场的影响力高 5. 将要开发的产品生命长久 6. 项目所在的行业是新兴行业，竞争不完善 7. 市场规模大，销售潜力达到1千万元～10亿元 8. 市场成长率在30%～50%甚至更高 9. 现有厂商的生产能力几乎完全饱和 10. 在五年内能占据市场的领导地位，达到20%以上 11. 拥有低成本的供货商，具有成本优势
经济价值	1. 达到盈亏平衡点所需要的时间在1.5～2年以下 2. 盈亏平衡点不会逐渐提高 3. 投资回报率在25%以上 4. 项目对资金的要求不是很大，能够获得融资 5. 销售额的年增长率高于15% 6. 有良好的现金流量，能占到销售额的20%～30% 7. 能获得持久的毛利，毛利率要达到40%以上 8. 能获得持久的税后利润，税后利润率要超过10% 9. 资产集中程度低 10. 运营资金不多，需求量是逐渐增加的 11. 研究开发工作对资金的要求不高
收获条件	1. 项目带来附加价值的具有较高的战略意义 2. 存在现有的或可预料的退出方式 3. 资本市场环境有利，可以实现资本的流动
竞争优势	1. 固定成本和可变成本低 2. 对成本、价格和销售的控制较高 3. 已经获得或可以获得对专利所有权的保护 4. 竞争对手尚未觉醒，竞争较弱 5. 拥有专利或具有某种独占性 6. 拥有发展良好的网络关系，容易获得合同 7. 拥有杰出的关键人员和管理团队
管理团队	1. 创业者团队是一个优秀管理者的组合 2. 行业和技术经验达到了本行业内的最高水平 3. 管理团队的正直廉洁程度能达到最高水平 4. 管理团队知道自己缺乏哪方面的知识
致命缺陷	不存在任何致命缺陷
创业家的个人标准	1. 个人目标与创业活动相符合 2. 创业家可以做到在有限的风险下实现成功 3. 创业家能接受薪水减少等损失 4. 创业家渴望进行创业这种生活方式，而不只是为了赚大钱 5. 创业家可以承受适当的风险 6. 创业家在压力下状态依然良好

续表

评价项目	评价指标
理想与现实的战略性差异	1. 理想与现实情况相吻合 2. 管理团队已经是最好的 3. 在客户服务管理方面有很好的服务理念 4. 所创办的事业顺应时代潮流 5. 所采取的技术具有突破性,不存在许多替代品或竞争对手 6. 具备灵活的适应能力,能快速地进行取舍 7. 始终在寻找新的机会 8. 定价与市场领先者几乎持平 9. 能够获得销售渠道,或已经拥有现成的网络 10. 能够允许失败

该评价框架对评价主体要求较高,一般要求评价者是行业经验丰富、商业嗅觉敏锐且具有一定管理经验的投资人或创业者,同时还要求使用者熟悉指标内涵以及评估技术。

用该评价框架进行评估,一般要求运用定性与定量相结合的方法,才能得出创业机会的可行性及不同创业机会间的优劣排序。

如上表所见,评价指标比较多,在实际运用过程中可以结合实际需求进行适当的梳理简化、重新分类,提高使用效能。需要注意的是,无论怎样简化,都要把握创业机会的本质特征和基本标准。

对于刚刚创业起步的大学生来说,我们更多的是利用这个框架,参照分析自己的若干创业机会,可以按极好(3分)、好(2分)、一般(1分)三个等级进行打分,形成打分矩阵表,选出比较好的创业机会。

二、刘常勇创业机会评价框架

台湾中山大学教授、知名创业管理研究学者刘常勇的创业机会评价框架涉及市场评价、回报评价两个方面的14项指标(见表3-2),与蒂蒙斯框架相比,这个框架更简单,更容易操作,且更加符合中国企业的特点。

表3-2　　　　　　　　刘常勇创业机会评价框架

评价项目	评价指标
市场评价	1. 是否具有市场定位,专注于具体顾客需求,能为顾客带来新的价值 2. 依据波特(Porter)的五力模型进行创业机会的市场结构评价 3. 分析创业机会所面临市场的规模大小 4. 评价创业机会的市场渗透力 5. 预测可能取得的市场占有率 6. 分析产品成本结构

续表

评价项目	评价指标
回报评价	1. 税后利润至少高于5% 2. 达到盈亏平衡的时间应该低于2年 3. 投资回报率应高于25% 4. 资本需求量较低 5. 毛利率应该高于40% 6. 能否创造新企业在市场上的战略价值 7. 资本市场的活跃程度 8. 退出和收获回报的难易程度

三、创业机会的基本维度分析

创业机会评价就是通过一系列方法对创业机会进行全面考察和综合分析，最后作出一个比较科学的结论。世界上并不存在百分之百好的创业机会，对于创业者来说，任何创业机会都各有利弊，而且都存在一定的风险。创业者在利用创业机会之前一定要对创业机会进行科学分析与评价，然后作出选择。只有这样才能最大限度地避免创业的盲目性和随意性，增加创业成功的概率。

上文介绍的两个评价框架固然经典，但是都涉及比较具体的定性和定量分析，这对于一些创业基础比较薄弱的学生来说，很难做到准确有效。因此我们试图对创业机会评价的几个重要维度给出解释，便于同学们进行相对模糊的创业机会评价，准确性恐怕不如上面两个框架，但依然有一定的指导作用。

（一）市场

1. 市场规模和价值

如果市场规模和价值小，往往是不足以支撑企业长期发展的。而创业者若进入一个市场规模巨大而且还在不断发展的市场，即使只占有很小的一个份额，也能够生存下来度过发展期。并且存在竞争对手也不担心，因为市场足够大，构不成威胁。一般来说，市场规模和价值越大，创业机会越有价值。

2. 市场进入障碍

如果创业机会面临着进入市场的障碍，那么就不是一个好的创业机会。比如存在资源的限制、政策的限制、市场的准入控制等，都可能成为市场进入的障碍,削弱了创业机会。但是,对于进入障碍要进行辩证的分析,进入障碍小是针对创业者自身的。如果创业者进入以后,不能够阻止其他企业进入市场,这也不是一个好的创业机会。

3. 市场控制程度

如果能够对渠道、成本或者价格有较强的控制,这样的创业机会比较有价值。如果市场上不存在强有力的竞争对手,控制的程度就比较大。如果竞争对手已有较强的控制能力,例如把握了原材料来源、独占了销售渠道、取得了较大的市场份额、对于价格有较大的决定权,在这种情况下,新创企业的发展空间就很小。除非这个市场的容量足够大,而且主要竞争者在创新方面行动迟缓,时常损害客户的利益,才有可能进入。

（二）运营

1. 启动所需资金

大多数有较大潜力的创业机会需要相当大数量的资金来启动,只需少量或者不需要资金的创业机会是极为罕见的。如果需要过多的资金,这样的创业机会就缺乏吸引力。有着较少或者中等程度的资金需要量的创业机会是比较有价值的,创业者需要根据自身的资金实力和可以动用的资源来评价创业机会,超出能力范围的不应考虑。

2. 盈利能力与潜力

创业的目标就是获得收益,这要求创业机会能够有合理的盈利能力,包括较高的毛利率和市场增长率。毛利率高说明创业项目的获利能力强,市场增长率表明了市场的发展潜力,使得投资的回报增加。如果每年的投资收益率能够维持在25%以上,这样的创业机会是很有价值的;而每年的投资收益低于15%,是不能够对创业者和投资者产生很大的吸引力的。

3. 成本竞争优势

竞争优势的来源之一就是成本,较低的成本会给创业企业带来较大的竞争优势,使得该创业机会的价值较高。创业企业靠规模来达到低成本是比较可行的,低成本的优势大多来自技术和工艺的改进以及管理的优化,创业机会如果有这方面的特质,对于创业者来说是非常有利的。

4. 盈亏平衡点

有价值的创业机会可能是项目在两年内盈亏平衡或者取得正现金流。如果取得盈亏平衡和正现金流的时间超过三年,那对于创业者的要求就高了,因为大多数创业者支撑不了这么长的时间,其他的投资者和合作伙伴也没有这么长时间的耐心,这种创业机会的吸引力就大大降低了,除非有其他方面的重大利好。

(三) 缺陷与退出

创业机会不应该有致命的缺陷,如果有一个或者多个致命的缺陷,将使创业机会变得没有价值。

有吸引力的创业机会还应该有比较理想的获利和退出机制,便于创业者和投资者获取资金及实现收益。没有任何退出机制的创业企业和创业机会是没有太大吸引力的。

【视野拓展】

三个月内放弃创业项目也是成功[①]

一位普通创业者在网络上分享了他自己的一段创业经历:

今年年初我和我的合伙人开始了一次创业过程,我们的业务是为中小型企业解决商务旅行问题。但是在经历了3个月的时间投入以及2000美元的金钱投入的基础上,宣告放弃,原因是我们的几个基本假设错误了。

我个人认为如果能在创业之初的6个月中,验证自己的假设,哪怕最终失败了,这个过程本身就是成功的。

我的创业公司叫作胡萝卜旅行(Travel Carrots),创业的灵感来源于我和朋友之间的一次谈话。他是IT行业的一名顾问,因此需要大量的出差,他自己负责订旅店经常要住在一些很贵的旅店,他想找到便宜的住处,这样可以省下一些额外的差旅费。

但是对于这种工作有一个问题,就是公司财务利益和出差员工个人利益之间的冲突。Travel Carrots就是为了解决这个问题,我们会提供机票和酒店的标准价格,如果出差员工定的酒店低于标准价格,那么公司会将节省下的部分金额分给员工。

之后我们制作了一个不到两分钟的视频,通过这个视频向商务人士解释我们的创业想法,结果发现我们的假设有问题。

我们的假设是公司的老板和经理希望和员工分享节省下的出差成本。

但是实际得到的反馈是:

[①] 资料来源:金伟林,王卫红,何伏林.创业案例教程[M].杭州:杭州出版社,2017:98-99.

- 我感觉我的员工会操纵这个系统的,这样不但没有省钱反而浪费了很多钱。
- 我不想让我的员工乘坐低价的飞机和住便宜的酒店,这样会影响他们的工作效率。

尽管反馈不好,但是我们发现小公司对于降低出行成本还是很有兴趣的,于是我们修改了我们的想法,我们改做推荐。根据员工的输入信息,做机票和酒店的推荐。

之后我们又一次进行了市场验证,尽管有几家公司表示愿意尝试,但是其他的反馈并不理想:

- 这个业务没有解决我最大的问题,我真正需要的是能够提前预订的业务。
- 我使用的是公司的消费卡,你们的业务会增加报销的麻烦程度。

排斥我们业务的具体理由多种多样,但是基本上是因为不能接受我们的产品理念。综合考虑之后,我和我的合伙人决定放弃这个计划。

尽管失败了,但是我们没有浪费过多的时间和精力,因为在几个月的时间里,我们就验证了自己业务的合理性是否成立。对于创业者来说,能够明白伟大的创业想法是否可行,是很重要的素质。

第四章 怎样寻找创业伙伴

第一节 创业者

一、创业者的概念

创业者一词由法国经济学家坎蒂隆（Cantillon）于 1755 年最早引入经济学的领域。1880 年法国经济学家萨伊（Say）将创业者描述为将经济资源从生产率较低的区域转移到生产率较高区域的人，并认为创业者是经济活动过程中的代理人。到 20 世纪 90 年代，美国经济学家熊彼特提出：创业者应为创新者，具有发现和引入更好的能赚钱的产品、服务和过程的能力。可见，创业者的概念随着时代的发展逐渐地演变。换句话说，关于"创业"的理解尚且多种多样，关于"创业者"的概念必然也有很多理解。

在欧美的经济学研究中，普遍将创业者定义为"一个组织、管理生意或企业并愿意承担风险的人"。在当代中国，随着创业大潮的风起云涌，创业者一词被赋予了更广泛的含义，有狭义和广义两种。狭义的创业者指参与创业活动的核心成员，是创业队伍的灵魂人物，如乔布斯（Jobs）、马云。广义的创业者是指参与创业活动的全部成员，如参与到乔布斯或马云的创业活动中的人，也都是创业者。

在创业者的范畴内，大学生创业者是一个鲜明且独特的存在。大学生创业者常常指那些有理想、有胆识、有抱负，对个人价值与社会价值有强烈渴望的在校大学生和毕业大学生。大学生在学校里学到了很多理论性的知识，具有较高层次的技术优势，一些风险投资家往往就因为看中了大学生所掌握的先进技术，而愿意对其创业计划进行资助。大学生思维活跃，充满激情，是最具创业活力的人群。当代大学生有创新精神，有对传统观念和传统行业挑战的信心和欲望，而这种创新精神也往往造就了大学生创业的动力源泉，成为成功创业的精神基础。大学生还可以在创业的过程中，提高自己的综合能力，增长社会实践经验，给予我们未来的职业成长之路更多的养分。

二、创业者的素质与能力

视频 4.1：个人成长 6 大元规范（上）

人是创业成功的第一要素，而创业者则发挥核心作用。创业活动是由创业者主导和组织的商业冒险活动。要成功创业，不仅需要创业者富有开创新事业的激情和冒险精神、面对挫折和失败的勇气和坚韧，以及各种优良的品质素养，还需要具备解决和处理创业活动中各种挑战和问题的知识和能力。

探索创业者需要具备的素质与能力，可以从成功创业者的身上去挖掘其特质。这方面的研究很多，说法庞杂。著名管理学家拜格雷夫（Bygrave）将创业者所需要具备的素质归纳为 10D 模式，即：理想（dream）、果断（decisiveness）、实干（doers）、决心（determination）、奉献（dedication）、热爱（devotion）、周详（details）、机遇（destiny）、金钱（dollar）、分享（distribute）。

视频 4.2：个人成长 6 大元规范（下）

在对创业者的研究中，关于成功创业者的 RISKING 素质模型①被广泛引用，如图 4-1 所示。

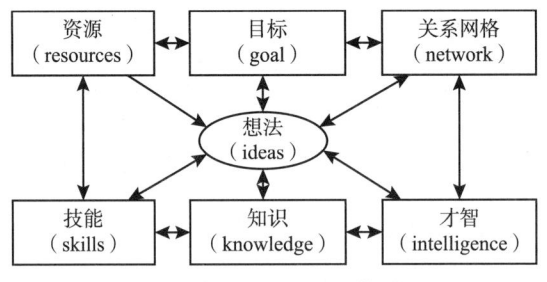

图 4-1 RISKING 模型

RISKING 模型比较全面地展现了创业者需要具备的素质和能力，该模型也可用于评价创业者选择创业时哪些方面有优势，哪些方面有待弥补提升的缺陷。具体释义，见表 4-1。

---

① 该模型被广泛引用，但出处不明确，一般认为是来自我国管理学家丁栋虹的研究。

表 4-1　　　　　　　　　　RISKING 模型的要素及释义

首字母	要素	释义
R	资源（resources）	包括人力、物力和财力在内的一切能应用于创业中的有形或无形的力量。最重要创业资源：好的项目、资金和人力资源
I	想法（ideas）	创业设想应具市场价值，能在一定时期产生利润。具有现实可行性，能付诸实践。应具新意，有创新，能抓住市场空间
S	技能（skills）	主要指创业者所需的专业技能、管理技能和行动能力等，如果个人不完全具备，但是团队之间能够形成技能互补，也是不错的能力组合
K	知识（knowledge）	主要指创业者所必需的行业知识、专业知识以及创业相关知识。例如商业、法律、财务等知识。良好的知识结构对创业者的视野开阔、才智发挥具有很高的价值
I	才智（intelligence）	主要指创业者的智商与情商，具体表现为观察世界、分析问题、思考问题和解决问题的能力
N	关系网络（network）	创业者需要良好的人际亲和力和关系网络，包括合作者、服务对象、新闻媒体甚至竞争对手
G	目标（goal）	创业方向和目标必须明确，并作出准确的市场定位，集中精力和资源朝着特定目标前进认准了目标，执着于目标

【视野拓展】

伟大创业者的七个特质[①]

特质一：不屈不挠

创业是一场距离超长的马拉松赛，过程中充满了不确定性，只有排除艰难险阻才能取得最后的胜利。创业者不会因为比别人有更好的机会而赢得市场，也躲不过一些不可避免的错误。不屈不挠是创业最重要的品质。许多人创业都会遭遇到许多次失败，甚至每周都会遇到好几次。当失败发生时，就要重新开始。

特质二：激情

可能有些人会下意识地认为钱是成功创业者创业的动力。但实际上绝大多数创业者创业是出于他们对新产品、新服务的热情，或抓住了一些解决难题的机遇。他们这样做不仅可以让消费者买到物美价廉的产品，还能让人们

[①] 资料来源：乔·鲁宾逊. 伟大创业者的七个特质［J］. 劳动保障世界，2014（12）：30-31.

过上更加舒适、安逸的生活。大多数创业者都有一种改变世界的信念。激情是支持创业的内在驱动力，它也是让创业者愿意不断付出的基础。

特质三：能承受不确定性

这种经典的特质如果用通俗的话来说，就是对风险的承受能力——能够承受不确定性带来的恐惧，并且能够承受潜在的失败。对恐惧的控制能力也是一项最重要的创业者特质。在恐惧中你可以选择放弃，也可以战胜他继续前行。

特质四：远见

有预测未知机遇的能力，同时也能预测他人不能预知的事情，这是创业者必备的特质之一。创业者的好奇心会帮助他们辨识出一些被忽略的市场机遇，这种好奇心会使其走在创新和一些新兴领域的前列。创业者能想象出另一个世界，把自己的远见有效地转化为一种切实可行的业务，随之就会吸引到投资人、客户和员工。创业者会碰到许多唱反调的人，为什么？因为创业者看到的未来和他们不一样，在未来还没有呈现之前创业者就已经预见到了。

特质五：自信

自信也是创业者的关键特质。创业者必须坚信自己的产品是全世界需要的，发现市场机遇然后开拓新市场，在创业的过程中还要不断推翻现有的、普遍认可的东西。研究者将这种特质称为一种源自特殊使命的自信。有了这种信念，就算世界充满风险，创业者也可以做好充分的调查，有足够的信心完成任务，并把风险减到最小。

特质六：灵活性

实际上，创业的生存规则也像生命物种一样，都是建立在适应周围环境的基础上的。公司最终推出的产品或服务很可能不是你最初的计划。因此，灵活性会有助于创业者适应市场环境，应对大众多变的喜好。创业者必须心甘情愿地忠于自己，告诉自己"这是不可以的"，必须围绕着市场的变化进行调整。

特质七：打破常规

创业者存在的意义之一即否定已有传统智慧。实际上，简单来说，创业就是打破常规。据柏森商学院的一项报告显示，只有13%的美国人最终可以进入创业者的行列。做别人没有做过的事情，是创业者的一种天性，也是他们内在动力的源泉。

三、创业素质与能力的提升

立志创业的大学生,不妨通过以下途径和方法提高自己的创业素质与能力。

(一) 通过学习积累创业知识

一个创业者,在具备了强烈的创业意识和较高的创业素质时,还应该有丰富的创业知识的积累。创业知识是与创业密切相关的知识,致力于创业的大学生应该有意识地去获取和学习,只有充分准备创业知识,才能在创业的路途上得心应手。创业知识包括与创业相关的法律知识、管理知识、经营知识以及与创业相关的专业知识等。

创业者除了在创业课堂中了解创业知识外,还可以通过专业学习拥有一门过硬的专业知识,在创业过程中将受益无穷;大学图书馆通常能找到创业指导方面的报刊和图书,广泛阅读能增加对创业市场的认识;大学社团活动能锻炼各种综合能力,这是创业者积累经验必不可少的实践过程。

当下与创业相关的媒体资源越来越丰富,很多进行孵化或投资活动的公司也会提供与创业有关的资讯。书籍、杂志、网站、微博、公众号,都可以成为我们了解创业知识的渠道。多关注与创业有关的政策、新闻,或成功创业人士的案例,既可丰富我们的视野,也将帮助我们更好地理解创业。

创业或商业活动是无处不在的。你可以在你生活的周围,找有创业经验的亲戚、朋友、同学、网友、老师交流。在他们那里,你将得到最直接的创业技巧与经验。更多的时候这比看书本的收获更多。你甚至还可以通过邮件和电话拜访你崇拜的商界人士,或咨询与你的创业项目有密切联系的商业团体,你的谦逊总能得到他们的支持。

(二) 通过实践积累创业经验

真正的创业实践开始于创业意识萌发之时,大学生的创业实践是学习创业知识的最好途径。创业实践学习主要可借助学校举办的某些课程的角色性、情景性模拟参与来完成,例如积极参加校内外举办的各类大学生创业大赛、创业计划书大赛、发明专利赛、工业设计大赛等。利用课余、假期参加兼职打工、求职体验、参与策划、参与市场调研、试办公司、试申请专利等活动,也可以帮助我们提升创业的实践能力。

微软公司总裁比尔·盖茨（Bill Gates）曾说："我不认为一定要在创业阶段开办自己的公司。为一家公司工作并学习他们如何做事，会令你受益匪浅，打好基础对我们非常重要。"大部分成功的创业者创业前都有过为别人工作的经历，这种经历使他们对本行业情况了然于胸，在复杂的人际关系中游刃有余，整合资源的能力大大提高，并有可能积累到人生第一笔创业资金和人脉，这些直接构成了创业者所需的宝贵的创业资本。

对多数大学毕业生来说，进入一个大型企业或外资公司是一个不错的选择，因为这样的企业相对来说比较正规，各方面保障措施和制度比较健全。但对准备创业的大学生而言，进入一个小公司可能会得到更好的锻炼。如果对创业的目标行业没有经验积累，最好先去找这种行业的某个企业打工，哪怕半年、三个月，完成一定的积累，真正地深入其中去了解行业，提升自己的创业能力。

【视野拓展】

创业者需要学习的课程[1]

在商学院的模式中，创业者善于制定资产负债表、现金流预测和商业计划。他们梦想着盈利预测，并期盼着公司上市的那一天。这仅是重新设想世界的工具箱的一部分：他们不是创业者的代表性特点。商学院的问题在于：他们受控于并迷恋于事物的现状；他们鼓励你更深入事物的现状；他们会把你改造成为一个更好的企业人的范例。我们确实需要优秀的管理和金融技能，但我们也需要富有想象力的人。

因此，除了创业学等商学院的课程以外，这里还有9门需要创业者学习的课程。

一是讲故事。用不同的方法想象世界，并与他人分享这种远景的重要工具不是会计学。这更多与讲故事的能力有关。讲故事强调的是你和你的公司的不同之处。而商学院强调的则是循规蹈矩。

二是关注创造力。对于任何一位创业者而言，将创造力最大化和营造一个鼓励人们提出创意的氛围是很关键的。这意味着要建立开放的结构，这样才能对公认的思维发出挑战。

三是成为一位善抓机会的搜集者。当创业者沿着街道行走时，他们会展

---

[1] 资料来源：王卫红，金伟林，何伏林. 创业基础 [M]. 杭州：杭州出版社，2017：89-90.

开联想，看看他们所看到的东西如何能与他们所做的事情联系起来。他可能是包装、一个词语、一首诗或不同行业的某些东西。

四是根据乐趣和创造力来衡量公司。商学院着迷于衡量。结果是精于计算的毕业生相当多，但往往在业绩上进展甚微。在公司或其他地方，最重要的因素是不可数量化的。

五是做到与众不同，但看上去可靠。如果你与众不同，你将脱颖而出。但不要在那些可以区分成功与失败的人身上冒险，尤其是如果你是一位试图从银行贷款的女性——这就是我最初被拒贷的原因。

六是对创意充满激情。创业者希望自己创造的生计是源自他们所着迷的创意；不一定是企业，而是生计。当单纯的挣钱泯灭了创意以及创意背后的愤怒，你就不再是创业者了。

七是让你自己一直具有愤怒感。不满会促使你希望对此做些事情。如果你不够愤怒，以至不希望新的远景出现，那么寻找新的远景就毫无意义了。

八是相信自己和自己的直觉。创业精神和疯狂之间有着并不明显的界限。疯狂的人会看到并感觉到别人看不到和感觉不到的东西。然而，你必须相信任何事情都有可能。如果你相信他，你周围的人也会相信他。

九是有自知之明。你不需要清楚每件事情怎么做，但你必须对自己足够诚实，知道你自己不具备的素质。

第二节 创业团队

视频4.3：
团队股权
分配原则

一、创业团队的构成要素

创业团队，就是由少数具有技能互补的创业者组成的团队，创业者为了实现共同的创业目标和一个能使他们彼此担负责任的程序，共同为达成高品质的结果而努力。

团队创业有利于分散创业的失败风险；通过团队成员之间的技能互补可提高驾驭环境不确定性的能力，从而降低新创企业的经营失败风险；更为重要的是，团队创业具有更强的资源整合能力，能同时从多个融资渠道获取创业资金等资源，保证创业企业的成功。

没有团队的创业企业也许并不注定失败，但是要建立一个没有团队仍具有高成长潜力的企业却是十分困难的,一般而言,个人创业型的新企业成长较慢,因为风险投资者在投资新企业时,都会将团队因素列为重要的评估指标,而不愿意考虑这种个人创业型的投资。

现代企业活动已经是非纯粹的追求个人英雄的行为,事实上成功的创业个案大都与是否有效发挥团队作用密切相关。虽然每一个创始人可能都有完全掌握新企业发展的欲望,并希望所有成员都能在他的指挥下行事。不过许多调查显示,团队创业成功的几率要远远高于个人独自创业。

团队有几个重要的构成要素,总结为5P,如图4-2所示。

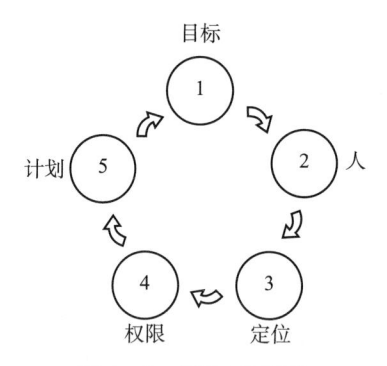

图4-2 团队5P要素

1. 目标(purpose):创业团队应该有一个既定的共同目标,为团队成员导航,知道要向何处去。没有目标,这个团队就没有存在的价值。

2. 人(people):人是构成创业团队最核心的力量,在一个创业团队中,人力资源是所有创业资源中最活跃、最重要的资源。应充分调动创业者的各种资源和能力,将人力资源进一步转化为人力资本。

3. 定位(place):定位包含两层意思。一是创业团队在企业中的定位,创业团队在企业中处于什么位置,由谁选择和决定团队的成员,创业团队最终应对谁负责,创业团队采取什么方式激励下属?二是个体在创业团队中的定位,作为成员在创业团队中扮演什么角色,是制订计划还是具体实施或评估?是大家共同出资,委派某个人参与管理,还是大家共同出资,共同参与管理,或是共同出资,聘请第三方(职业经理人)管理?在创业实体的组织形式上,是合伙企业还是公司制企业?

4. 权限(power):创业团队当中领导人的权力大小与其团队的发展阶段和创业实体所在行业相关。一般来说,创业团队越成熟,领导者所拥有的权力相应越小,在创业团队发展的初期阶段,领导权相对比较集中。高科技

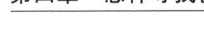

实体多数是实行民主的管理方式。

5. 计划（plan）：计划有两层含义。一是目标最终的实现，需要一系列具体的行动方案，可以把计划理解成达到目标的具体工作程序；二是按计划进行可以保证创业团队的顺利运行，只有在计划的操作下，创业团队才会一步一步地接近目标。

一般来说，创业团队构成的要素之间相互影响、相互作用，缺一不可。他们共同保证了：创业团队有共同的价值观、统一的目标和标准，创业团队成员负有共同的责任，创业团队成员的才能互补，创业团队成员愿为共同的目标作出奉献。

【视野拓展】

从唐僧师徒看创业团队[①]

《西游记》是由明代小说家吴承恩所完善的中国古代浪漫主义的长篇小说。书中主要描述了唐僧、孙悟空、猪八戒和沙僧师徒四人一起去西天取经，沿途遇到八十一难，最后取得真经的故事。《西游记》作为中国四大名著之一，其故事中不仅包含了博大精深的传统历史文化精髓，还蕴含了丰富的现代创业管理之道。如果把唐僧师徒四人看成一个创业团队，那么这个团队的创业目标就是去西天取经，如此一来，他们成功完成既定目标的经验之路，对于我们现代的创业团队来说，就起到了很大的借鉴作用。

通过南海观世音的巧妙组合，唐僧的队伍中成功纳入了孙悟空、猪八戒和沙和尚三位成员。在取经队伍中，领导者是师傅唐僧，另外三人则是团队中的普通成员，经历种种艰险之后，他们终于克服了各种磨难，到达西天取得了真经。

在唐僧师徒的团队里，每个成员都有自己的优点和缺点。那么，为什么唐僧师徒能够成功呢？他们取得成功的关键在哪儿呢？

首先，唐僧是一个执着于自身追求并且十分坚定自身目标的人，不管遇到多少的艰难困苦，他都永不言弃，对心中的信念始终坚定不移。唐僧作为这个团队里的领军人物，他的自我控制能力以及坚定的信念，不仅是另外三人的榜样，还对他们的成功起到了相当重要的作用。作为一个领导者必须具备的条件就是能够始终坚定自己的信念、做到不抛弃不放弃。唐僧具有降服

---

① 资料来源：金伟林，王卫红，何伏林. 创业案例教程［M］. 杭州：杭州出版社，2017：32-33.

人才的能力，他的紧箍咒往往能在关键时刻让孙悟空妥协。

其次，孙悟空是一个神通广大、不畏艰险、敢于反抗且富有开拓精神的人。他敢想、敢做、敢当且极具创造性，是一个团队中必不能缺少的人物。但是，这种人往往个性太强，具有强烈的自我意识，容易与其他成员产生矛盾。这时就需要领导者从中调解，充当润滑剂的作用，增强团队的凝聚力。此外，孙悟空还有丰富的人脉，在西天取经的路上得到了很多人的帮助。

再次，猪八戒虽然好吃懒做、贪图女色，但他性格温和、憨厚单纯，总能在漫漫的西行之途中为大家带来欢乐。每当唐僧和孙悟空发生一些摩擦的时候，猪八戒是他们之间沟通的桥梁，起到了缓和成员关系的作用。他还能够知错就改，积极听取他人的意见，在取经途中做到了悬崖勒马，甚至是浪子回头。

最后，沙僧虽然在四人中看似可有可无，但少了他还真不行。沙僧的任劳任怨、踏实肯干以及善良忠心让他在团队中承担了后勤类的工作，并且能够持之以恒地胜任这份工作。在一个团队中，沙僧这一类型的人应该是数量最多的，他们在团队里一直默默奉献，虽然没有领导和骨干风光，但是他们对于一个团队来说，最宝贵的价值就是能够勤勤勉勉、兢兢业业地完成每一项任务。

结合唐僧师徒成功去西天取得真经的历程及原因分析，我们可以看出，要想组建一个成功的创业团队，首先要确定一个团队的目标，其次是要有一个能坚持不懈向着目标前进的领导者。同时，在这个团队里要具备各种人才并能充分发挥出团队成员的优势之处，并且适当地利用外部资源达到锦上添花的效果。

二、创业团队组建的原则

创业团队的组建应遵循以下三点原则：

（一）志同道合、价值观相近

目标对创业团队非常重要。所谓"志同"就是有共同的奋斗目标，"道合"则表现为创业团队成员的性格、个性、兴趣特征，这些都会影响团队的稳定性。在创业初期，大家同甘苦、共患难，怀着满腔热情工作。在这种情况下，团队成员在性格上的差异、个性上的差异、兴趣爱好上的差异和处

视频4.4：
创业团队的
组建原则

理问题的不同态度就容易被掩盖，从而表现出不同的行为方式。而一旦企业发展到某个阶段的时候，由于个性冲突导致的矛盾就会激化，使创业团队出现裂痕，严重的还会导致团队分裂。

在一个创业团队中，成员的价值观念和道德品质决定了今后企业文化的形成。甚至可以说，企业文化的最初源头就是企业创始人自身价值观念和道德品质的体现。有的人诚信为本，有的人利益至上；有的人"天下兴亡，匹夫有责"，具有极强的社会责任感；有的人"事不关己，高高挂起"，只求独善其身。一个人的价值观念很难改变，因此，在创业团队形成之前，必须通过深入的交流和充分的了解，使价值观念相近、个人素质较高的人一起组成团队，这样创业成功的可能性更大。

（二）个体优势互补、知识结构互补

创业者之所以寻求团队合作，其目的就在于弥补创业目标与自身能力间的差距。只有当团队成员相互间在知识、技能、经验等方面实现互补时，才有可能通过相互协作发挥出"1+1>2"的协同效应。

在一个创业团队中，成员的知识结构越合理，创业越可能成功：纯粹的技术人员组成的公司容易形成技术为王、产品导向的情况，从而使产品的研发与市场脱节；全部是市场和销售人员组成的创业团队缺乏对技术的领悟力和敏感性，也容易迷失方向。因此，在创业团队的成员选择上，必须注意人员的知识结构，技术、管理、市场、销售均不可或缺，并应充分发挥个人的优势。

（三）明确责权利、进入与退出机制

在团队成员确定以后，团队的组织结构就可以基本确定了。组织结构的设计归根结底是组织中个体层次需要与组织目标相协调的问题，是个体价值发挥与群体绩效达成的问题。为了避免创业团队在今后的组织行为中因为利益分配、企业决策等方面产生分歧，在创业团队形成之初，必须通过章程或者协议的方式，确定发展目标、业务领域、出资及退股原则、利润分配方法、分歧解决原则，等等。尤为重要的是，创业团队要有好的分配制度，不仅充分照顾到现有团队成员的利益，还要考虑吸收新的成员或者员工时的股份再分配。

创业过程是一个充满了不确定性的过程，团队中可能因为能力、观念等多种原因不断有人离开，同时也有人要求加入。因此，在组建创业团队时，

应注意保持团队的动态性和开放性，使真正完美匹配的人员能被吸纳到创业团队中来。

【视野拓展】

难得的创业五兄弟①

12年前的那个秋天，马化腾与他的同学张志东"合资"注册了深圳腾讯计算机系统有限公司。之后又吸纳了3位股东：曾李青、许晨晔、陈一丹。这5个创始人的QQ号，据说是从10001到10005。为避免彼此争夺权力，马化腾在创立腾讯之初就和4个伙伴约定清楚：各展所长、各管一摊。马化腾是CEO（首席执行官），张志东是CTO（首席技术官），曾李青是COO（首席运营官），许晨晔是CIO（首席信息官），陈一丹是CAO（首席行政官）。

之所以将腾讯的创业五兄弟称为"难得"，是因为直到2005年的时候，这5人的创始团队还基本保持着这样的合作阵形，不离不弃。直到腾讯做到如今的帝国局面，其中4个还在公司一线，只有COO曾李青挂着终身顾问的虚职而退休。

都说一山不容二虎，尤其是在企业迅速壮大的过程中，要保持创始人团队的稳定合作尤其不容易。在这个背后，工程师出身的马化腾从一开始对于合作框架的理性设计功不可没。

从股份构成上来看。5个人一共凑了50万元，其中马化腾出了23.75万元，占了47.5%的股份；张志东出了10万元，占20%；曾李青出了6.25万元，占12.5%的股份；其他两人各出5万元，各占10%的股份。

虽然主要资金都由马所出，他却自愿把所占的股份降到一半以下，47.5%。"要他们的总和比我多一点点，不要形成一种垄断、独裁的局面。"而同时，他自己又一定要出主要的资金，占大股。"如果没有一个主心骨，股份大家平分，到时候也肯定会出问题，同样完蛋。"

保持稳定的另一个关键因素，就在于搭档之间的"合理组合"。

据《中国互联网史》作者林军回忆说："马化腾非常聪明，但非常固执，注重用户体验，愿意从普通的用户的角度去看产品。张志东是脑袋非常活跃，对技术很沉迷的一个人。马化腾技术上也非常好，

---

① 资料来源：何磊. 风平浪静——马化腾五兄弟［J］. 东方企业家，2010（12）.

但是他的长处是能够把很多事情简单化，而张志东更多是把一个事情做得完美化。"

许晨晔和马化腾、张志东同为深圳大学计算机系的同学，他是一个非常随和而有自己的观点，但不轻易表达的人，是有名的"好好先生"。而陈一丹是马化腾在深圳中学时的同学，后来也就读深圳大学，他十分严谨，同时又是一个非常张扬的人，他能在不同的状态下激起大家的激情。

如果说，其他几位合作者都只是"搭档级人物"的话，只有曾李青是腾讯5个创始人中最好玩、最开放、最具激情和感召力的一个，与温和的马化腾、爱好技术的张志东相比，是另一个类型。其大开大合的性格，也比马化腾更具备攻击性，更像拿主意的人。不过或许正是这一点，也导致他最早脱离了团队，单独创业。

后来，马化腾在接受多家媒体的联合采访时承认，他最开始也考虑过和张志东、曾李青3个人均分股份的方法，但最后还是采取了5人创业团队，根据分工占据不同的股份结构的策略。即便是后来有人想加钱、占更大的股份，马化腾说不行，"根据我对你能力的判断，你不适合拿更多的股份"。因为在马化腾看来，未来的潜力要和应有的股份匹配，不匹配就要出问题。如果拿大股的不干事，干事的股份又少，矛盾就会发生。

当然，经过几次稀释，最后他们上市所持有的股份比例只有当初的1/3，但即便是这样，他们每个人的身价都还是达到了数十亿元人民币，是一个皆大欢喜的结局。

可以说，在中国的民营业中，能够像马化腾这样，既包容又拉拢，选择性格不同、各有特长的人组成一个创业团队，并在成功开拓局面后还能依旧保持着长期默契合作，是很少见的。而马化腾成功之处，就在于其从一开始就很好地设计了创业团队的责、权、利。能力越大，责任越大，权力越大，收益也就越大。

三、创业团队组建的方法

组建创业团队一般要经过以下六个步骤，如图4-3所示：

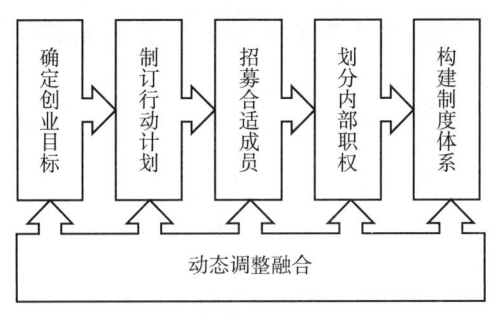

```
┌──────┐  ┌──────┐  ┌──────┐  ┌──────┐  ┌──────┐
│确定创业│→│制订行│→│招募合│→│划分内│→│构建制│
│  目标 │  │动计划│  │适成员│  │部职权│  │度体系│
└──────┘  └──────┘  └──────┘  └──────┘  └──────┘
    ↑         ↑         ↑         ↑         ↑
    └─────────┴───动态调整融合────┴─────────┘
```

图 4-3　创业团队组建方法

（一）确定创业目标

创业团队的总目标就是通过完成创业阶段的技术、市场、规划、组织、管理等各项工作实现企业从无到有、从起步到成熟。总目标确定之后，为了推动团队最终实现创业目标，再将总目标加以分解，设定若干可行的、阶段性的子目标。

（二）制订行动计划

在确定了一个个阶段性子目标以及总目标之后，紧接着就要研究如何实现这些目标，这就需要制订周密的创业行动计划。行动计划是在对创业目标进行具体分解的基础上，以团队为整体来考虑的计划，行动计划确定了在不同的创业阶段需要完成的阶段性任务，通过逐步实现这些阶段性目标来最终实现创业目标。

（三）招募合适成员

招募合适的人员也是创业团队组建最关键的一步。关于创业团队成员的招募，要注意适度规模、精简高效。适度的团队规模是保证团队高效运转的重要条件。团队成员太少则无法实现团队的功能和优势，而过多又可能会产生交流的障碍，团队很可能会分裂成许多较小的团体，进而大大削弱团队的凝聚力。一般认为，创业团队的规模控制在 2~12 人最佳。过多的成员也会加重创业成本的负担，所以还是要尽可能地保持组织的精简，把较少的人放到适当的位置，发挥最高的效率。

（四）划分内部职权

为了保证团队成员执行行动计划、顺利开展各项工作，必须预先在团队内部进行职权的划分。创业团队的职权划分就是根据执行行动计划的需要，具体确定每个团队成员所要担负的职责以及相应所享有的权限。团队成员间职权的划分必须明确，既要避免职权的重叠和交叉，也要避免无人承担造成工作上的疏漏。此外，由于还处于创业过程中，面临的创业环境又是动态复杂的，不断会出现新的问题，团队成员可能不断出现更换，因此创业团队成员的职权也应根据需要不断进行调整。

（五）构建基本制度

创业团队制度体系体现了创业团队对成员的控制和激励能力，主要包括了团队的各种约束制度和各种激励制度。一方面，创业团队通过各种约束制度（主要包括纪律条例、组织条例、财务条例、保密条例等）指导其成员避免做出不利于团队发展的行为，实现对其的行为进行有效的约束、保证团队的稳定秩序。另一方面，创业团队要实现高效运作要有有效的激励机制（主要包括利益分配方案、奖惩制度、考核标准、激励措施等），使团队成员才能看到随着创业目标的实现，其自身利益将会得到怎样的改变，从而达到充分调动成员的积极性、最大限度地发挥团队成员作用的目的。要实现有效的激励首先就必须把成员的收益模式界定清楚，尤其是关于股权、奖惩等与团队成员利益密切相关的事宜。需要注意的是，创业团队的基本制度应以规范化的书面形式确定下来，以免带来不必要的混乱。

（六）动态调整融合

完美组合的创业团队并非创业一开始就能建立起来的，很多时候在企业创立一定时间以后随着企业的发展逐步形成的。随着团队的运作，团队组建时在人员匹配、制度设计、职权划分等方面的不合理之处会逐渐暴露出来，这时就需要对团队进行调整与融合。由于问题的暴露需要一个过程，因此团队调整融合也应是一个动态持续的过程。如图4-3所示，团队的调整与融合工作专门针对运行中出现的问题不断地进行调整直至满足实践需要为止，特殊情况下也需要对创业目标做出适当的调整。在进行团队调整融合的过程中，最为重要的是要保证团队成员间经常进行有效的沟通与协调，强化协作效果，推动团队的建设与完善，保障创业活动的进行。

【视野拓展】

创业团队中的"黄金组合"①

《西游记》中由唐僧率领的取经团队被公认为是一支"黄金组合"的创业团队。

阿里巴巴集团董事长马云尤其推崇这支团队,认为它是最完美的团队,四个人的性格各不相同,却又同时有着不可替代的优势。比如说,唐僧慈悲为怀,使命感很好,有组织设计能力,注重行为规范和工作标准,所以他担任团队的主管,是团队的核心;孙悟空武功高强,是取经路上的先行者,能迅速理解、完成任务,是团队业务骨干和铁腕人物;猪八戒看似实力不强,又好吃懒做,但是他善于活跃工作气氛,使取经之旅不至于太沉闷;沙僧勤恳、踏实,平时默默无闻,关键时刻他能稳如泰山、稳定局面。

但是,创业路上并没有那么巧的机缘和条件,能幸运地集聚到这样四个不同性格的人。所以,如果只能从这四个人中挑选出两个人来作为创业成员的话,你会挑选哪两位?

这其实是牛根生在"我能创未来——中国青年创业行动"活动现场对俞敏洪和马云提出的一个问题。俞敏洪选沙僧和孙悟空,马云选择了沙僧和猪八戒。两人都选择了耿直忠厚的沙僧,但是关于另一个人选,两人的选择却很有意思。

一向语不惊人死不休的马云这样解释他为什么选择猪八戒:"最适合做领袖的当然是唐僧,但创业是孤独寂寞的,要不断温暖自己,用左手温暖右手,还要一路幽默,给自己和团队打气,因此我很希望在创业过程中有猪八戒这样的伴侣。当然,猪八戒做领导是很欠缺的,但大部分的创业团队都需要猪八戒这样的人。"

俞敏洪不赞同马云的选择,他认为猪八戒不适合当一个创业伙伴,猪八戒是很能搞活气氛,让周围的人轻松起来,但是缺点也很突出,就是不坚定,需要领袖带着才能往前走。而且猪八戒既然没信念,哪好就会去哪,哪有好吃的就往哪去,很容易在创业过程中发生偏移,企业有钱时会(大赚一笔后)离开,企业没钱时也很可能会弃企业而去。而孙悟空就不会这样,他是一个很理想的创业成员。俞敏洪列举了他的理由:

他(孙悟空)的优点很明显:第一,有信念,知道取经就是使命,不

---

① 资料来源:王卫红,金伟林,何伏林.创业基础[M].杭州:杭州出版社,2017:96-97.

管受到多少委屈都要坚持下去；第二，有忠诚，不管唐僧怎么折磨他都会帮助他一路走下去；第三，有头脑，在许多艰难中会不断想办法解决；第四，有眼光，能看到别人看不到的机会和磨难。

当然，孙悟空也有很多个人的小毛病，会闹情绪、撂担子，所以需要唐僧必要时念念紧箍咒。但是，在取经路上，孙悟空所起到的作用是至关重要的。如果将西天取经比喻成一次创业过程，孙悟空就是其中不可或缺的创业成员。

新东方的创业团队就有些类似于唐僧的取经团队。徐小平曾是俞敏洪在北大时的老师，王强、包凡一同是俞敏洪北京大学西语系80级的同班同学，王强是班长，包凡一是大学时代睡在俞敏洪上铺的兄弟。这些人个个都是能人、牛人，俞敏洪曾坦承：论学问，王强出自书香门第，家里藏书超过5万册；论思想，包凡一擅长冷笑话；论特长，徐小平梦想用他沙哑的嗓音做校园民谣，他们都比我厉害。

所以，新东方最初的创业成员，个个都是"孙悟空"，每个人都很有才华，而个性却都很独立，俞敏洪敢于选择这帮牛人作为创业伙伴，并且真的在一起做成了大事，成就了一个新东方传奇，从这一点来说，俞敏洪是一个成功的创业团队领导者。他知道新东方人多是性情中人，从来不掩饰自己的情绪，也不愿迎合他人的想法，打交道都是直来直去，有话直说。因此，新东方形成了一种批判和宽容相结合的文化氛围，批判使新东方人敢于互相指责，纠正错误；宽容使新东方人在批判之后能够互相谅解，互相合作。这就是新东方人的特点：大家互相之间不记仇，不记恨，只计较到底谁对谁错谁公正。

这种源自北大精神的自由文化，是俞敏洪敢用"孙悟空"，而且是多个"孙悟空"的前提条件，这是新东方成功的关键因素之一。而另一个关键因素就是俞敏洪本人所具备的包容性，从这一点来讲，俞敏洪的身上有唐僧的影子。唐僧坚忍而正直，领导了四个本事十分高强的徒弟（还有一个是龙王三太子变成的白马），这些徒弟无论是齐天大圣、天蓬元帅还是西海龙王三太子，个个都不是省油的灯，硬是在唐僧领导下，取得了真经，完成了任务，各人也都洗除了罪孽，修成正果。而俞敏洪同样带领着一帮比他厉害的"牛人"，不仅将新东方从小做大，还完成了让局外人都为之捏了一把汗的股权改制。最令人意料不到的是，俞敏洪居然还将新东方带到了美国的资本市场，成为中国第一个在海外成功上市的民营教育机构。这一份成绩虽然还不能定义为最终的胜利，但是仍然有着非同寻常的意义，即他告诉了人们，对于中国教育来说，一切价值正有待重估。

同学们，如果是你来选择创业伙伴，你会如何选择呢？

四、创业团队管理的策略

与成熟企业相比，创业团队的管理有一定的特殊性。虽然有统一的目标，但由于创业的未知性比较大，风险性比较高，导致创业团队的稳定性相对较差，比较脆弱。所以从管理策略的角度看，可以侧重从以下几个方面进行创业团队的管理。

视频 4.5：
股权分配案例

（一）凝聚核心价值观，强化共同使命

创业团队只有在价值观的认同上凝聚在一起，才能向着共同的使命团结奋进。我们不能要求团队成员在创业一开始就必须达到统一的认识高度，应该不断强调强化创业的目标，尽可能得到每一位成员的认同。

价值观的内化，首先在于团队领导者或核心成员的以身作则、言行一致。还要不断把价值观向其他成员灌输，同时建立、健全和完善必要的规章制度，特别是相应的激励和约束机制，使团队既有价值观的导向，又有制度化的规范。

（二）树立团队精神，共忧患共进步

团队精神往往是一个创业团队的核心竞争力。团队精神可以使每一个团队成员自发地、热情地参与到创业的活动中，并主动把个人的发展与团队的未来捆绑在一起，这样成员就会热烈期望团队、真心关心团队，并与团队成为利益共同体，甚至是命运共同体。

危机和忧患意识是团队精神形成的外在客观环境。不管我们承认与否，没有压力的创业活动是不存在的，世界500强每年排名的变化就说明了这一点。"我们的公司离破产只有12个月"，这是著名的微软公司总裁发出的声音。

（三）用沟通化解矛盾，用制度约束行为

通常情况下，创业企业由于人员少，下属和领导的沟通是比较方便的，沟通不应该成为薄弱环节。然而事实上，一些创业企业的领导的思想并不开

放，以"一家之主"自居，因此也就不注重与员工沟通，久而久之，员工认为既然自己的意见不被采纳，也就没有沟通的必要了。我们应该意识到：集体的创造力往往比个人的创造力要强得多。要想让员工说出真心话，真心为企业付出，前提是要保持上下级的沟通顺畅，用开放的心态去听取意见和建议，平等对话，及时反馈，才能解决掉工作中产生的矛盾，保障团队协作力的正常运转。

对于创业团队人员分工，管理的架构一般都比较粗放，很多事情都是一起决策，共同实施，但一定要注意落实责任，权责明确，必要时打破部门分工，协同作业。在实践中不断优化创业团队的运行机制，解决好决策权限分配问题，做好激励机制，以及建立绩效评估体系，并且要不断依据企业的发展和环境的变化做出调整。

（四）营造归属感，合理分享财富

对大多数管理者来说，缺少的不是理智，而是情感。员工归属感就如同企业的生命，对创业团队来说，尤其如此。凭借归属感，员工不仅可以释放出潜在的巨大能量，而且还可以发展出一种坚强的个性；凭借归属感，员工可以把枯燥乏味的工作变得生动有趣，使自己充满活力；凭借归属感，可以感染周围的同事，让他们理解你、支持你，拥有良好的人际关系；更重要的是，凭借归属感，可以感染顾客，实现更成功的业绩。今天，工作的目的不仅仅是生存，而是通过工作有成就感。员工工作的目的包括一份满意的薪水，快乐地工作和一个好的工作环境。其中最重要的就是在企业中能快乐地工作。环顾四周，总是对员工们板着面孔、高高在上的创业者越来越少，而"远景规划者""煽情高手""团队的服务者"却大受欢迎。

创业团队应该具有这样的意识：与帮助企业创造价值和财富的人一起分享财富。关于如何分配创业收益的问题，往往很难在创业活动的初始阶段就被制定出来并加以实施，不过团队成员应该达成共识，即在创业活动的一定周期内，根据贡献程度分配利益。在衡量每一位团队成员的贡献率时，需要充分考虑创始地位、所起作用、所供资源、岗位职责等多种因素，更重要的是，团队成员之间要多沟通、多协商，努力达成对各项贡献价值的一致意见，并且保持充分的灵活性，以适应今后的变化。

【视野拓展】

马云和他的十八罗汉[①]

阿里巴巴是由马云在 1999 年一手创立企业对企业的网上贸易市场平台，阿目前已经成为全球最大的电子商务平台。阿里巴巴是借着全球互联网和电子商务的迅速发展而快速扩张，然而，阿里巴巴的成功也是马云从一开始 18 人的小团队开始的。现在回头去看阿里巴巴保存的一段录像，会觉得很有意思。录像记录的是 1999 年春阿里巴巴刚成立时，在杭州湖畔花园马云家，马云妻子、同事、学生、朋友共 18 个人围着马云，听马云慷慨陈词：从现在起，我们要做一件伟大的事情。我们的 B2B 将为互联网服务模式带来一次革命！

类似的话在 1998 年底的北京，马云已经讲了一次。当时，在下定离开北京回杭州的决心后，马云和跟随着他从杭州到北京打拼的兄弟们说："我近来身体不太好，打算回杭州了。你们可以留在这里，在北京的收入也非常不错；你们在互联网混了这么多年，都算是有经验的人，也可以到雅虎，雅虎刚进入中国，是家特别有钱的公司，工资会很高，每月几万元的工资都有；也可以去刚刚成立的新浪，这几条路都行，我可以推荐。反正我是要回杭州了。"

接着马云又说："你们要是跟我回家二次创业，工资只有 500 元，不许打的，办公就在我家那 150 平方米里，做什么还不清楚，我只知道我要做一个全世界最大的商用网站。如何抉择，我给你们 3 天时间考虑。"

像当年离开中国黄页一样，马云的决定又一次在他的团队里引起轩然大波。所不同的是这次没人哭。大家讨论时，很多人不能理解马云的决定，也有人坚决反对这个决定。不过，5 分钟后，所有人都表达了一个共同的意愿，跟着马云回杭州。

1999 年是中国互联网的第一波高峰时期，有经验的互联网从业人员是稀缺资源，很容易找到高薪工作，与 500 元相比，月收入上万元还是很有诱惑力的。至于为什么这些人会一致地选择跟随马云南下，日后马云的一次内部讲话多少能说明一些问题。"现在互联网江湖很昏暗，谁也不知道未来是什么，这个时候你可以去找一份收入不错的工作，但很可能你几年后还得换地方。现在我们用一支团队的力量在这片江湖里拼杀，十几个人在一起还有

---

① 资料来源：王卫红，金伟林，何伏林. 创业基础 [M]. 杭州：杭州出版社，2017：99 - 101.

什么可怕的，拿着大刀片子往前冲即可。"

财经作家郑作时为此感慨，"这一团队和马云之间建立了超越利益之上的联系，既然几万元的月薪都可以放弃，那还有什么力量可以让他们分开。"

关系再好的团队，由于朝夕相处，不免还是有磕磕碰碰的地方。从创业一开始，马云团队就定下了一些原则，从某种意义上说，这些原则是马云团队最终并肩走得足够远的保证。

这些原则中，与团队有关的最重要的一条是解决矛盾的原则：从一开始，马云和他的创业伙伴就定下原则说，团队中任何两个人发生矛盾，必须由他们自己互相面对面地解决。只有在双方都认为对方无法说服自己的情况下，才引入第三者作为评判。

简单、开放议事原则的提出和确立，对于阿里巴巴团队的建设至关重要。他使阿里巴巴杜绝了"办公室政治"，大大减少了交流沟通成本，减少了内耗，大大增强了团队的凝聚力和战斗力。

不要小看这个原则，对一个创业团队来说，矛盾是不可避免的，但如何解决矛盾是一个问题，在马云团队看来，办公室政治在于矛盾的不断累积。

如果没有这个原则存在，没有这个原则长期坚持而自然形成的简单开放的价值观，阿里巴巴18罗汉打天下的故事很有可能不能圆满，至少华星时代的创始人风波很难过去。

2000年，成功拿到高盛等500万美元的风投后，阿里巴巴从湖畔花园拥挤的居民楼搬到华星大厦宽敞的办公楼，随着空间环境的变化，阿里巴巴创业者们的心态也发生了微妙的变化。

搬到华星之后，随着公司正规化建设的开始，划分部门、明确分工都是自然而然的事，而有了部门就得有负责人，于是提干就是顺其自然的事。在18个创始人中，第一批提干的有3人：孙彤宇、张英和彭蕾，职务都是部门经理。于是原来的18个创业者分成了两拨：4个官和14个兵。从北京EDI时代起，这支团队就习惯了只有一个头儿，那就是马云，其他人都是平等的兵。湖畔花园时代也是如此。到了华星时代，这种人们已经习惯了的现状突然改变了。

搬到华星大厦不久的一个晚上，马、张、孙、彭之外的十几个创始人来到一家名为名流的咖啡馆聚餐。大家一开始说好不谈工作只叙旧，但谈着谈着就说到公司说到工作，所有的不解、疑惑和怨气都发泄出来了，一直谈到半夜。团队里的老大哥楼文胜首先倡议："说了这么多，屁股一拍就走，于事无补,我们应该写出来送给马云。"大家纷纷响应。于是由楼文胜执笔,大伙儿补充,整整写了一大张纸。

散伙之后,楼文胜回家将这份东西整理成一封写给马云的长信,然后发给了马云。第二天傍晚,马云收到信后立即把18位创始人召集到一起,大家围着圆桌坐下后,马云说:"今天大家不用回去了,既然你们有那么多怨恨,很多人有委屈,现在当事人都在,都说出来,一个个骂过来,想哭就哭,所有都摊在桌面上,不谈完别走!"

那天的会从晚上9点开到凌晨5点多。那是一次彻底的宣泄,也是一次彻底的灵魂洗礼。会上许多人情绪激动,许多人痛哭失声。整整一夜,这些跟随马云浴血奋战了少则两年多则5年的老战友,吵过、喊过、哭过之后,一切疑虑都已消散,一切误解都已消除,一切疙瘩都已消解。

华星时代创始人风波的导火索是那封写给马云的信。事后18罗汉之一的吴泳铭说:"我们能写出来告诉马云,说明我们是一支很好的团队。"如果那14位创始人不这样做,而是任其发展,让误解和矛盾蔓延下去,那么18位创始人团队的分崩离析是早晚的事。

第五章 如何整合创业资源

第一节 创业资源认知

一、创业资源的内涵

资源就是任何一个主体，在向社会提供产品或服务的过程中，所拥有或者所能支配的用以实现自己目标的各种要素以及要素组合。创业的前提条件之一就是创业者拥有或者能够支配一定的资源。概括地讲，创业资源是企业创立以及成长过程中所需要的各种生产要素和支撑条件。对于创业者而言，只要是对其创业项目和新创企业发展有所帮助的要素，都可归入创业资源的范畴。

资源与创业者的关系就如同颜料和画笔与艺术家的关系那样。获取不到创业所需的资源，创业机会对创业者而言则毫无意义。机会识别的实质是创业者判断是否能够获取足够的资源来支持可能的创业活动。创业机会的存在本质上是部分创业者能够发现特定资源的价值，而其他人不能做到这一点。就整个创业过程来说，创业机会的提出来自创业者依靠自身的资源财富对机会的价值确认。例如，同样的产品或者盈利模式，一些人会付诸行动去创收，其他人却往往放任机会流失。对于后者来说，往往是缺乏必要的创业资源，因此，从这一角度看待，创业就是把创业机会的识别与创业资源的获取结合起来，创业活动本身是一种资源的重新整合。

对于新创企业来说，资源整合对于创业过程的促进作用是通过创业战略的制定和实施来实现的。丰富的创业资源是企业战略制定和实施的基础和保障，同时，充分的创业资源还可以适当校正企业的战略方向，帮助新创企业选择正确的创业战略。并且,创业资源的整合效用,是打造企业核心竞争力的基础。这种资源效用的最大化,并非简单的各项资源各安其位,各司其职,而是能够通过重新整合规划,创造企业独特的核心竞争力,实现企业在市场上的竞争优势。

二、创业资源的分类

根据不同的标准,创业资源有不同的分类。以下介绍几种常见的分类方法。

(一)内部资源和外部资源

创业资源按其来源可以分为内部资源和外部资源(如图 5-1 所示)。内部资源也叫自有资源,是创业者自身所拥有的可用于创业的资源,如创业者自身拥有的可用于创业的自有资金,自己拥有的技术,自己所获得的创业机会信息,自建的营销网络,控制的物质资源,或管理才能等,甚至在有的时候,创业者所发现的创业机会就是其所拥有的唯一创业资源。内部资源的拥有状况将在很大程度上影响甚至决定我们获取外部资源的结果。创业者扩大内部资源的拥有状况(特别是技术和人力资源)可以帮助我们获得和运用外部资源。

视频 5.1:
创业资源的分类

图 5-1 内部资源和外部资源

外部资源包括朋友、亲戚、商务伙伴或其他投资者、投资人资金,或者包括借到的人、空间、设备或其他原材料(有时是由客户或供应商免费或廉价提供的),或通过提供未来服务、机会等换取到的,有些还可能是社会团体或政府资助的扶持计划。外部资源更多地来自外部机会发现,而外部机会发现在创业初期起着决定性作用。创业者在开始创业的时期面临的一个重要问题即资源不足和资源供给。一方面，企业的创新和成长必须消耗大量资源；另一方面，企业自身还很弱小，无法实现资源自我积累和增殖。所以，企业只有识别机会，从外部获取到充足的创业资源，才能实现快速成长，这也是创业资源有别于一般企业资源的独特之处。对创业者来说，运用外部资源，是一种非常重要的方法，在企业的创立和早期成长阶段尤其如此。其中关键是具有资源的使用权并能控制或影响资源部署。

（二）有形资源和无形资源

创业资源按其存在形态可以分为有形资源和无形资源（如图 5-2 所示）。有形资源是具有物质形态的、价值可用货币度量的资源，如组织赖以存在的自然资源以及建筑物、机器设备、原材料、产品、资金等。无形资源是具有非物质形态的、价值难以用货币精确度量的资源，如信息资源、人力资源、政策资源以及企业的信誉、形象等。无形资源往往是撬动有形资源的重要手段。

图 5-2　有形资源和无形资源

（三）核心资源和非核心资源

创业资源按照其对企业核心竞争力影响的重要性，可分为核心资源与非核心资源（如图 5-3 所示）。

图 5-3　核心资源和非核心资源

核心资源主要包括技术资源和人力资源。这几类资源涉及创业企业有别于其他企业的核心竞争力，是创业机会识别、机会筛选和机会运用几大阶段的主线。必须以这几类要素资源为基点，扩展创业企业发展外延。人力资源对于企业来说，主要是一种知识财富，是企业创新的源泉。创业者自身素质对创业企业的成长有至关重要的作用。创业者的个性，对机遇的识别和把握，对其他资源的整合能力，都直接影响创业成败。高素质人才的获取和开发是现代企业可持续发展的关键。科技资源是一种积极的机会资源。对于新创企业来说，主动引进和寻找有商业价值的科技成果，是企业的立身之本和市场竞争之源。

非核心资源主要包括资金、场地和环境资源。如何有效地吸收资金资源，并保持稳定的资金周转率，实现预期盈利目标，是创业成功与否的瓶颈课题。场地资源指的是企业用于研发、生产、经营的场所。良好的场地资源能够为企业大幅度降低运营成本，提供便利的生产经营环境，短期内累积更多的顾客或质优价廉的供应商。而环境资源作为一种外围资源影响着创业企业发展。例如，信息资源可以提供给创业者优厚的场地资金、管理团队等关键资源，文化资源可以促进管理资源的持续发展，等等。

（四）直接资源和间接资源

林嵩、姜彦福等人按照资源要素对企业战略规划过程的参与程度，认为创业资源有直接资源和间接资源之分（如图5-4所示）[1][2]。

图5-4 直接资源和间接资源

财务资源、管理资源、市场资源、人力资源资源等是直接参与企业战略规划的资源要素，可以把他们定义为直接资源。财务资源：是否有足够的启

---

[1] 林嵩. 创业资源的获取与整合——创业过程的一个解读视角 [J]. 经济问题研究，2007 (06): 166–169.

[2] 姜彦福，张帏. 创业管理学 [M]. 北京：清华大学出版社，2005.

动资金？是否有资金支持创业最初几个月的亏损？管理资源：凭什么找到客户？凭什么应对变化？凭什么确保企业运营所需能够及时足量地得到？凭什么让创业企业内部能有效地按照最初设想运转起来？市场资源包括营销网络与客户资源、行业经验资源、人际关系等：凭什么进入这个行业？这个行业的特点是什么？盈利模式是什么？是否有起码的商业人脉？市场和客户在哪里？销售的途径有哪些？人力资源：是否有合适的专业人才来完成所有的任务？人员配置与能力是否可以保证创业活动的顺利进行？

政策资源、信息资源、科技资源等资源要素对于创业成长的影响更多的是提供便利和支持，而非直接参与创业战略的制定和执行，因此，对于创业战略的规划是一种间接作用，可以把他们定义为间接资源。政策资源：可不可以有一个"助推器"或"孵化器"推进我们的创业，比如某些准入政策、鼓励政策、扶持政策或者优惠等。信息资源：依靠什么来进行决策？从哪里获得决策所需的信息？从哪里获得有关创业资源的信息？科技资源：你的产品或服务依赖哪些核心科技？现有科技如何影响你的创业活动的进展？

（五）按资源的性质进行分类

在平时涉及创业资源的使用上，我们常常会按创业资源的性质，进行直观的描述。所以根据创业资源的性质，可以将创业资源大致分为六类，即：人力资源、社会资源、财务资源、物质资源、技术资源和组织资源（如图 5-5 所示）。

图 5-5　创业资源按性质分类

人力资源是一切资源中最宝贵的资源。人力资源的最基本方面，包括体力和智力，创业中的人力资源包括创业者与创业团队的知识、训练、经验，也包括团队及其成员的专业智慧、判断力、视野、愿景，甚至是创业者、创业团队的人际关系网络。创业者的价值观和信念，是新创企业的基石；合适的员工也是创业人力资源的重要部分；高素质人才——技术人员、销售人员和管理人员等的获取和开发,是促进企业可持续发展的关键因素。

社会资源指由于人际和社会关系网络而形成的关系资源。社会资源可以是人力资源的一部分,或者说是特殊的人力资源。社会资源对创业活动非常重要,因为社会资源能使创业者有机会接触到大量的外部资源,有助于透过网络关系降低潜在的风险,加强合作者之间的信任和声誉。开发社会资源是创业者的重要使命。

财务资源指创业者及创业团队所拥有的资本以及其在筹集和使用资本的过程中所形成的独有的不易被模仿的财务专用性资产,包括独特的财务管理体制、财务分析与决策工具、健全的财务关系网络以及拥有独特财务技能的财务人员等,财务资源与资本之间存在着密切的联系,但又不完全等同于资本,财务资源比资本具有更丰富的内涵。创业初期,掌握充足的财务资源是新企业成功创办和顺利经营的前提。

物质资源是创业和企业经营所需要的有形资源的总和。如场地、设施、机器、办公设备、原材料等,一些自然资源如矿山、森林、草原等有时也会成为新创企业的物质资源。

创业中的技术资源主要包括关键技术、制造流程、作业系统、专用生产设备等。通常,技术资源包含三个层次:一是根据自然科学和生产实践经验而发展成的各种工艺流程、加工方法、劳动技能和诀窍等;二是将这些流程、方法、技能和诀窍等付诸实现的相应的生产工具和其他物资设备;三是适应现代劳动分工和生产规模等要求的对生产系统中所有资源进行有效组织和管理的知识、经验和方法。技术资源与智慧等人力资源的区别在于,后者主要存在于个人身上,随着人员的流动会流失,技术资源大多与物质资源结合,可以通过法律手段予以保护,形成组织的无形资产。

组织资源是组织拥有的,或者可以直接控制和运用的各种要素,这些要素既是组织运行和发展所必需的,又是通过管理活动的配置整合,能够起到增殖的作用,为组织及其成员带来利益的。创业中的组织资源一般指企业的组织结构、作业流程、工作规范、信息沟通、决策体系、质量系统、管理制度及正式和非正式的计划活动等。组织资源来自创业者或其团队对新创企业的最初设计和不断调整,同时包括对环境的适应和对成功经验的学习。由于创业过程通常被解释成组织的形成过程,所以对于创业企业来说组织资源是具有标志性意义的一类资源。一般来说,人力资源需要在组织资源的支持下才能更好地发挥作用,企业文化也需要在良好的组织环境中培养。

三、创业资源与商业资源

商业资源是指包括个人在内的具有商业价值的各类有形和无形的资产和其组合。显然,创业资源是一种商业资源,但不是所有的商业资源都是创业资源。两者的关系体现在两个方面。一方面,创业资源与一般商业资源在本质上都属于商业资源的范畴,因此二者必然具有一定的共同点;另一方面,二者作为商业资源的不同分支,也必然具有各自不同的一些属性。

创业资源作为商业资源的一部分,具有商业资源所具有的共同特性。首先,两者都具有稀缺性,资源相对于创业或商业活动都是稀缺的。这里所说的稀缺性,并不是说这种资源不可再生或可以耗尽,也与这种资源绝对量大小无关,而是指这样一个事实——与资源的需求相比,其供给量相对不足。理论上说,资源的配置与整合永远没有最好,只能更好。其次,从广义上看,创业资源与一般商业资源的基本内容大致相近,都包括人力资源、社会资源、财务资源、物质资源等,是指创业活动或商业活动中所需要的各种生产要素和支撑条件。倘若一个人想要创业或者从事某种商业活动,则必须具备一定的条件,而拥有这些资源在某种程度上就是获得了许可证。

与商业资源相比,创业资源的差异性主要表现在范围与规模更小。尽管两者的基本内容相近,但只有创业者能够拥有或使用的资源才是创业资源。创业资源是与创业过程相伴而生的资源,创业机会只有与相应的创业资源进行匹配,才能形成现实的创业行为。否则,即使出现了大好的创业机会,创业者无法获得支撑此机会的创业资源,也只能错失良机。有些资源虽然无法成为创业资源,但是却可能成为更广泛意义的商业活动中的商业资源。这不仅是创业的过程阶段性特点决定的,也是创业活动本身的不确定因素过多决定的。

此外,有学者认为,创业资源更多表现为无形资源,一般商业资源则更多表现为有形资源。创业资源的独特性更强,创业者的个人能力和社会网络资源是其中最为关键的资源,一般商业资源中,规范的管理和制度则是企业成功的基础资源。

【视野拓展】

资源在创业活动中的作用[1]

创业活动的本质,是创业者围绕潜在机会来调动和整合一切可能获得的

---

[1] 王卫红,金伟林,何伏林.创业基础[M].杭州:杭州出版社,2017:194-196.

资源以创造商业价值的过程,这些资源包括社会资本、资金、技术以及专业人才等。创业者所拥有或者能够支配的资源在很大程度上决定了创业方向。

1. 社会资本在创业中的作用

社会资本的概念是法国学者布尔迪厄(Pierre Bourdieu)于20世纪70年代提出来的,其代表著作《区分》(*Distinction*)于1984年译成英文。科尔曼(James Coleman)1988年在《美国社会学学刊》发表的《作为人力资本发展条件的社会资本》一文,在美国社会学界第一次明确使用了社会资本这一概念,并对其进行了深入的论述。

社会资本指的是个人通过社会联系获取稀缺资源并由此获益的能力。这里指的稀缺资源包括权力、地位、财富、资金、学识、机会、信息等。当这些资源在特定的社会环境中变得稀缺时,行为者可以通过两种社会联系获取。第一种社会联系是个人作为社会团体或组织的成员与这些团体和组织所建立起来的稳定的联系,个人可以通过这种稳定的联系从社会团体和组织获取稀缺资源。第二种社会联系是人际社会网络。与社会成员关系不同,进入人际社会网络没有成员资格问题,无须任何正式的团体或组织仪式,他是由于人们之间的接触、交流、交往、交换等互动过程而发生和发展的。

在创业研究方面,社会资本是基于人际和社会关系网络形成的资源。这种资源可以是人力资源的一部分,或者说是特殊的人力资源。社会资本能使创业者有机会接触大量的外部资源,有助于通过网络关系降低潜在的风险,加强合作者之间的信任与信誉。有学者通过研究发现:虽然个人的财务资源与其是否成为创业者没有显著关系,但是从创业者个体来看,其获取资源的能力决定了创业活动能否成功启动;创业者常常通过社会网络获取所需的信息和资源,而那些拥有丰富社会资本的创业者往往可借此得到较难获取的资源,或以低于市场的价格购买取得。

根据斯坦福大学研究中心的一份调查显示:一个人赚的钱,12.5%来自知识,87.5%来自基于正常社会经历建立的人际关系。而来自中国的数据显示,社会交往面广、交往对象趋于多样化、与高社会地位个体之间关系密切的创业者,更容易发现创新性更强的创业机会。

2. 资金在创业中的作用

资金是创业者资源整合的重要媒介。从产生创意、发现创业机会到构建商业模式,创业者或创业团队都绕不开资金这个话题。换言之,创业过程的每项活动都会发生成本,都需要进行成本补偿。比如,对于新创企业来说,无论是进行产品研发还是生产销售,都需要大量的资金,因此如何有效地吸收资金资源是每个创业者都极为关注的问题。

很多创业者在创业之前，没有正确看待创业资金的重要性，认为企业一开始投入就能盈利，能够弥补创业过程中的资金短缺问题。事实上没那么简单，很多时候一个创业项目在起步后的相当一段时间内是没有收入的，或者收入不会像预期的那么容易。因此，在创业之前必须要做好资金问题的思想准备，以备不时之需，尽可能避免因为一时的资金问题让创业团队陷入困境。

大学生创业的最大困难之一就是资金缺乏。即便已经建立若干年的企业，资金链的断裂也是企业致命的威胁。据国外文献记载，倒闭破产的企业中有85%是盈利情况非常好的企业，而这些企业倒闭的主要原因是资金链的断裂。企业可能不会由于经营亏损而破产清算，却常常会因为资金断流而倒闭。

3. 技术在创业中的作用

对于制造类型或提供基于技术服务的新创企业而言，技术资源是企业存在和发展的基石，是生产活动和生产流程稳定的根本，其成功的关键是首先寻找成功的创业技术，原因有三：一是创业技术是决定创业产品的市场竞争力和获利能力的根本因素，在创业初期，创业资金需求基本满足的情况下，创业技术是最关键的资源；二是创业是否拥有技术核心决定了所需创业资本的大小，对于在技术上非根本创新的创业企业来说，创业资本只要保持较小的规模便可维持企业的正常运营；三是从创业阶段来说，由于企业规模较小，因此管理及对人才的需求度不像成长期那样高，创业者的企业家意识和素质是创业阶段最关键的创业人才和创业管理资源。

技术资源的主要来源是人才资源，重视技术资源的整合同时也就是注重人才资源的整合。技术资源的整合，不仅要整合、积聚企业内部的技术资源，还要整合外部的可资利用的技术资源，比如积极寻找、引进有商业价值的科技成果，加强和高校科研院所的产学研合，等等。整合技术资源只是起点，技术资源整合是为了技术的不断创新、自主研发并拥有自主知识产权，保持技术的领先，提高新创企业的核心竞争力。

4. 专业人才在创业中的作用

组织资源观认为，塑造以知识为基础的核心能力是组织获取持续竞争优势的有效策略。这种核心能力具有独特价值，是不可模仿和难以转移的，他需要组织内部的长期开发。专业人才在创业过程中的作用可以从创业者、创业团队、管理团队以及骨干员工的角度体现出来。

创业活动的本质，是创业者围绕潜在机会来调动和整合一切可能获得的资源来创造商业价值的过程，这些资源包括创业者自身的物质资本、人力资本以及不容忽视的社会资本。影响创业者人力资本的直接因素主要包括教育经历、产业工作经历和相关的创业经历；影响创业者社会资本的直接因素主要包括创业者的家庭背景、生活的地缘环境、拥有的社会关系以及创业团队所具有的其他特征等。创业者是新创企业的核心，其所具有的人力资本、社会资本对新创企业的创建和后续发展具有非常关键的作用。

随着知识经济的兴起、高科技产业发展，人们发现单靠个人力量越来越难以成功创业，创业团队的重要性更加凸显。大量的实证研究表明，团队创办的企业在存活率和成长性两方面都显著高于个人创办的企业。这是因为团队创业通常具有更多样化的技能和竞争力基础，可以形成更广阔的社会和企业网络，有利于获取额外的资源。创业投资家也经常把新企业创业团队的素质作为其投资与否的最重要的决策依据之一。当然，创业者的人力资本和社会资本对创业团队的组建也有重要作用。一方面，优秀的创业领导人更有可能吸引优秀的人才来共同创业；另一方面，创业者的社会资本对创业团队的组建和持续性发挥着不可忽视的作用。

管理团队也是创业过程中重要的人力资源。随着新创企业发展到一定阶段，管理体系逐渐健全，各项规章制度逐步完善，组织架构也日益明晰，公司就需要从外部引进一些专业管理人才，这些专业人士能够为企业带来有益的建议与革命性的管理思路。需要提及的是，正是因为专业人士具有外来性，管理风格与理念可能与原本创业团队中的核心成员不同，甚至可能有矛盾冲突。

此外，在创业过程中还有其他可供利用的人力资源，如管理咨询公司、银行、风险投资者、律师事务所、高校等机构的专业人士。对于大学生创业者，在对企业运作中某项业务不太熟悉的情况下，可以充分利用外部专业人士的帮助，积极与知名的行业专家和学者建立紧密联系，以获得专业知识和建议，整合各方面的资源，提高创业成功率。

第二节　创业资源整合

一、影响创业资源获取的因素

资源的获取是在确认并识别资源的基础上去获取资源。创业资源的获取对于创业的成功非常重要,资源获取的程度决定了创业由想法转化为行动的启动方式和切入方式,影响创业资源获取的主要因素有创业项目的商业价值、资源的配置方式、创业者的能力和社会网络。

创业项目的商业价值。不是所有的创业项目都具备较好的商业价值,具备商业价值的项目能够更加得到资源的青睐,更加有利于创业资源的获取。在资本市场上,一家具有出众商业潜力的企业,往往受到多家投资机构的关注,就是这个道理。

资源的配置方式。资源配置是指资源的稀缺性决定了任何一个社会都必须通过一定的方式把有限的资源合理分配到社会的各个领域中去,以实现资源的最佳利用,即用最少的资源耗费,生产出最适用的商品和劳务,获取最佳的效益。资源配置的方式决定了资源具有一定的倾向性。创业者准确判断并把握资源的配置方式,就能有利于创业过程中资源的获取。

创业者的能力。创业者的能力是创业企业软实力的重要表现,创业者的能力越强,创业者获取资源的可能性就越大。创业者能力包括沟通能力、学习能力、表达能力、管理能力、协调能力等诸多方面,创业者能力的不断增强,能够为企业创造良好的环境。

社会网络。社会网络是指社会个体成员之间因为互动而形成的相对稳定的关系体系,社会网络关注的是人们之间的互动和联系,社会互动会影响人们的社会行为。社会网络对创业资源的获取具有重大的意义,不同的社会网络和网络地位,为人们之间的交流、沟通提供了不同的渠道。在社会网络中处于优势地位的创业者就能更加容易获得创业资源。

【视野拓展】

牛根生创业整合资源案例分析[①]

现在这个时代,靠一个企业独立经营,单打独斗,力量是十分有限的,一定要整合各方面的资源才能把一个企业做大。

蒙牛创始人牛根生是这方面的牛人,牛根生刚开始只是伊利的一个洗碗工,凭着自己的勤奋和聪明做到生产部门的总经理。后来因各种原因辞职了,但是他那个时候都40多岁了,去北京找工作,人家嫌弃他年纪大。没有办法又回到呼和浩特,邀请原来伊利的几个同事一起出来创业。人虽然有了,

---

① 资料来源:饶欣合纵. 牛根生创业整合资源案例分析 [EB/OL]. [2017-02-26]. https://www.sohu.com/a/127279499_427564.

但是现在面对的是没有奶源、没有工厂、没有品牌,其中每一项都是致命的。

第一个问题,没有工厂怎么办?牛根生开始资源整合了,通过人脉关系找到哈尔滨一家乳制品公司,这家公司设备都是新的,但是生产的乳制品质量有问题,同时营销渠道这一块没有打通,所以产品一直滞销。牛根生马上找到这家公司的老板说:"你来帮我们生产,我们这边都是伊利技术高层,帮忙技术把关,牛奶的销售铺货我们也承包了。"这位老板一听,马上答应下来。而且他们几个一起出来创业的伙伴也有了落脚的地方,解决了生存的问题。

第二个问题,没有品牌怎么办?在乳制品这个行业,没有品牌很难销售,因为品牌代表着安全可靠。于是借势、整合,并打出口号:"蒙牛甘居第二,向老大哥伊利学习",口号一出,让伊利情何以堪,却又哭笑不得。一个不知名的品牌马上挤进全国前列。牛根生不只是盯着伊利,还把自己和内蒙古的几个知名品牌联系起来,说:"伊利,鄂尔多斯,宁城老窖,蒙牛为内蒙古喝彩!"因为前三个都是内蒙古驰名商标,自己放在最后,给人感觉就是内蒙古的第四品牌。牛根生通过整合品牌资源,迅速让蒙牛没有花一分钱,就让自己的品牌成为知名的品牌。

第三个问题,没有奶源怎么解决?自己买牛去养,一方面牛很贵,另一方面也没有那么多人员去照顾。蒙牛整合了三方面的资源,第一个是农户,第二个是农村信用社,第三个是奶站的资源。用信用社的钱借给奶农,蒙牛担保,而且蒙牛承诺包销路。奶牛生产出来的奶由奶站接收,蒙牛又找到奶站。蒙牛定时把信用社的钱还了,把利润又给了奶农,趁机喊出一个口号:"一年养10头牛,过的日子比蒙牛的老板还牛。"

我们很多事情,不是自己能做就做,即使自己做也很难做好,而且会花费太多的人力物力。这个时候,我们就要整合资源。发挥自己的长处,整合别人的优势。用更少的成本创业,或者说零成本创业都有可能。

二、获取创业资源的常见途径

创业资源对创业来说是不可或缺、意义重大的,那么我们应该怎样获得创业资源呢?首先,我们要看到那些我们已经拥有的资源,不要做"睁眼瞎"。资源明明就在你面前,却被你视而不见,等其他创业者利用这些资源创造出非凡的价值,你才注意到,已经晚了。其次,我们要学习"整合创业资源"。资源不在于拥有,而在于整合。你拥有了最好的资源,但没有把他们放在最恰当的位置，没有实现他们最大的效用，这样的资源你拥有再多，也是无意义的消耗，甚至是一种浪费。

这里介绍几种重要的创业资源的常见获取途径：

（一）人力资源的常见获取途径

这里的人力资源不是指创业企业成立以后需要招募的员工，而是指创业者及其团队拥有的知识、技能、经验、人际关系、商务网络等。

现在大学里几乎都有创业课程、创业者协会、科技和发明协会以及讨论或实践创业的学生社团、沙龙、论坛和讲座等。在这些团队里有固定的活动时间，学生们可以和志同道合的朋友交谈，甚至有时候可能会有向成功企业家请教的机会。一些创新创业课程不仅由学校的老师来讲，也会邀请校外企业家授课，这不仅是我们学习创业知识的重要渠道，也是我们和其他创业者、创业导师以及企业家建立联系的重要途径，这常常是被很多大学生忽略的宝贵的获取创业人力资源的途径。

优秀的人一般不会主动来到你身边，所以需要我们在大学期间主动地、大胆地向优秀的人请教。要善于寻找最好的顾问，如高素质的董事、律师、银行家、会计师与其他专业人士，并诚挚地邀请他们在更早的阶段更深入地参与到我们的创业活动中，甚至加入我们的创业团队。我们可以将学校、政府、企业里面优秀的、值得你拜访、并对我们创业有帮助的人列出一个表，设法找到他们的联系方式，然后大胆地、大方地给他们打电话（或者发邮件、利用QQ等工具），请求拜访和交流。要记住，拜访前必须做好充足的准备。我们要相信，优秀的人一定是很乐意帮助上进的优秀大学生，同时也一定要对自己充满信心。

对大学生来说，学校内外的实践、实习活动都是获取人力资源的重要途径。如果有可能，我们可以在大学期间从事一些力所能及的商业活动，如做一些产品的校园或者地区代理，不管是热水袋、拖鞋到牛奶、化妆品还是手机卡、文具、数码产品、家教中心等，都可以去尝试。这个过程中既能赚些钱，增长关于市场的知识，还可以锻炼组织、协调能力，扩大视野和交际面。也可以考虑进入一个企业为别人工作，通过打工的经历学习行业知识、建立客户资源渠道，了解企业运作的经验，学习开拓市场的方法，认知商业模式。

（二）技术资源的常见获取途径

现在很多大学生创业项目都有或多或少的"技术含量"，如何获取创业起步项目所依赖的技术资源呢?

了解最新技术信息,大学生创业者应该随时关注各高校实验室、老师或者学生的研发成果,可以去国家专利局查阅各种申请专利,养成及时关注科技信息,浏览各种科技报道,留意科技成果,从中发现具有巨大商机的技术的习惯。政府机构、同行创业者或同行企业、专业信息机构、图书馆、大学研究机构、新闻媒体、会议及互联网等,都是我们获取这些信息的渠道,可以根据自己的实际情况与各种方式的特点,选择一种或多种方式,尽可能获取有效的、需要的信息。

把必要技术"据为己有"的途径包括:吸引技术持有者加入创业团队;购买他人的成熟技术,并进行技术市场寿命分析等;购买他人的前景型技术,再通过后续的完善开发,使之达到商业化要求;同时购买技术和技术持有者;自己研发,但这种方式需要时间长,耗资大。

(三)外部资源的常见获取途径

外部资源中资金的获取,有多种途径,如依靠亲朋好友筹集资金,抵押、银行贷款或企业贷款,争取政府某个计划的资金支持,吸引新的拥有资金的创业同盟者加入创业团队,吸引现有企业以股东身份向新企业投资、参与创业活动,以及吸引企业孵化器或创业投资者的股权资金投入等。这些"融资渠道"将在下一节中进行详细介绍。

创业企业为了生存,营销是需要重点考虑的事情。营销网络将帮助新创企业产品或服务走向市场,使创业活动实现盈利。一般情况下,新创企业都需要借用他人已有的营销网络,使用公共流通渠道;也可以自建营销网络与借用他人营销网络相结合,扬长避短,使营销网络更适应于新创企业的要求;完全依靠自建网络,就需要强大的资金或背景支持了,对创业者来说是比较少见的。

三、整合创业资源的基本原则

根据熊彼特的观点,"创业者的功能就是实现新组合",创业资源的优化配置是创业者实现成功创业必须仔细斟酌的问题。贾里洛(Jarillo)也曾经通过经验分析得出结论,"创业的精髓在于使用外部资源的能力和意愿"。现在美国用"entrepreneur"专指在没有拥有多少资源的情况下,锐意创新,发掘并实现潜在机会的价值的创业者。在这个问题上我们也许还可以从阿玛·百蒂的话中得到启示:"准创始人中绝大部分面临的最大挑战不是筹集资金,而是如何在没有资金的情况把事情办好的智慧和干劲。"可以说,创业成功并不需要百分百拥有所有资源,整合资源的能力远胜于拥有所有创业资源[①]。

关于资源整合的定义,一般认为是企业战略调整的手段,也是企业经营管理的日常工作。资源整合是企业对不同来源、不同层次、不同结构、不同内容的资源进行识别与选择、获取与配置、激活和有机融合,使其具有较强的柔性、条理性、系统性和价值性,并创造出新的资源的一个复杂的动态过程。实际上,所有成功创业者在新创企业成长的各个阶段,都会做到用尽可能少的资源推进企业往前发展。

许多创业者早期所能获取与利用的资源都相当匮乏,而优秀的创业者在创业过程中所体现出的卓越创业技能之一,就是创造性地整合和运用资源,尤其是那种能够创造竞争优势,并带来持续竞争优势的战略资源。尽管与已存在的进入成熟发展期的大公司相比,创业型企业资源比较匮乏,但实际上创业者所拥有的创业精神、独特创意以及社会关系等资源,却同样具有战略性。因此,对创业者而言,一方面要借助自身的创造性,用有限的资源创造尽可能大的价值,另一方面更要设法获取和整合各类战略资源。

对于创业者来说,我们整合创业资源要注意以下几点。

(一) 资源有限,节约为先

创业者的资源的"有限"决定了我们必须"节约"。尤其是大学生创业者没有足够长的工作经历积攒开办企业所需要的资金,没有足够的信用史,没有贵重的个人资产,所以难以从银行或投资者那里筹措资金。大量有关初创资金来源的报告显示,创业者的初创资金主要来自创业者个人或家庭成员、朋友。传统的外部资金来源,如银行贷款,很难成为多数创业者的选择。即使是风险投资,也只是青睐少数的成长潜力大的企业。在这种情况下,我们必须追求做事更经济的方法,争取在有限资源的约束下获取尽可能满意的收益,包括在资源受限的情况下寻找实现创业目标的途径,最大限度地降低对外部资源的依赖,最大限度地发挥创业者投在企业内部资源的作用。

"节约"意味着降低资源的使用量,但过分强调降低成本,会影响产品

[①] 资料来源:王卫红,金伟林,何伏林. 创业基础 [M]. 杭州:杭州出版社,2017:199.

和服务质量,甚至会制约创业的发展。如为了求生存和发展,有的创业者不注重环境保护,或者盗用别人的知识产权,甚至以次充好。这样的创业活动尽管短期可能赚取利润,但长期而言,发展潜力有限。所以节约是有前提的,就是明确我们的创业使命,在能够实现创业使命的可行路径中,选择成本最小的。例如创业往往需要有办公场所,这时在不影响我们的创业使命的情况下,我们可以通过申请政府或高校创立的创业园或创业孵化器,享受那里的免费或低价办公室,与其他创业者一起共享办公设备等,也可以利用兼职人员、招聘实习生。我们完全可以相信自己:我们能够想出很好的创意,用极低的成本,获取相当的收益。

"节约"不仅是资源受限的必需策略,同时也可以帮助创业者更好地掌控企业所有权和管理权。外部融资基本上都会降低创业者对企业所有权的份额,从而减少了创业者分享企业所创造的财富和利润。同时,"节约"还可以一定程度地降低创业者需要承担的风险,增加企业的柔韧度,提升创业者控制与管理的能力。只要运用得当,不谨小慎微、事无巨细,"节约"是创业者在进行资源整合时,应该持有的一个基本理念。

(二)资源无限,连接一切

对创业者来说,看上去你拥有的资源是有限的。但是换一个角度,当你在资源与资源之间建立起连接,资源的可能性就被无限扩充了。

很多资源看上去是无用、废弃的,但创业者可以通过自己的独有经验和技巧,对其加以整合再造。现实中,很多高新技术企业的创业者并不是专业科班出身,可能是出于兴趣或其他原因,对某个领域的技术略知一二,却凭借这个略知的"一二"敏锐地发现了机会,并迅速实现了相关资源的整合。马云曾经多次声称自己"不懂技术",却缔造了阿里巴巴的商业奇迹。这就是在自己拥有的人力资源——创业者的智慧,与其他人拥有的技术资源——技术团队的执行力,两者之间建立了连接,实现了资源的整合,把有限的资源变成了无限的可能。

李小龙的哲学思想"以无法为有法,以无限为有限",对创业者来说同样意蕴深刻。创业者应该善于用发现的眼光,洞悉身边各种资源的属性,将他们创造性地连接起来。这种整合很多时候甚至不是事前仔细计划好的,而往往是具体情况具体分析、"摸着石头过河",甚至"灵光一现"的产物。而这也正体现了创业的不确定性特性,并考验创业者的资源整合能力。

（三）充分利用，杠杆显效

如何用尽可能少的付出获取尽可能多的收获？古希腊科学家阿基米德给我们的答案是：假如给我一个支点，我就能撬动地球。这句名言说的就是"杠杆原理"。杠杆原理启示我们：也许你现有的资源还没有被充分地开发和利用，只要我们找到合适的"支点"，就能够把其利用得更充分，显现出更大的效用。可能体现在：更加延长地使用现有资源；更充分地利用别人没有意识到的资源；利用他人或者别的企业的资源来完成自己创业目的；利用一种资源获得另一种资源；等等。

在创业过程中，容易产生杠杆效应的资源，主要包括人力资本和社会资本等非物质资源。创业者的人力资本一般由人力资本与特殊人力资本构成：一般人力资本包括受教育背景、以往的工作经验及个性品质特征等；特殊人力资本包括产业人力资本（与特定产业相关的知识、技能和经验）与创业人力资本（如先前的创业经验或创业背景）。调查显示，特殊人力资本会直接作用于资源获取，有产业相关经验和先前创业经验的创业者能够更快地整合资源，更快地实施市场交易行为。而一般人力资本使创业者具有知识、技能、资格认证、名誉等资源，也提供了同窗、校友、老师以及其他连带的社会资本。

相比之下，社会资本有别于物质资本、人力资本，是社会成员从各种不同的社会结构中获得的利益，是一种根植于社会关系网络的优势。在个体分析层面，社会资本是嵌入、来自并浮现在个体关系网络之中的真实或潜在资源的总和，有助于个体开展目的性行动，并为个体带来行为优势。与外部联系人之间社会交往频繁的创业者所获取的相关商业信息更加丰裕，从而有助于提升创业者对特定商业活动的深入认识和理解，使创业者更容易识别出常规商业活动中难以被其他人发现的顾客需求，进而更容易获得财务和物质资源——这正是其杠杆作用所在。

（四）资源共享，利益共赢

现代的商业已经不是"单打独斗"的年代，创业者必须学会"抱团取暖"。把一定的资源共享出来，往往能够吸引到广泛的资源共享者，共同创造更大的收益，实现两方或多方共赢。如果有利益影响或驱动，实现共赢就变得轻而易举。所以如何设置资源共享中的利益机制，是用这种方法进行资源整合的重点。

整合资源需要关注有利益关系的组织或个人，要尽可能多地找到利益相关者。同时，分析清楚这些组织或个体和自己的创业活动有何利益关系，利益关系的强度和远近怎样，整合到资源的可能性多大。利益关系者之间的利益关系有时是直接的，有时是间接的，有时是显性的，有时是隐性的，有时甚至还需要在没有的情况下创造出来。另外，有利益关系也并不意味着能够实现资源整合，还需要找到或发展共同的利益，或者说利益共同点。为此，识别到利益相关者后，逐一认真分析每一个利益相关者所关注的利益非常重要，多数情况下，将相对弱的利益关系变强，更有利于资源整合。

资源整合是多方面的合作，切实的合作需要有各方面利益真正能够实现的预期加以保证，这就要求寻找和设计出多方共赢的机制。对于在长期合作中获益、彼此建立起信任关系的合作，双赢和共赢的机制已经形成，进一步的合作并不很难。但对于首次合作，建立共赢机制尤其需要智慧，要让对方看到潜在的收益，为了获取收益而愿意投入资源。因此，创业者在设计共赢机制时，既要帮助对方扩大收益，也要帮助对方降低风险，降低风险本身也是扩大收益。在此基础上，还需要考虑如何建立稳定的信任关系，并加以维护管理。

【视野拓展】

整合资源为我所用[①]

办一个鞋厂需要哪些资源？需要订单、资金、场地设备、人才团队、原材料这五大基本资源。如果这五大资源你都没有，你会如何去创办一个鞋厂？

来自湖北的小伙张家维给出的答案是：用了一年半时间，在创新思路的指引下，以低成本整合以上五大资源，目前拥有1家总公司、4个工厂、1个办事处、2个外贸接单中心。他是怎么做到的？他说，干一件事情，不是看你有什么，而是看你想什么！张家维坦言，在只有思路，其他什么都缺的情况，要整合好各种资源并不容易，常常碰壁。

看到一些鞋业工厂由于面临困境处于停工状态时，张家维就跟对方谈，让对方把工厂以一种新的合作方式让他生产，他以后每销售1双鞋子向工厂业主支付1元钱，并向工厂支付一定的保证金，但不承担工厂业主的任何债

[①] 资料来源：王卫红，金伟林，何伏林. 创业基础[M]. 杭州：杭州出版社，2017：201-202.

务。张家维说,这种新的合作方式,不少鞋企老板并不认可,他们觉得直接拿一笔租金省事些,但这种风险共担、收益共享的新的合作模式也得到一些老板的认可。

"在所有的这些生产要素当中,最核心的资源是优质订单。"当工厂有合作意向后,最重要的是要拿到订单。他提出了以股权换订单的思路,让出一家工厂20%~30%的股份给拥有订单资源的出口贸易商,以换取更多的国外订单资源。他的这个合作思路获得一些出口贸易商的支持。

在管理方面,张家维很好地运用了股权激励的方式,出让一部分的工厂股份吸引一批优秀的职业经理人,由二三人组合成为微型的管理团队,扁平化管理各个工厂的日常生产和运作,降低工厂的管理成本。

在资金方面,张家维也是以股权投资的方式获得一些投资商的支持,为公司起步发展解了燃眉之急。通过这种资源整合的方式,张家维启动一家工厂的资金不到200万元,他说这远远低于正常运作一家工厂的资金。

第三节　创业融资渠道

一、创业融资认知

融资主要是指资金的融入,也就是通常意义的资金来源,具体是指通过一定的渠道、采用一定的方法、以一定的经济利益付出为代价,从资金持有者手中筹集资金,满足资金使用者在经济活动中对资金需要的一种经济行为。

创业融资有广义和狭义之分。狭义的融资概念仅指不同资金所有者之间的资金融通,即资金从资金供给方流向需求方。广义的融资不仅包括前者,还包括某一经济主体通过一定方式在自己内部进行资金融通。

了解创业融资,需要知道一些基本的概念,下面就融资方式、融资成本、融资动机与偏好等做基本的介绍。

(一) 融资方式

1. 外源融资与内源融资

从融资主体角度,创业融资的方式可以作三个层次的划分:第一层次为外源融资和内源融资；第二层次将外源融资划分为直接融资和间接融资；第三层次则是对直接融资和间接融资再做进一步的细分。

创业企业内源融资，是指创业企业依靠其内部积累进行的融资，具体包括如下几种形式：资本金（除股本）、折旧基金转化为重置投资和留存收益转化为新增投资。创业企业外源融资，则是指企业通过一定方式从外部融入资金用于投资。

相对于外源融资，内源融资可以减少信息不对称的问题以及与此相关的激励问题，节约企业的交易费用，降低融资成本，也可以增强企业的剩余控制权。内源融资在企业的生产经营和发展壮大中的作用是相当重要的。但是，内源融资能力及其增长，要受到企业的盈利能力、净资产规模和未来收益预期等方面的制约。现实中的资金供求矛盾总是存在的，并推动着外源融资的发展。任何企业在创业发展过程中，都会遇到一个确定内源融资与外源融资合理比例的问题。

直接融资，是指企业作为资金需求者向资金供给者直接融通资金的方式，一般是指发行股票和债券等；间接融资方式，则是企业通过金融中介机构间接向资金供给者融通资金的方式，一般是指银行或非银行金融机构的贷款等。

就各种融资方式来看，内部融资不需要实际对外支付利息或股息，不会减少企业的现金流量；同时由于资金来源于企业内部，不发生融资费用，内部融资的成本远低于外部融资。因此是企业首选的融资方式。

但企业内部融资能力的大小取决于企业利润水平、净资产规模和投资者的预期等因素；当内部融资仍不能满足企业的资金需求时，企业可以考虑转向外部融资，但外部融资方式中股权融资会使企业股东股权稀释，收益减少，并且产生的影响时间较长，而债务融资则成本较高，但影响时间较短。

2. 股权融资和债权融资

按大类来分，企业的融资方式有两类：股权融资和债权融资。这也是两个被创业者和投资者经常提及的名词。

股权融资是指企业的股东愿意让出部分企业所有权，通过企业增资的方式引进新的股东的融资方式。股权融资所获得的资金，企业无须还本付息，但新股东将与老股东同样分享企业的盈利与增长。股权融资的特点决定了其用途的广泛性，既可以充实企业的营运资金，也可以用于企业的投资活动。

股权融资按融资的渠道来划分，主要有两大类，公开市场发售和私募发售。所谓公开市场发售就是通过股票市场向公众投资者发行企业的股票来募集资金,包括我们常说的企业的上市、上市企业的增发和配股都是利用公开市场进行股权融资的具体形式。所谓私募发售,是指企业自行寻找特定的投资人,吸引其通过增资入股企业的融资方式。因为绝大多数股票市场对于申请发行股票的企业都有一定的条件要求,例如中国对公司上市除了要求连续3年盈利之外,还要企业有5000万元的资产规模,因此对大多数中小企业来说,较难达到上市发行股票的门槛,私募成为民营中小企业进行股权融资的主要方式。

债权融资是指企业通过借钱的方式进行融资,债权融资所获得的资金,企业首先要承担资金的利息,另外在借款到期后要向债权人偿还资金的本金。债权融资的特点决定了其用途主要是解决企业营运资金短缺的问题,而不是用于资本项下的开支。债权融资产生的结果是增加了企业的负债,按渠道的不同主要分为银行信用、民间信贷、债券融资、信托融资、项目融资、商业信用及其租赁等。

无论是股权融资还是债权融资均具有一定的优点,也存在着不足,创业者要熟悉不同融资方式的利弊,考虑不同情况下的融资成本,以便做出科学的融资决策,如表5-1所示。

表5-1　　　　　　　　股权融资和债权融资的比较

比较项目	股权融资	债权融资
本金	永久性资本,保证企业最低的资金需要	到期归还本金
资金成本	根据企业经营情况变动,相对较高	事先约定固定金额的利息,较低
风险承担	低风险	高风险
企业控制权	按比例或约定享有,分散企业控制权	无,企业控制权得到维护
资金使用限制	限制条款少	限制多

债权融资的资金成本较低,合理使用还能带来杠杆收益,但债务资金使用不当会带来企业清算或终止经营的风险;股权资金的资金成本由于要在所得税之后支付,成本较高,但由于在企业正常生产经营过程中,不用归还投资者,是一项企业可永久使用的资金,没有财务风险。创业者在筹集资金时应对债务资金、股权资金的优缺点进行比较,并考虑企业的资金需要量,资金的可得性,宏观理财环境,筹资的成本、风险和收益,以及控制权分散等问题来进行综合分析。

（二）融资成本

融资成本包括融资的显性成本和隐含成本。显性成本就是创业企业的加权平均资本（包括资金筹措和资金占用费）。隐含成本包括创业者融资时所出让的所有权份额、融资不成功所错失商机的机会成本和创业企业融资契约安排下的代理成本。首先，由于创业企业的风险比较大导致投资者和债权人所要求的报酬率也比较高，如果是权益融资，投资者所要求的所有权份额也比较高；其次，创业企业没有贷款抵押和担保，风险大且盈利能力弱，这种企业无法从诸如内部积累、股票市场、债券市场和银行这些传统渠道获得资金，这样创业企业的资金筹措费用也比较高；最后，创业融资是一种资金、管理与创意相结合的融资，创业者拥有创意和技术，而资金基本上由投资者和债权人提供，因此创业融资的代理成本比较高。

（三）融资动机与偏好

创业企业融资有不同的动机，根本原因是为了企业的发展。创业企业融资的内在动机有：提高核心能力，扩大市场规模和份额，提高企业盈利能力。

融资资源有各种偏好和方式，包括他们将提供多少资金、在创业企业生命周期的哪个阶段投资、资本的成本或他们寻求的预期年回收率。要确定真实的融资资源并制订出相应的融资战略，需要知道投资者或贷款人正在寻求的投资类型。事先对特定投资者或贷款人的偏好作适当研究，可以避免盲目寻找，并节省许多个人资金，同时也可以大大增加按可接受条件成功筹集资金的可能性。

创业者融资偏好，应与投资者偏好、融资成本、融资风险以及创业企业的投资性等匹配。投资者根据对风险的偏好程度可以分为：风险偏好者、风险厌恶者与风险中性者。创业企业由于创立的时间不长，未来的成长不确定性很高，潜伏的失败风险极大。一般来说，风险偏好者愿意投资成长性高的高技术企业，期望获得高的收益，如创业投资者。银行等中介机构出于安全性原则，一般不愿意贷款给新兴的企业，新兴的企业的风险更高，贷款收不回的可能性更大，所以应实行信贷配给。投资者或贷款人的实践方式因人而异，即使同一类的投资，贷款人也会随市场条件、时间、地点的不同而采用不同的行为。

【视野拓展】

创业的启动资金[①]

你知道你的创业究竟需要多少启动资金吗？你可能有一个粗略的估计，但这还不够详细，无法支撑你制作一套可行的创业计划书，要准确地衡量你需要多少启动资金，这是成功的关键。如果低估了需求，那么在企业开始盈利之前，你可能就已经用光了运营资金。而过高的预测成本，你又可能永远都无法筹集到足够的资金以起步。

启动资金用来支付场地（土地和建筑）、办公家具和设备、机器、原材料和商品库存、营业执照和许可证、开业前广告和促销、工资以及水电费和电话费等。这些支出可以归为两类：投资资金和流动资金。

1. 投资资金

投资资金，也叫固定资产，是指你为企业购买的价值较高、使用寿命长的东西。有的企业用很少投资就能开办，而有的却需要大量的投资才能启动。明智的做法是把必要的投资降到最低限度，让企业少担些风险。实事求是地说，每个企业开办时总会有一些投资。

投资资金一般可以分为两类：企业用地和建筑；设备。办企业或开公司，都需要有适用的场地和建筑。也许是用来开工厂的整个建筑，也许只是一个小工作间，也许只需要租一个铺面。如果你能在家开始工作，就能降低投资。当清楚了需要什么样的场地和建筑时，要做出以下选择：或建造新的建筑，或购买现成的建筑，或租用办公场地，或在家开业。

设备是指你的企业需要的所有机器、工具、车辆、办公家具等。对于制造商和一些服务行业，最大的需要往往是设备。一些企业需要在设备上大量投资，因此了解清楚需要什么设备，以及选择正确的设备类型就显得非常重要。即使是只需要少量设备的企业，也要慎重考虑你确实需要哪些设备，并把他们写入创业计划。

2. 流动资金

你的企业开张后要运转一段时间才能有销售收入。制造商在销售之前必须先把产品生产出来；服务企业在开始提供服务之前要买材料和用品；零售商和批发商在卖货之前必须先买货。所有企业在招揽顾客之前必须先花时间和费用进行促销。总之，你需要流动资金支付至少以下种类的开销：购买并

[①] 资料来源：王卫红，金伟林，何伏林.创业基础[M].杭州：杭州出版社，2017：205 – 206.

储存原材料和成品；促销；工资；租金；保险和许多其他费用。

　　有的企业需要足够的流动资金来支付 6 个月的全部费用，也有的企业只需要支付 3 个月的费用。总之你必须预测，在获得销售收入之前，你的企业能够支撑多久，也就是要计算出你的"盈亏平衡点"。一般而言，刚开始的时候销售总不如你想象得顺利，因此，你的流动资金要计划富裕些。你需要制订一个现金流量计划。他会帮助你更准确地预测你所需要的流动资金。等你做完这个计划之后，你可能还得回头再更改启动资金里的流动资金数额。

　　创业者往往容易忽略的流动资金是"工资"，包括雇用员工的工资，也包括创业者自己的工资，甚至包括人员流动造成的人力资源成本。

　　在企业起步阶段，还要支付一些其他费用，例如电费、文具用品费、交通费等，这些也是需要考虑的。一般来说，在销售收入能够收回成本之前，微小企业事先至少要准备 3 个月的流动资金。

　　随着创业环境的开放性、创业方向的多元性、创业活动的多样性，创业启动资金包括的内容也更加丰富，但是万变不离其宗，为了控制创业的资金风险，为了保障创业的持续发展，你必须制订一个创业启动阶段的现金流量计划、明确自己所需要的启动资金数目与用途。

二、创业融资的常见渠道

　　融资渠道是指企业筹集资本来源的方向与通道，体现资本的源泉和流量。融资渠道主要由社会资本的提供者及数量分布决定。了解融资渠道的种类、特点和适用性，有利于创业者充分利用和开拓融资渠道，实现各种融资渠道的合理组合，有效筹集所需资金。关于我国创业融资渠道分类的界定，还不是十分清晰，这里就大学生创业融资的常见渠道，做简要的介绍。

（一）私人资本融资

　　私人资本包括创业者个人积蓄、亲友资金、天使投资等。据世界银行所属的国际金融公司（IFC）对北京、成都、顺德和温州四个地区的私营企业的调查，我国私营中小企业在初始创业阶段几乎完全依靠自筹资金，其中，90% 以上的初始资金是由主要的业主、创业团队成员及家庭提供的，银行和其他金融机构贷款所占的比例很小，私人资本在创业融资中具有不可替代的作用。

　　1. 个人积蓄

　　尽管有些创业者没有动用过个人资金就办起了新企业，但这种情况非常少见。这不仅因为从资金成本或企业控制权的角度来说，个人资金成本最为低廉，而且还因为创业者在试图引入外部资金时，外部投资者一般都要求企业必须有创业者的个人资金投入其中。所以，个人积蓄是创业融资最根本的渠道，几乎所有的创业者都向他们新创办的企业投入了个人积蓄。

个人积蓄的投入对于创业企业来说具有非常重要的意义：首先，创业者个人积蓄的投入，表明了创业者对于项目前景的看法，只有当创业者对未来的项目充满信心时，他才会毫无保留地向企业中投入自己的积蓄；其次，将个人积蓄投入企业，是创业者日后继续向企业投入时间和精力的保证，投入企业的积蓄越多，创业者越会在日后的生产经营过程中对企业更加关注；再次，个人积蓄的投入是对债权人债权的保障，由于在企业破产清算时，债权人的权益优于投资者的权益，所以，企业能够融到的债务资金一般以投资者的投入为限，创业者投入企业的初始资金是对债权人债权的基本保障；最后，个人积蓄的投入有利于创业者分享投资成功的喜悦。因此，准备创业的人，应从自我做起，较早地将自己收入的一部分储蓄起来，作为创业储备资金。

创业者可以通过转让部分股权的方式从合伙人那里取得创业资金，创办合伙企业。或通过公开或私募股权的方式，从更多的投资者那里获得创业资金，成立公司制企业。将个人合伙人或个人股东纳入自己的创业团队，利用团队成员的个人积蓄是创业者最常用的筹资方式之一。

就中国的现状而言，家庭的资金支持在大学生创业中起到重要的支持作用。以家庭为中心，形成的亲缘、地缘、商缘等为经纬的社会网络关系，对包括创业融资在内的许多创业活动产生重要影响，因此，创业者及其团队成员的家庭储蓄一般归入个人积蓄的范畴。

对许多创业者来说，个人积蓄的投入虽然是新企业融资的一种途径，但并不是根本性的解决方案。一般来说，创业者的个人积蓄对于新创企业而言，总是十分有限的，特别是对于新创办的大规模企业或资本密集型的企业来说，几乎是杯水车薪。

2. 亲友资金

对于新创企业来说，除了个人积蓄之外，身边亲朋好友的资金是最常见的资金来源。亲朋好友由于与创业者个人的关系而愿意向创业企业投入资金，因此，亲友资金是创业者经常采用的融资方式之一。

在向亲友融资时，创业者必须要用现代市场经济的游戏规则、契约原则和法律形式来规范融资行为，保障各方利益，减少不必要的纠纷。第一，创业者一定要明确所融集资金的性质，据此确定彼此的权利和义务。若融集的资金属于亲友对企业的投资，则属于股权融资的范畴；若融集的资金属于亲友借给创业者或创业企业的，则属于债权融资。由于股权资本自身的特性，创业者对于亲友投入的资金可以不用承诺日后的分红比例和具体的分红时间；但对于从亲友处借入的款项，一定要明确约定借款的利率和具体的还款时间。第二，无论是借款还是投资款项，创业者最好能够通过书面的方式将事情确定下来，以避免将来可能的矛盾。

除此之外，创业者还要在向亲友融资之前，仔细考虑这一行为对亲友关系的影响，尤其是创业失败后的艰难困苦。要将日后可能产生的有利和不利方面告诉亲友，尤其是创业风险，以便将将来出现问题时对亲友的不利影响降到最低。

3. 天使投资

天使投资指个人出资协助具有专门技术或独特概念而缺少自有资金的创业家进行创业，并承担创业中的高风险和享受创业成功后的高收益；或者说是自由投资者或非正式风险投资机构对原创项目构思或小型初创企业进行的前期投资，是一种非组织化的创业投资形式。

天使投资一词源于纽约百老汇，特指富人出资资助一些具有社会意义演出的公益行为。对于那些充满理想的演员来说，这些赞助者就像天使一样从天而降，使他们的美好理想变为现实。后来，天使投资被引申为一种对高风险，高收益的新兴企业的早期投资。天使资本主要有三个来源：曾经的创业者，传统意义上的富翁，大型高科技公司或跨国公司的高级管理者。在部分经济发展良好的国家中，政府也扮演了天使投资人的角色。

在美国有25万个或以上的天使投资者，其中有10万人在积极投资。他们每年在总共2万~3万家公司投资50亿~100亿美元。在中国，随着经济的发展，一部分富人在希望自己越来越富有的同时也在寻求挑战，开始充当天使投资者。中国的天使投资者近年有了较快增长，以真格基金创始人徐小平先生为代表的天使投资者进行的投资活动，在社会上和创业者中产生了广泛的影响。

天使投资分为两类，一类是有行业背景的天使投资，另一类是没有行业背景的天使投资。这两类天使投资，从行为及预期，到和创业团队的合作都非常不一样。从资本的角度来说，这两类投资人都是非常好的来源。创业者早期仍需要资金，而来源非常有限，所以才寻求天使投资支持。否则，完全可以自己做得稍微成熟一些再寻求早期风险投资。倘若创业团队早期并非单纯缺乏资金，则寻找具有行业背景的天使投资会更加理性。

（二）机构融资

和私人资金相比，机构拥有的资金数量较大，挑选被投资对象的程序比较正规，获得机构融资一般会提升企业的社会地位，给人以企业很正规的印象。机构融资的途径有银行贷款、非银行金融机构贷款、中小企业间互助机构贷款、风险投资等。

1. 银行贷款

2006年，孟加拉国格莱珉银行的创立者穆罕默德·尤努斯因以银行贷款的方式帮助穷人创业而获得诺贝尔和平奖。中国也有很多银行推出了支持个人创业的贷款产品。如2003年8月，中国银行、光大银行、广东发展银行、中信银行等金融机构相继推出"个人创业贷款"项目，而中国农业银行早在2002年9月就推出了《个人生产经营贷款管理办法》并一直在运行中。比较适合创业者的银行贷款形式主要有抵押贷款和担保贷款两种。缺乏经营历史从而也缺乏信用积累的创业者，比较难以获得银行的信用贷款。

（1）抵押贷款。

抵押贷款指借款人以其所拥有的财产作抵押，作为获得银行贷款的担保。在抵押期间，借款人可以继续使用其用于抵押的财产。抵押贷款有以下几种：

- 不动产抵押贷款。不动产抵押贷款是指创业者可以土地、房屋等不动产作抵押，从银行获取贷款。

- 动产抵押贷款。动产抵押贷款是指创业者可以用机器设备、股票、债券、定期存单等银行承认的有价证券，以及金银珠宝首饰等动产作抵押，从银行获取贷款。

- 无形资产抵押贷款。无形资产抵押贷款是一种创新的抵押贷款形式，适用于拥有专利技术、专利产品的创业者，创业者可以用专利权、著作权等无形资产向银行作抵押或质押获取贷款。

（2）担保贷款。

担保贷款指借款方向银行提供符合法定条件的第三方保证人作为还款保证的借款方式。当借款方不能履约还款时，银行有权按照约定要求保证人履行或承担清偿贷款连带责任。其中较适合创业者的担保贷款形式有：

- 自然人担保贷款。自然人担保贷款是指经由自然人担保提供的贷款。可采取抵押、权利质押、抵押加保证三种方式。

● 专业担保公司担保贷款。目前各地有许多由政府或民间组织的专业担保公司，可以为包括初创企业在内的中小企业提供融资担保，像北京中关村担保公司、首创担保公司等，其他省、市也有很多此类性质的担保机构为中小企业提供融资担保服务，这些担保机构大多属于公共服务性非营利组织，创业者可以通过申请，由这些机构担保向银行借款。

（3）政府无偿贷款担保。

根据国家及地方政府的有关规定，很多地方政府都为当地的创业人员提供无偿贷款担保。如上海、青岛、南昌、合肥等地的应届大学毕业生创业可享受无偿贷款担保的优惠政策，自主创业的大学生，向银行申请开业贷款的担保额度最高可为100万元，并享受贷款贴息；江苏省镇江市润州区创业农民可通过区农民创业担保基金中心，获取最高5万元贷款，并由政府为其无偿担保；湖南省各级财政安排一定的再就业资金，用于下岗失业人员小额贷款担保基金及贴息等四个方面；浙江省对持《再就业优惠证》的人员和城镇复员转业退役军人，从事个体经营自筹资金不足的，由政府提供小额担保贷款。

（4）中小企业间互助机构贷款。

中小企业间的互助机构是指中小企业在向银行融通资金的过程中，根据合同约定，由依法设立的担保机构以保证的方式为债务人提供担保，在债务人不能依约履行债务时，由担保机构承担合同约定的偿还责任，从而保障银行债权实现的一种金融支持制度。信用担保可以为中小企业的创业和融资提供便利，分散金融机构的信贷风险，推进银企合作。

从20世纪20年代起，许多国家为支持中小企业发展，先后成立了为中小企业提供融资担保的信用机构。目前，全世界已有48%的国家和地区建立了中小企业信用担保体系。我国从1999年开始，已经形成了以中小企业信用担保为主体的担保业和多层次中小企业信用担保体系，各类担保机构资本金稳步增长。

（5）信用卡透支贷款。

创业者可以采用两种方式取得信用卡透支贷款。一种方式是信用卡取现，另一种方式是透支消费。

信用卡取现是银行为持卡人提供的小额现金贷款，在创业者急需资金时可以帮助其解决临时的融资困难。创业者可以持信用卡通过银行柜台或是自动柜员机（ATM）提取现金灵活使用。透支取现的额度根据信用卡情况设定，不同银行的取现标准不同，最低的是不超过信用额度的30%，最高的可以将信用额度的100%都取出来；另外，除取现手续费外（各银行取现手续费不一），境内外透支取现还须支付利息，不享受免息待遇。创业者还可以利用信用卡进行透支消费，购置企业亟须的财产物资。

实际上按目前的社会现状，大学生要取得较高的信用卡透支额度是不现实的。所以这种方法只是作为一个参考，一般用于应急周转。

2. 非银行金融机构贷款

非银行金融机构指以发行股票和债券、接受信用委托、提供保险等形式筹集资金，并将所筹资金运用于长期性投资的金融机构。根据法律规定，非银行金融机构，包括经银监会批准设立的信托公司、企业集团财务公司、金融租赁公司、汽车金融公司、货币经纪公司、境外非银行金融机构驻华代表处、农村和城市信用合作社、典当行、保险公司、小额贷款公司等机构。

（1）保单质押贷款。

保险公司为了提高竞争力，也为投保人提供保单质押贷款。保单质押贷款最高限额不超过保单保费积累的70%，贷款利率按同档次银行贷款利率计息。如中国人寿保险公司的"国寿千禧理财两全保险"，就具有保单质押贷款的功能：只要投保人缴付保险费满2年，且保险期已满2年，就可以凭保单以书面形式向保险公司申请质押贷款。

（2）实物质押典当贷款。

当前，有许多典当行推出了个人典当贷款业务。借款人只要将有较高价值的物品质押在典当行就能取得一定数额的贷款。典当费率尽管要高于银行同期贷款利率，但对于急于筹集资金的创业者来说，不失为一个比较方便的筹资渠道。典当行的质押放款额一般是质押品价值的50%～80%。

（3）小额贷款公司。

小额贷款公司由自然人、企业法人与其他社会组织投资设立，不吸收公众存款，经营小额贷款业务的有限责任公司或股份有限公司，发放贷款坚持"小额、分散"的原则。小额贷款公司发放贷款时手续简单，办理便捷，当天申请基本当天就可放款，可以快速地解决新创企业的资金需求。

3. 交易信贷和租赁

交易信贷指企业在正常的经营活动和商品交易中由于延期付款或预收货款所形成的企业间常见的信贷关系。企业在筹办期以及生产经营过程中，均可以通过商业信用的方式筹集部分资金。如企业在购置设备或原材料、商品过程中，可以通过延期付款的方式，在一定期间内免费使用供应商提供的部分资金；在销售商品或服务时采用预收账款的方式，免费使用客户的资金等。

创业者也可以通过融资租赁的方式筹集购置设备等长期性资产所急需的资金。融资租赁是指实质上转移与资产所有权有关的全部或绝大部分风险和报酬的租赁。资产的所有权最终可以转移，也可以不转移。融资租赁是集融资与融物、贸易与技术更新于一体的新型金融业务。由于其融资与融物相结合的特点，出现问题时租赁公司可以回收、处理租赁物，因而在办理融资时对企业资信和担保的要求不高，所以非常适合中小企业融资。此外，融资租赁属于表外融资，不体现在企业财务报表的负债项目中，不影响企业的资信状况，对需要多渠道融资的中小企业非常有利。初创企业在筹建期，通过融资租赁的方式取得急需设备的使用权，解决部分资金需求，获得相当于租赁资产全部价值的债务信用，一方面可以使企业按期开业，顺利开始生产经营活动，另一方面又可以解决创业初期资金紧张的局面，节约创业初期的资金支出，将用于购买设备的资金用于主营业务的经营，提高企业现金流量的创造能力。同时融资租赁分期付款的性质可以使企业保持较高的偿付能力，维持财务信誉。

4. 从其他企业融资

尽管在大多数情况下，企业是资金的需求而不是提供者，但是对于不同行业的企业，或者在企业发展的不同时期，部分企业还是会有暂时的闲置资金可以对外提供，尤其是一些从事公用事业业务的企业，或者已经发展到成熟期的企业，现金流一般会比较充足，甚至会有大量资金需要通过对外投资的方式实现较高收益。对于有闲置资金的企业，创业者既可以吸收其资金作为股权资本，还可以向这些企业借款，形成债权资本。

（三）风险投资

在我国，对于风险投资尚未形成统一的看法，比较普遍的观点是：风险投资是由专业机构提供的投资于极具增长潜力的创业企业并参与其管理的权益资本。中国的风险投资不仅投资高科技项目，也对传统领域，如教育、医疗保健这样的项目感兴趣。

前面提到的天使投资也是广义的风险投资的一种，但狭义的风险投资主要指机构投资者。如同天使投资者对项目的选择有所偏好，风险投资机构也是如此。创业者在寻求风险投资机构的融资时，要注意多加了解，以便沟通。一般来说，创业者寻求风险投资需要经过以下十个步骤，如图 5-6 所示。

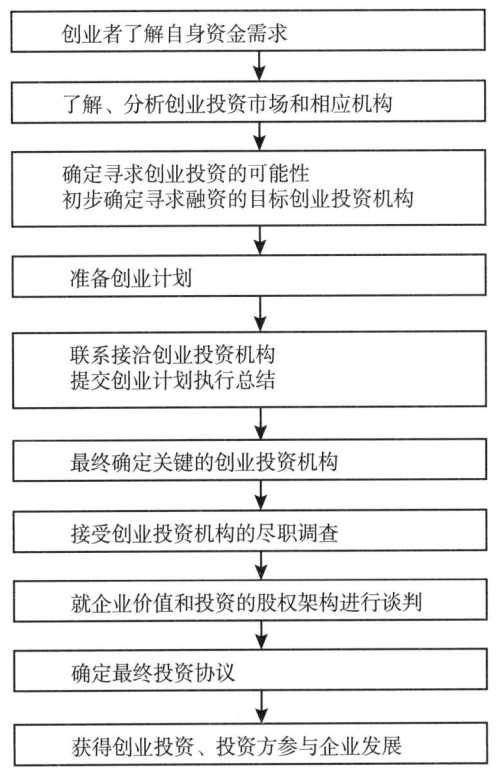

```
创业者了解自身资金需求
        ↓
了解、分析创业投资市场和相应机构
        ↓
确定寻求创业投资的可能性
初步确定寻求融资的目标创业投资机构
        ↓
准备创业计划
        ↓
联系接洽创业投资机构
提交创业计划执行总结
        ↓
最终确定关键的创业投资机构
        ↓
接受创业投资机构的尽职调查
        ↓
就企业价值和投资的股权架构进行谈判
        ↓
确定最终投资协议
        ↓
获得创业投资、投资方参与企业发展
```

图 5-6　创业者寻求创业投资的步骤

（四）政府扶持基金

创业者还可以利用政府扶持政策，从政府方面获得融资支持。政府的资金支持是中小企业资金来源的一个重要组成部分。综合世界各国的情况，政府的资金支持一般能占到中小企业外来资金的 10% 左右，资金支持方式主要包括：税收优惠、财政补贴、贷款援助、风险投资和开辟直接融资渠道等。

随着我国经济实力的增强，政府对创业的支持力度，无论从产业的覆盖面还是从政府对创业者的支持额度都有了很大进展，由政府提供的扶持基金也在逐步增加。如专门针对科技型企业的科技型中小企业技术创新基金，专门为中小企业"走出去"准备的中小企业国际市场开拓资金等，还有众多的地方性优惠政策等。创业者应善于利用相关政策的扶持，以达到事半功倍的效果。

1. 再就业小额担保贷款

再就业小额担保贷款：根据《中共中央国务院关于进一步做好下岗失业人员再就业工作的通知》文件精神，为帮助下岗失业人员自谋职业、自主创业和组织起来就业，对于诚实守信、有劳动能力和就业愿望的下岗失业人员，针对他们在创业过程中缺乏启动资金和信用担保，难以获得银行贷款的实际困难，由政府设立再担保基金。通过再就业担保机构承诺担保，可向银行申请专项再就业小额贷款。该政策从2003年初起陆续在全国推行，并不断扩大小额担保贷款的范围，目前再就业小额担保贷款的适用范围包括：年龄在指定范围内（一般为60岁以内，地方政策可能有所不同），有创业愿望和劳动能力，诚实守信，有《下岗证》或者《再就业优惠证》的国企、城镇企业下岗职工，退役军人，农民工，外出务工返乡创业人员，吸纳下岗失业人员达到地方规定的小企业、合伙经营实体或劳动密集型企业，大中（技）专毕业生，残疾人员，失地农民等符合条件的人员。

2. 科技型中小企业技术创新基金

科技型中小企业技术创新基金是于1999年经国务院批准设立的，为扶持、促进科技型中小企业技术创新，用于支持科技型中小企业技术创新项目的政府专项基金，由科技部科技型中小企业技术创新基金管理中心实施。创新基金重点支持产业化初期（种子期和初创期）、技术含量高、市场前景好、风险较大、商业性资金进入尚不具备条件、最需要由政府支持的科技型中小企业项目，并为其进入产业化扩张和商业性资本的介入起到铺垫和引导作用。根据中小企业和项目的不同特点，创新基金通过无偿拨款、贷款贴息和资本金投入等方式扶持和引导科技型中小企业的技术创新活动，促进科技成果的转化。

3. 中小企业国际市场开拓资金

中小企业国际市场开拓资金是由中央财政和地方财政共同安排的专门用于支持中小企业开拓国际市场的专项资金。市场开拓资金用于支持中小企业和为中小企业服务的企业、社会团体和事业单位组织中小企业开拓国际市场的活动。该资金的主要支持内容包括：举办或参加境外展览会；质量管理体系、环境管理体系、软件出口企业和各类产品的认证；国际市场宣传推介；开拓新兴市场；组织培训与研讨会；境外投（议）标等方面。市场开拓资金支持比例原则上不超过支持项目所需金额的50%，对西部地区的中小企业，以及符合条件的市场开拓活动，支持比例可提高到70%。

4. 天使基金

政府有关部门和社会各界有识之士还纷纷出资，设立了鼓励和帮助大学生自主创业、灵活就业的一些天使基金。如北京青年科技创业投资基金是由北京科技风险投资股份有限公司出资设立的，与共青团北京市委、北京市青年联合会和北京市工商局共同管理的一项基金。其特点之一是以个人为投资主体，孵化科技项目的快速成长，凡在电子信息产业、新材料、生物医药工程及生命科学领域拥有新技术成果，45岁以下的自然人均可申请创投基金，资金投资区域为北京地区。

5. 其他基金

科技部的"863计划""火炬计划"等，连同科技型中小企业技术创新基金一起，每年都有数十亿元资金用于科技型中小企业的研发、技术创新和成果转化；财政部设有利用高新技术更新改造项目贴息基金，国家重点新产品补助基金；国家发展和改革委员会设有产业技术进步资金资助计划、节能产品贴息项目计划；工业和信息化部设有电子信息产业发展基金等。

各省区市等为支持当地创业型经济的发展，也纷纷出台政策，支持创业。主要有人力资源和社会保障部设立的开业贷款担保政策、小企业担保基金专项贷款、中小企业贷款信用担保、开业贷款担保、大学生科技创业基金等。

创业者应结合自身情况，利用好相关政策，获得更多的政府基金支持，降低融资成本。

（五）知识产权融资

知识产权融资也是创业者值得关注的融资方式，在国内外已有诸多成功案例。知识产权融资可以采用知识产权作价入股、知识产权抵押贷款、知识产权信托、知识产权证券化等方式。

1. 知识产权作价入股

2014年3月1日实施的《公司法》第27条规定："股东可以用货币出资，也可以用实物、知识产权、土地使用权等可以用货币估价并可以依法转让的非货币财产作价出资。"允许知识产权入股，明确了知识产权作为生产要素的原则。新《公司法》还规定，不再限制股东（发起人）的货币出资比例，无形资产可以百分百出资。这说明股东可以专利、商标、软件著作权等无形资产进行百分之百的出资，有效地减轻股东货币出资的压力。

根据新公司法的规定，除了法律、行政法规规定不得作为出资的财产除外，股东可以用知识产权等可以用货币估价，并可以依法转让的非货币财产作价出资。对作为出资的非货币财产应当评估作价，核实财产，不得高估或者低估作价，必须经过专业的知识产权评估才可以作为出资依据。

2. 知识产权质押贷款

知识产权质押贷款是指以合法拥有的专利权、商标权、著作权中的财产权,经评估后向银行申请融资,是商业银行积极探索的中小企业融资途径。2006年全国首例知识产权质押融资贷款在北京诞生,2008年国家知识产权局确定了知识产权质押融资的试点城市;很多地方出台了质押贷款管理办法,如浙江省2009年1月20日出台"浙江省专利权质押贷款管理办法",为金融机构、企业操作知识产权质押提供了规范指引;2009年9月和11月,广州市知识产权局、武汉市知识产权局分别和有关银行签署了促进知识产权质押融资的合作协议;2010年财政部、工业和信息化部、中国银行业监督管理委员会、国家知识产权局、国家工商行政管理总局、国家版权局共同发布了《关于加强知识产权质押融资与评估管理,支持中小企业发展的意见》通知,进一步推进了知识产权质押融资工作的开展。

知识产权质押融资可以采用以下三种形式:质押——知识产权质押作为贷款的唯一担保形式;质押加保证——以知识产权质押作为主要担保形式,以第三方连带责任保证(担保公司)作为补充组合担保;质押加其他抵押担保——以知识产权作为主要担保形式,以房产、设备等固定资产抵押,或个人连带责任保证等其他担保方式作为补充担保的组合担保形式。

知识产权质押贷款仅限于借款人在生产经营过程中的正常资金需求,贷款期限一般为1年,最长不超过3年;贷款额度一般控制在1000万元以内,最高达5000万元;贷款利率采用风险定价机制,原则上在人行基准利率基础上按不低于10%的比例上浮;质押率为发明专利最高为40%,实用新型专利最高为30%;驰名商标最高为40%,普通商标最高为30%;质物要求投放市场1年以上;还款方式根据企业的现金流情况采取灵活多样的还款方式。

3. 知识产权信托

知识产权信托是以知识产权为标的的信托,知识产权权利人为了使自己所拥有的知识产权产业化、商品化,将知识产权转移给信托投资公司,由其代为经营管理,知识产权权利人获取收益的一种法律关系。依据知识产权的类型,结合我国目前已有的信托案例,当前的知识产权信托包括专利信托、商标信托、版权信托等方式。在美国、欧洲、日本等国家,知识产权信托已广泛应用于电影拍摄、动画片制作等短期需要大量资金的行业的资金筹措。流动资金少的文化产业公司,在投入制作时,可与银行、信托公司签订信托构思阶段新作品著作权的合同,银行或信托公司向投资方介绍新作品的构思、方案,并向投资方出售作品未来部分销售收益的"信托收益权",制作公司等则以筹集到的资金再投入新作品的创作。目前为止,知识产权信托在我国的发展状况并不理想，还需要在立法完善和政策支持上多加关注。

4. 知识产权证券化

知识产权资产证券化是发起人将能够产生可预见的稳定现金流的知识产权，通过一定的金融工具安排，对其中风险与收益要素进行分离与重组，进而转换成为在金融市场上可以出售的流通证券的过程。知识产权资产证券化的参与主体包括发起人（原始权益人）、特设载体（SPV）、投资者、受托管理人、服务机构、信用评级机构、信用增强机构、流动性提供机构。近几年，美国、日本等国家的知识产权资产证券化发展迅速。在美国，知识产权资产证券化的对象资产已经非常广泛，从电子游戏、音乐、电影、娱乐、演艺、主题公园等与文化产业关联的知识产权，到时装设计的品牌、最新医药产品的专利、半导体芯片，甚至专利诉讼的胜诉金，几乎所有的知识产权都已经成为证券化的对象。在日本，产业省早在2002年就声明要对信息技术和生物等领域企业拥有的专利权实行证券化，成功地对光学专利实行了资产证券化。2004年，国务院颁布《关于推进资本市场改革开放和稳定发展的若干意见》，强调指出应"建立以市场为主导的品种创新机制，研究开发与股票和债券相关的新品种及其衍生产品，加大风险较低的固定收益类证券产品的开发力度，为投资者提供储蓄替代型证券投资品种，积极探索并开发资产证券化品种。"该政策文件为知识产权资产证券化在我国的探索发展提供了政策支持。

【视野拓展】

雷军的投资智慧[①]

以下为雷军自述。

我在选择投资项目时，通常考虑四个必备条件：大方向很好，小方向被验证，团队出色，投资回报率高。

关于大方向，主要是看这个方向5～10年是否长期看好，每个投资人都有自己独到的见解，目前我最看好的方向是移动互联网和电子商务，当然，我也还愿意学习研究一些新的方向。关于投资回报率，早期风险投资成功项目回报的目标是10倍的收益，而天使投资比早期风险投资进入要早，风险更高，要求的回报会更高。

---

① 资料来源：李晓艳. 我为什么要投资你 [M]. 北京：中国商业出版社，2012.

所以，我投资的关键判断主要在于具体方向和团队。在我看来，团队和方向两者相辅相成，缺一不可。也就是说，如果创业者能力不足，再好的方向和机遇也很难把握；如果创业者能力非常出色，但做的方向不对，也难成大器。

第一就是团队。

投资就是投入，人是最关键的因素。在商业社会里，人最重要的基础素质是诚信，没有诚信的人，是不会有人投资的。具体来说，团队要具备以下几个条件：首先能洞察用户需求，对市场极其敏感；并且要志存高远且脚踏实地；而且团队里最好是两三个优势互补的人在一起；如果是互联网领域的项目一定要有技术过硬、并能带队伍的技术带头人；还需要具备低成本情况下的快速扩张能力；最后有创业成功经验的人会加分。

第二个是方向。

即在对的时间去做对的事情。首先要做最肥的市场，选择自己能做的最大的市场，只有大市场才能造就大企业，小池子养不了大鱼，方向有偏差的话，会浪费宝贵的创业资源；其次选择正确的时间点——市场基本成熟了，企业也已有雏形，引入天使投资后，业务会得到爆炸性增长；再次是要专注，要专注再专注，最好只做一件事情，这样能把事情做到极致；最后业务在小规模下被验证，有机会在某个垂直市场做到数一数二的位置。

方向比速度重要，很多人一创业就很急，好像出去抢钱去了。但是，我觉得要想清楚，有的时候一个大方向对了，你哪怕速度稍微慢一些，也会成功的。

这些条件并非完全必须，但具备这些条件的创业团队成功的把握会更大。尤其在目前的市场环境下，随着金融风暴席卷全球，风险投资人对于项目的审查标准也会变得更为严格，满足的条件越多越好。这些条件全部满足的创业项目，就是投资人眼里完美的项目，会很容易拿到投资。

三、创业融资的基本策略

企业在创业阶段风险较大，融资相对较难，如果不认真做好准备工作，成功的希望非常渺茫。在创业者缺乏相关经验的情况下，即使意外成功，交易结构和投资条款也对企业很不利，为今后的发展埋下隐患。所以，要成功实现创业企业融资必须预先做好融资准备工作，可以参照上文图5-6进行融资准备。下面介绍创业融资需要了解的基本策略。

(一) 深入进行融资总收益与总成本分析

创业者首先应该考虑的是：企业必须融资吗？融资后的投资收益如何？融资后的收益是否大于融资成本？创业者只有经过深入分析，确信利用筹集的资金所得到的总收益要大于融资的总成本时，才有必要考虑融资。融资成本既有资金的利息成本，还有可能是较为昂贵的融资费用和不确定的风险成本。企业融资成本是决定企业融资效率的决定性因素，对于创业企业选择哪种融资方式有着重要意义。

(二) 合理确定企业的融资规模与融资期限

创业者在进行融资决策之初，要根据各种条件，量力而行地确定企业合理的融资规模。此外，创业者必须做出最佳的融资期限选择，以利于企业的发展。因为融资期限过长，增加了融资成本与融资风险；融资期限过短，则限制企业的发展。创业者做融资期限决策，一般是在短期融资与长期融资两种方式之间权衡，做何种选择主要取决于融资的用途和创业者的风险性偏好。从资金用途上来看，如果融资是用于企业流动资产，则宜于选择各种短期融资方式；如果融资是用于长期投资或购置固定资产，则适宜选择各种长期融资方式。从风险性偏好角度来看，创业者对风险越偏好，就越倾向于用短期资金融通永久性资产；反之，则越倾向于用长期资金融通波动性资产。

(三) 尽量选择有利于提高企业竞争力的融资方式

企业融资通常会给企业带来以下直接影响：一是壮大了企业资本实力，增强了企业的支付能力和发展后劲，从而减少了企业的竞争对手；二是提高了企业信誉，扩大了企业产品的市场份额；三是增加了企业规模和获利能力，充分利用规模经济优势，从而提高企业在市场上的竞争力，加快了企业的发展。但是，企业竞争力的提高程度，根据企业融资方式、融资收益的不同而有很大差异。比如股票融资，通常初次发行普通股并上市流通，不仅会给企业带来巨大的资金融通，还会大大提高企业的知名度和商誉，使企业的竞争力获得极大提高。因此，进行融资决策时，企业宜选择最有利于提高竞争力的融资方式。

(四) 有效利用企业的金融成长周期

在中小企业创业初期，企业的信息基本上是封闭的，由于缺乏业务记录和财务审计，主要依靠内源融资和非正式的天使融资；当企业进入成长阶段，随着规模的扩大，可用于抵押的资产增加，信息透明度的逐步提高，业务记录和财务审计的不断规范，企业的内源融资难以满足全部资金需求，这时企业开始选择外源融资，开始较多地依赖于来自金融中介的债务融资；在进入稳定增长的成熟阶段后，企业的业务记录和财务趋于完备，逐渐具备进入资本市场发行有价证券的资产规模和信息条件。随着来自资本市场可持续融资渠道的打通，企业债务融资的比重下降，股权融资的比重上升，部分优秀的中小企业逐步发展成为大企业。金融成长周期理论的提出，有利于企业据此实行系统化和模式化的金融管理并简化融资决策程序，对于指导企业的融资实践发挥了重要作用。

（五）慎重挑选合适的投资者

确定实际可行的融资方式以及制订融资策略，必须明白要寻找什么类型的投资者。创业融资是一个双向选择的过程，投资者在选择创业者的同时，创业者也在积极地挑选合适的投资者。创业者一般应选择这样的投资者：的确考虑要投资，并有能力提供相应资金的；了解并对该行业投资有兴趣的；能够提供有益的商业建议，并且与业界、融资机构有接触的；有名望、道德修养高的；为人处世公平合理，并能与创业者和谐相处的；具有此类投资经验的。具有这些特质的投资者是稀缺的、有价值的、难以复制的、不可替代的人力资源，他们可以给企业持久的竞争优势。理想的投资者可以存在于以下任何一组投资群体之中：一是友好的投资者，如家人、朋友、未来的雇员和管理者、商业伙伴、潜在的客户或供应商；二是非正规的投资者，如富有的个人（医生、律师、商人）；三是风险投资产业的正规的或专业的投资者。

【视野拓展】

融资就像第 101 次求婚[①]

创业一年中，李南有大半年时间在和各种投资人接触，现在，他决定放弃。投资人觉得公司还是种子期，还是不成熟，这让他感觉有些悲凉。不过，他也更加清楚地认识了自己在别人眼中的价值和项目存在的瑕疵。融

---

① 资料来源：王卫红，金伟林，何伏林. 创业基础 [M]. 杭州：杭州出版社，2017：218-219.

资，就像101次求婚一样，可能要身经百战、反复磨砺才能促成。

融资是创业者的必修课，李南从名牌大学毕业后就开始了打工兼创业之旅，原本他从不屑于"忽悠投资人的钱"，但是，慢慢地他发现单打独斗的确不是一件容易的事情，而且能够得到融资也不再是他所认为的"忽悠"，而是一种生存技能。

毕竟是初出茅庐，李南的融资经验不足。第一次谈判，就被投资人批驳而彻底丧失信心：商业模式并非别具一格，目前运作的项目不稳定，未来计划不太现实……如果再加上一般电商的运作模式，投资人就直接给判了死刑，完全不容他再赘述发展目标。一直自信满满的李南，头一次觉得自己的项目竟然有这么多瑕疵，自己竟然有这么多缺点，这让他一度迷失了方向。

以前，李南总爱说自己做项目不是纯粹为赚钱，而盈利是投资人最关心的问题，李南的回答彻底触动了投资人的底线，有了这样的失败经历后，他开始改变自己的说法，并把自己的宏伟蓝图描述得非常动人。但这种缺乏数据支撑的虚化说辞似乎也不受欢迎，尤其面对资深金融背景及有丰富经验的投资人。

李南发现，投资人对创业者的信任超过一切，如创业者的学历、自身修养、谈吐和社交能力。有的投资人比较感性，见过创业者后，就能迅速判断"此人是否是做这件事的料子"，至于团队能力如何，很多投资人对此并不是太关注，甚至有的投资人都不会问团队的具体情况，这让李南很诧异。

最让李南无语的是，有的投资人告诉他，"你现在的模式国外刚兴起，而且已经开始有成功融资案例了"，当他在心里窃喜不已时，投资人却说，"不过，我们暂时还不打算投资这样的项目，因为国内环境与国外很不一样"。

有时，李南跟投资人相谈甚欢，对方非常认真地倾听、做笔记，时不时向他提出细节的问题，可是到最后他才发现，其实对方认真倾听主要是因为从没有接触过这个投资领域，不了解才做笔记。至于能否投资一个完全陌生的领域，那就更没谱了。

还有的投资人，给李南的项目每一项都打了满分，投资人最后让李南等决策，并承诺很快就有结果，但是，哪怕几十万元人民币的投资金额，从口头承诺到现金到账，足足要耗费6~9个月的时间，可李南的项目马上就要上线，根本没有时间等待，在他的催促下，对方答应提前，但是投资额度会压缩得非常有限，跟李南想象中的相去甚远，最后，李南没有办法，只好暂时放弃融资。

  李南总结，一个好的项目必须确实能解决一个关键问题，而且这个关键问题能够迅速积累用户或者挣到钱；同时要让投资人相信自己能做好，并且比别人做得更好。至于壁垒、商业模式都是后话。

第六章 创业风险控制

第一节 创业风险认知

一、风险的概念与构成

通俗地讲，风险是指一个事件产生我们所不希望的后果的可能性，以及某一特定危险情况发生的可能性和后果的组合。学术界对风险的内涵没有统一的定义，由于对风险的理解和认识程度不同，或对风险的研究的角度不同，不同的学者对风险概念有着不同的解释，但无论如何定义风险一词，其基本的核心含义是"未来结果的不确定性或损失"，以及"个人和群体在未来遇到伤害的可能性以及对这种可能性的判断与认知"。如果采取适当的措施使破坏或损失的概率不会出现，或者说智慧的认知，理性的判断，继而采取及时而有效的防范措施，那么不仅可以规避风险，可能还会带来比例不等的收益，有时风险越大，回报越高、机会越大。

构成风险的要素主要包括风险因素、风险事件和风险损失三个方面（如图6-1所示）。

风险因素 —引起→ 风险事件 —导致→ 风险损失

图6-1 风险的构成要素

(一) 风险因素

风险因素是指能够引起或增加风险事件发生的机会或影响损失的严重程度的因素，是事故发生的潜在条件，一般又称为风险条件。引发风险的因素是多方面的综合性的，但在风险因素作用过程中有主次之分：有时是人的因素为主，有时是物的因素为主；有时是社会因素为主，有时是自然因素为主。并且主要风险因素与次要风险因素的地位也是随着条件的变化而改变着的。

(二) 风险事件

风险事件是风险因素综合作用的结果，是产生风险损失的原因，也是风险损失产生的媒介物。换言之，风险事件是指风险的可能变成了现实，以致引起损失的后果。如火灾、水灾、地震、爆炸、碰撞等均是典型的风险事件。风险事件与风险因素是不同的，之所以要严格区分风险事件与风险因素，是因为两者在风险损失形成过程中的作用是不一样的，两者之间存在着先后的逻辑关系。

(三) 风险损失

风险损失是指非故意的、非预期的、非计划的利益的减少，这种减少可以用货币来衡量。一般而言，风险和损失构成一对因果关系，风险为因，损失为果。但是，风险并不是损失的同义词，风险是发生损失的可能性，而损失是实际上发生的财产物资的损耗或消耗。风险只有转化为现实，才能造成损失，但它本身并不是损失。风险损失有两种形态：一是直接损失，包括财产损失、收入损失、费用损失等；二是间接损失，包括商业信誉、企业形象、业务关系、社会利益等的损失，以及由直接损失而导致的第二次损失。如某一国际企业的海外子公司等被国有化或违规操作被关闭，除了财产上的损失（直接损失）之外，企业不能再在该国从事生产经营活动，从而引起该企业全球战略被破坏（间接损失）。

风险因素引起风险事件，风险事件导致风险损失。风险因素，风险事件，风险损失密切相关。他们三位一体构成了风险存在与否的基本条件。

二、创业风险的来源

创业路上充满风险，这是每一个创业者都一定要面对的问题，这是由创业的本质与创业活动的特点决定的。创业环境的不确定性，创业机会与创业企业的复杂性，创业者、创业团队与创业投资者的能力与实力的有限性，是创业风险的根本来源。由于创业的过程往往是将某一构想或技术转化为具体的产品或服务的过程，在这一过程中，存在着几个基本的、相互联系的缺口，他们是上述不确定性、复杂性和有限性的主要来源，也就是说，创业风险在给定的宏观条件下，往往就直接来源于这些缺口。

（一）融资缺口

融资缺口存在于学术支持和商业支持之间，是研究基金和投资基金之间存在的断层。其中，研究基金通常来自个人、政府机构或公司研究机构，他既支持概念的创建，还支持概念可行性的最初证实；投资基金则将概念转化为有市场的产品原型（这种产品原型有令人满意的性能，对其生产成本有足够的了解并且能够识别其是否有足够的市场）。创业者可以证明其构想的可行性，但往往没有足够的资金将其实现商品化，从而给创业带来一定的风险。通常，只有极少数基金愿意鼓励创业者跨越这个缺口，如富有的个人专门进行早期项目的风险投资，以及政府资助计划等。

（二）研究缺口

研究缺口主要存在于仅凭个人兴趣所做的研究判断和基于市场潜力的商业判断之间。当一个创业者最初证明一个特定的科学突破或技术突破可能成为商业产品基础时，他仅仅停留在自己满意的论证程度上。然而，这种程度的论证后来不可行了，在将预想的产品真正转化为商业化产品（大量生产的产品）的过程中，即具备有效的性能、低廉的成本和高质量的产品，在能从市场竞争中生存下来的过程中，需要大量复杂而且可能耗资巨大的研究工作（有时需要几年时间），从而形成创业风险。

（三）信息和信任缺口

信息和信任缺口存在于技术专家和管理者（投资者）之间。也就是说，在创业中，存在两种不同类型的人：一是技术专家；二是管理者（投资者）。这两种人接受不同的教育，对创业有不同的预期、信息来源和表达方式。技术专家知道哪些内容在科学上是有趣的，哪些内容在技术层上是可行的，哪些内容根本就是无法实现的。在失败类案例中，技术专家要承担的风险一般表现在学术上、声誉上受到影响，以及没有金钱上的回报。管理者

（投资者）通常比较了解将新产品引进市场的程序，但当涉及具体项目的技术部分时，他们不得不相信技术专家，可以说管理者（投资者）是在拿钱冒险。如果技术专家和管理者（投资者）不能充分信任对方，或者不能够进行有效的交流，那么这一缺口将会变得更深，带来更大的风险。

（四）资源缺口

资源与创业者之间的关系就如颜料和画笔与艺术家之间的关系。没有了颜料和画笔，艺术家即使有了构思也无从实现。创业也是如此。没有所需的资源，创业者将一筹莫展，创业也就无从谈起。在大多数情况下，创业者不一定也不可能拥有所需的全部资源，这就形成了资源缺口。如果创业者没有能力弥补相应的资源缺口，要么创业无法起步，要么在创业中受制于人。

（五）管理缺口

管理缺口是指创业者并不一定是出色的企业家，不一定具备出色的管理才能。进行创业活动主要有两种：一是创业者利用某一新技术进行创业，他可能是技术方面的专业人才，但却不一定具备专业的管理才能，从而形成管理缺口；二是创业者往往有某种"奇思妙想"，可能是新的商业点子，但在战略规划上不具备出色的才能，或不擅长管理具体的事务，从而形成管理缺口。

视频 6.1：
创业风险

三、创业风险的分类

根据不同的角度，创业风险有很多种分类。了解创业风险的分类，可以帮助我们了解创业风险可能发生的情况。不论是哪类风险，在创业机会识别阶段，创业者都应该尽可能地预测到相应的风险，进而理性把握相关风险。

（一）系统风险与非系统风险

系统风险即创业环境的不确定性带来的风险，诸如商品市场需求及竞争的不确定性、生产要素市场供给的不确定性、国家法律及政府政策规制的不确定性等带来的风险。系统风险是创业者自身难以掌控的，创业者只能加强监测和预警，进而努力规避之。

非系统风险即创业者自身行为的不确定性带来的风险，如创意可实施性的不确定性、创业团队能力的不确定性带来的风险等。非系统风险是创业者通过自身的努力，有可能防范、甚至可以化解的。

（二）创业过程中的风险

在创业过程中，可能出现的风险包括：机会的识别与评估风险、团队风险、确定并获取创业资源的风险、创业产品开发风险和创业企业管理风险等。

机会识别与评估风险是指创业者在项目选择过程中，由于创业者信息掌握不够全面，能力不足，问题解决不当等主客观因素，面临创业方向选择和决策失误的风险。

团队风险是在团队组建过程中，由于团队成员选择不当或者缺少合适的团队成员带来的风险。

确定并获取创业资源的风险是指由于存在资源缺口，无法获得所需要的资源，或者得到所需要的资源给创业活动带来较高的风险。

创业产品开发风险，在产品开发过程中存在技术转化不好、开发周期过长等风险。

创业企业管理风险是指由于管理方式、企业文化等因素，在建立企业组织、管理制度、营销方案等方面存在的风险。

（三）创业投资产生的风险

按风险对所投入资金即创业投资的影响程度，创业存在：安全性风险、收益性风险和流动性风险。

安全性风险，是指从创业投资的安全性角度来看，不仅预期实际收益有损失的可能，而且专业投资者与创业者自身投入的其他财产也可能蒙受损失，即投资方财产的安全存在危险。

收益性风险，是指创业投资的投资方的资本和其他财产不会蒙受损失，但预期实际收益有损失的可能性。

流动性风险，是指投资方的资本、其他财产以及预期实际收益不会蒙受损失，但资金有可能不能按期转移或支付，造成资金运营的停滞，使投资方蒙受损失的可能性。

（四）市场与技术的选择风险

按创业与市场和技术的关系划分，可分为改良型风险、杠杆型风险、跨越型风险和激进型风险。

改良型风险，是指利用现有的市场、现有的技术进行创业所存在的风险。这种创业风险最低，经济回报有限，即风险虽低，但要想生存和发展，获取较高的经济回报也比较困难，一方面会遭遇已有市场竞争者的排斥或进入壁垒的限制，另一方面即便进入，想要占有一定的市场份额非常困难。

杠杆型风险，是指利用新的市场、现有的技术进行创业存在的风险。该风险稍高，对一个全球性公司来说，这种风险往往是地理上的，常见于挖掘未开辟的市场，如彩电行业，利用原有技术进入农村市场。

跨越型风险，是指利用现有市场、新的技术进行创业存在的风险。该风险稍高，主要体现在创新技术的应用方面，往往反映了技术的替代，是一种较常见的情况，常见于企业的二次创业，领先者可获得一定的竞争优势，但模仿者很快就会跟上。

激进型风险，是指利用新的市场、新的技术进行创业存在的风险。该风险最大，如果市场很大，可能会带来巨大的机会，对于第一个行动者而言，其优势在于竞争风险较低，但是知识产权保护力度很弱，市场需求不确定，确定产品性能有很大的风险。

【视野拓展】

大学生创业的常见风险[1][2]

大学生创业者要认真分析自己创业过程中可能会遇到哪些风险，这些风险中哪些是可以控制的，哪些是不可控制的，哪些是需要极力避免的，哪些是致命的或不可管理的。一旦这些风险出现，你应该如何应对和化解。特别需要注意的是，一定要明白最大的风险是什么，最大的损失可能有多少，自己是否有能力承担并渡过难关。

根据对大学生创业者的观察，总结出大学生创业常见的创业风险。

1. 团队

现代企业越来越重视团队的力量。创业企业在诞生或成长过程中最主要的力量来源一般都是创业团队，一个优秀的创业团队能使创业企业迅速地发展起来。但与此同时，风险也就蕴含在其中，团队的力量越大，产生的风险也就越大。

一旦创业团队的核心成员在某些问题上产生分歧不能达到统一时，极有可能会对企业造成强烈的冲击。事实上，做好团队的协作并非易事。特别是

---

[1] 资料来源：李黄珍. 大学生创业的七大风险 [J]. 职业，2008（6）：20.
[2] 资料来源：爱平. 大学生创业需注意的五大风险 [J]. 劳动保障世界，2009（12）：17.

与股权、利益相关联时，很多初创时很好的伙伴都会闹得不欢而散。

意识上的风险是创业团队最内在的风险。这种风险来自无形，却有强大的毁灭力。风险性较大的意识有：投机的心态、侥幸心理、试试看的心态、过分依赖他人、回本的心理等。

一些研发、生产或经营性企业需要面向市场，大量的高素质专业人才或业务队伍是这类企业成长的重要基础。防止专业人才及业务骨干流失应当是创业者时刻注意的问题，在那些依靠某种技术或专利创业的企业中，拥有或掌握这一关键技术的业务骨干的流失是创业失败的最主要风险源。

很多大学生创业者眼高手低，当创业计划转变为实际操作时，才发现自己根本不具备解决问题的能力，这样的创业无异于纸上谈兵。一方面，大学生应去企业打工或实习，积累相关的管理和营销经验；另一方面，积极参加创业培训，积累创业知识，接受专业指导，提高创业成功率。

2. 项目

大学生创业时如果缺乏前期市场调研和论证，只是凭自己的兴趣和想象来决定投资方向，甚至仅凭一时心血来潮做决定，一定会碰得头破血流。大学生创业者在创业初期一定要做好市场调研，在了解市场的基础上创业。一般来说，大学生创业者资金实力较弱，选择启动资金不多、人手配备要求不高的项目，从小本经营做起比较适宜。

3. 资金

资金风险在创业初期会一直伴随在创业者的左右。是否有足够的资金创办企业是创业者遇到的第一个问题。企业创办起来后，就必须考虑是否有足够的资金支持企业的日常运作。对于初创企业来说，如果连续几个月入不敷出或者因为其他原因导致企业的现金流中断，都会给企业带来极大的威胁。相当多的企业会在创办初期因资金紧缺而严重影响业务的拓展，甚至错失商机而不得不关门大吉。

另外如果没有广阔的融资渠道，创业计划只能是一纸空谈。除了银行贷款、自筹资金、民间借贷等传统方式外，还可以充分利用风险投资、创业基金等融资渠道。

4. 人脉

企业创建、市场开拓、产品推介等工作都需要调动社会资源，大学生在这方面会感到非常吃力。平时应多参加各种社会实践活动，扩大自己人际交往的范围。创业前，可以先到相关行业领域工作一段时间，通过这个平台，为自己日后的创业积累人脉。

5. 管理

一些大学生创业者虽然技术出类拔萃,但理财、营销、沟通、管理方面的能力普遍不足。要想创业成功,大学生创业者必须技术、经营两手抓,可从合伙创业、家庭创业或从虚拟店铺开始,锻炼创业能力,也可以聘用职业经理人负责企业的日常运作。

创业失败者,基本上都是管理方面出了问题,其中包括:决策随意、信息不通、理念不清、患得患失、用人不当、忽视创新、急功近利、盲目跟风、意志薄弱等。特别是大学生知识单一、经验不足、资金实力和心理素质明显不足,更会增加在管理上的风险。

6. 竞争

寻找蓝海是创业的良好开端,但并非所有的新创企业都能找到蓝海。更何况,蓝海也只是暂时的,所以,竞争是必然的。如何面对竞争是每个企业都要随时考虑的事,而对新创企业更是如此。

如果创业者选择的行业是一个竞争非常激烈的领域,那么在创业之初极有可能受到同行的强烈排挤。一些大企业为了把小企业吞并或挤垮,常会采用低价销售的手段。对于大企业来说,由于规模效益或实力雄厚,短时间的降价并不会对他造成致命的伤害,而对初创企业则可能意味着彻底毁灭的危险。因此,考虑好如何应对来自同行的残酷竞争是创业企业生存的必要准备。

对于具有长远发展目标的创业者来说,他们的目标是不断地发展壮大企业,因此,企业是否具有自己的核心竞争力就是最主要的风险。一个依赖别人的产品或市场来打天下的企业是永远不会成长为优秀企业的。核心竞争力在创业之初可能不是最重要的问题,但要谋求长远的发展,就是最不可忽视的问题。没有核心竞争力的企业终究会被淘汰出局。

大学生创业过程中所遇到的阻碍并不限于上述情况,在企业发展过程中,随时都将可能有灭顶之灾的风险。保持积极的心态,多学习,多汲取优秀经验,结合大学生既有的特长优势,才能走好创业的旅程。

第二节 创业风险识别

创业风险是创业过程中不可避免的现象,我们必须直面风险并化解之,这是创业过程中的重要任务。

风险识别是应对一切风险的基础，只有识别了风险才可能有化解的机会。同时风险也是一种机会，应该开拓、提高他积极的作用。创业风险识别是创业者依据企业活动，对创业企业面临的现实以及潜在风险运用各种方法加以判断、归类并鉴定风险性质的过程。创业者都必须掌握风险识别的能力，并不断提高这种能力。

感知风险和识别风险是创业风险识别的基本内容。前者是通过调查了解，识别创业风险的存在；后者是通过归类、掌握创业风险产生的原因和条件以及鉴别创业风险的性质，为采取有效的风险处理措施提供基础。创业风险识别不仅要识别创业所面临的风险，更重要的也是最困难的是识别创业过程中各种潜在风险。创业风险识别是创业风险管理过程中最基本和最重要的程序，创业风险识别工作进行得是否全面、深刻，直接影响到整个创业风险管理工作的最终效果。

一、识别创业风险的基本原则

在识别创业风险的过程中，要注意以下原则：

（一）持续动态

由于风险具有可变性，因此创业风险识别工作应该连续地、系统地进行，成为一项持续性、制度化的工作。风险的识别是风险管理的前提和基础，识别的准确与否在很大程度上决定风险管理效果的好坏。为了保证最初分析的准确程度，就应该进行全面系统的调查分析，将风险进行综合归类，揭示其性质、类型及后果。如果没有科学系统的方法来识别和衡量，就不可能对风险有一个总体的综合认识，就难以确定哪种风险是可能发生的，也不可能较合理地选择控制和处置的方法。此外，由于风险随时存在于单位的生产经营（包括资金的借贷与经营）活动之中，所以，风险的识别和衡量也必须是一个连续不断的、制度化的过程。

（二）全面周详

为了对风险进行识别，应该全面系统地考察、了解各种风险事件存在和可能发生的概率以及损失的严重程度，风险因素及因风险的出现而导致的其他问题。损失发生的概率及其后果的严重程度，直接影响创业者对损失危害的衡量，最终决定风险政策措施的选择和管理效果的优劣。因此，必须全面了解各种风险的存在和发生及其将引起的损失后果的详细情况，以便及时而清楚地做出比较完备的决策准备。

（三）综合方法

风险是一个复杂的系统，其中包括不同类型、不同性质、不同损失程度的各种风险。由于复杂风险系统的存在，使得某一种独立的分析方法难以对全部风险奏效，因此必须综合使用多种分析方法。从风险损失的不同角度来看，至少要从三个方面来识别创业风险。

一是直接损失。识别直接财产损失的方法很多，例如，询问经验丰富的生产经营人员和资金借贷经营人员，查看财务报表等。

二是间接损失。是指企业受损之后，在修复前因无法进行生产而影响增值和获取利润所造成的经济损失，或是指资金借贷与经营者受损之后，在追加投资前因无法继续经营和借贷而影响金融资产增值和获取收益所带来的经济损失。间接损失有时候在量上要大于直接损失。间接损失可以用投入产出、分解分析等方法来识别。

三是责任损失。是因受害方对过失方的胜诉而产生的。只有既具备熟练的业务知识，又具备充分的法律知识，才能识别和衡量责任损失。另外，创业团队的核心人员的意外伤亡或伤残所造成的损失，一般是由特殊的检测方法来进行识别的。

另外，对风险进行识别的过程，同时就是对企业生产经营状况及其所处环境进行量化核算的具体过程。在条件允许或具备能力的情况下，风险的识别和衡量要以严格的数学理论作为分析工具，在普遍估计的基础上，进行统计和计算，以得出比较科学合理的分析结果。

（四）节约成本

风险识别的目的就在于为风险管理提供前提和决策依据，以保证创业者以最小的支出来获得最大的安全保障，减少风险损失，因此，在经费限制的条件下，创业者必须根据实际情况和自身的财务承受能力，来选择效果最佳、经费最省的识别方法。在风险识别和衡量的同时，应将该项活动所引起的成本列入财务报表，作综合的考察分析，以保证用较小的支出，来换取较大的收益。

二、识别创业风险的常用方法

一般而言,风险识别的方法包括:信息源调查法、数据对照法、资产损失分析法、环境扫描法、风险树分析法、情景分析法、风险清单法等。有能力的创业者也可以自行设计识别风险的方法,比如专家调查法、流程图分析法、财务报表分析法、态势分析法(SWOT)等。

这里简要介绍几种常见的风险识别方法:

(一)流程图分析法

流程图分析法是对流程的每一阶段、每一环节逐一进行调查分析,从中发现潜在风险,找出导致风险发生的因素,分析风险产生后可能造成的损失以及对整个组织可能造成的不利影响。流程图是指使用一些标准符号代表某些类型的动作,直观地描述一个工作过程的具体步骤。

流程图法将一项特定的生产或经营活动按步骤或阶段顺序以若干个模块形式组成一个流程图系列,在每个模块中都标示出各种潜在的风险因素或风险事件,从而给决策者一个清晰的总体印象。在企业风险识别过程中,运用流程图绘制企业的经营管理业务流程,可以将与企业各种活动有影响的关键点清晰地表现出来,结合企业中这些关键点的实际情况和相关历史资料,就能够明确企业的风险状况。这个方法在创业活动中同样适用。

(二)资产财务状况分析法

资产财务状况分析法即按照企业的资产负债表及损益表、财产目录等的财务资料,创业者经过实际的调查研究,对企业财务状况进行分析,发现其潜在风险。在创业的初期阶段,创业者常常需要对投资方案进行经济评价,以此分析资金风险,这里介绍几个常用的指标。

对投资方案的经济评价之静态评估,常用3个指标:

投资利润率(ROI) = 年利润或年均利润/投资总额 × 100%

投资回收率 = (年利润或年均利润 + 折旧)/投资总额 × 100%

简单投资回收期(不考虑资金的时间价值) = 投资总额/年平均盈利

对投资方案的经济评价之动态评估,常用2个指标:

现金净流量现值 = 累计财务净现值 = $\sum (CI - CO)t/(1 + IC)t$

式中:t 为计算年份数,(CI - CO)t 为第 t 年的净现金流量,IC 为折现率。

内部收益率：指投资项目的净现值为 0 时的报酬率。

内部收益率是一个宏观概念指标，最通俗地理解为项目投资收益能承受的货币贬值，通货膨胀的能力。比如内部收益率 10%，表示该项目操作过程中每年能承受货币最大贬值 10%，或通货膨胀 10%。

在实际操作中，如有需要，同学们可以自行学习相关知识，或找经济相关专业的教师帮忙，按照合适的指标，进行合理的评估，科学准确地识别创业风险。

（三）其他

分解分析法指将一复杂的事物分解为多个比较简单的事物，将大系统分解为具体的组成要素，从中分析可能存在的风险及潜在损失的威胁。

失误树分析方法（fault tree analysis，FTA，也称作故障树分析法、事故树分析法）是以图解表示的方法来调查损失发生前种种失误事件的情况，或对各种引起事故的原因进行分解分析，具体判断哪些失误最可能导致损失风险发生。失误树分析从一个可能的事故开始，自上而下、一层层的寻找顶事件的直接原因和间接原因事件，直到基本原因事件，并用逻辑图把这些事件之间的逻辑关系表达出来。

任何一种方法不可能揭示出目标项目面临的全部风险，更不可能揭示导致风险事件的所有因素，因此我们建议必须根据创业的一般过程，对可能涉及的所有问题进行考虑，尽可能多地罗列可能发生的风险。

风险识别是一个连续不断的过程，仅凭一两次分析不能解决问题，许多复杂的和潜在的风险要经过多次识别才能获得较为准确的答案。

【视野拓展】

评估你的创业风险承受力[①]

每个人对于风险的承受力是不一样的：有的人有足够的能力和资源去驾驭风险，那么风险因素对他来说影响并不是最重要的考量指标；而有的人可能自身无法承受创业失败带来的损失（包括物质和心理上），那么就应该分析一下现在选择创业时机是否正确，又或者是

---

① 资料来源：金伟林，王卫红，何伏林. 创业案例教程 [M]. 杭州：杭州出版社，2017.

自己根本不适合创业。

一般而言，风险承受度太高或太低均不利于新创业的发展。风险承受度太低的创业者，由于决策过于保守，相对拥有的创新机会也会比较少。但风险承受度太高的创业者，也会因为孤注一掷的举动，而常将企业陷入险境。一个能以理性分析面对风险的人，才是比较理想的创业者。

创业者风险承受力的评估，主要通过以下几个方面进行综合考虑。

1. 创业机会与个人目标的契合程度

创业过程中遭遇的困难与风险极大，因此有必要了解创业者的创业动机，有利于判断他愿意为创业活动付出的代价程度。一般认为，新创业机会与个人目标的契合程度越高，则创业者投入意愿与风险承受意愿自然也会越大，新创业目标最后获得实现的几率也相对较高。

2. 需要付出的机会成本

一个人一生的黄金岁月大约只有30年光景，期间可分为学习、发展与收获等不同阶段，而为了这项创业机会，你将需要放弃什么？可以由其中获得什么？得失的评价如何？参与创业，需要仔细思考创业所要付出的机会成本，经由机会成本的客观判断，可以得知新创业机会是否真的对于个人生涯发展具有吸引力。

3. 对于失败的底线

古人说，留得青山在，不怕没柴烧。创业必然需要面对可能失败的风险，但创业者也不宜将个人声誉与全部资源都压在一次的创业活动上。理性的创业者必须要自己设定承认失败的底线，以便保留下次可以东山再起的机会。失败的底线，可以有效地判断创业者的风险承受能力。

4. 个人的风险偏好

创业者个人的风险偏好不同。一般来说，喜欢冒险，具有风险意识的创业者要比安全保守的创业者风险承受能力强。

创业者的耐压性与负荷承受度，也是评量创业者风险承受力的一项重要指针。负荷承受度与创业者愿意为新创业投入工作量多寡，以及愿意忍受的辛苦程度密切相关。

对于风险的承受力其实更多的是对创业者心理素质的考量，因为创业者一旦选择创业，那么他面对的将不再是自己个人的事情：家庭、员工、社会责任、个人前途，每一个环节都需要认真仔细地考虑、衡量。

第三节 创业风险管理

所谓理性把握创业风险,即分析、判断创业风险的具体来源、发生概率、程度大小,对可能的风险因素进行评估;测算借机冒险创业的"风险收益",设计并选择综合风险较小、且自己有能力承受相关风险的行动方案,并提前准备相应的风险应对预案,这就是创业风险的管理。

一、创业风险的管理策略

管理创业风险,根据特定风险可能的发生频率与损失程度,一般有以下几种应对策略(如图 6-2 所示)。

视频 6.2:
创业风险规避

图 6-2 创业风险的管理策略

(一) 风险回避

风险回避是创业者有意识地放弃风险行为,避免特定的风险损失。简单的风险回避是一种最消极的风险处理办法,因为创业者在放弃风险行为的同时,往往也放弃了潜在的目标收益。所以一般只有在以下情况下才会采用这种方法:

(1) 创业者对该风险极端厌恶。

(2) 存在可实现同样目标的其他方案,其风险更低。

(3) 创业者无能力消除、转移、抑制或防范该风险。

(4) 创业者无能力承担该风险,或承担风险得不到足够的补偿。

（二）风险控制

风险控制不是放弃风险，而是有目的、有意识地通过计划、组织、控制和检察等活动来阻止或防范风险损失的发生，削弱损失发生的影响程度，以获取最大利益。风险控制主要包括风险抑制和风险防范，抑制侧重于"阻止"，防范侧重于"预防"。对于创业者来说，风险的防范是需要格外留意的风险管理策略。

（三）风险转移

风险转移是指通过契约，将让渡人的风险转移给受让人承担的行为。通过风险转移过程有时可大大降低创业者的损失程度。

风险转移的主要形式是合同和保险。合同转移，就是通过签订合同，将部分或全部风险转移给一个或多个其他参与者。保险转移，是使用最为广泛的风险转移方式。

（四）风险自留

风险自留即风险承担。也就是说，如果损失发生，创业者将以当时可利用的任何资金进行支付。风险保留包括无计划自留、有计划自我保险。

无计划自留指风险损失发生后从收入中支付，即不是在损失前做出资金安排。当创业者没有意识到风险并认为损失不会发生时，或将意识到的与风险有关的最大可能损失显著低估时，就会采用无计划保留方式承担风险。一般来说，无资金保留应当谨慎使用，因为如果实际总损失远远大于预计损失，将引起资金周转困难。

有计划自我保险指可能的损失发生前，通过做出各种资金安排以确保损失出现后能及时获得资金以补偿损失。有计划自我保险主要通过建立风险预留基金的方式来实现。

二、常见创业风险的防范

在创业的过程中，我们应该不断地问自己：还有可能存在哪些风险？如何防范？这里就常见的创业风险，给出了可以尝试的防范措施。注意：每一个特定的风险，都有其自身的特点，不能指望有万能的措施去防范，而要根据实际情况作出判断和应对。

（一）机会风险

创业者在创业之初，由于缺乏创业能力，缺乏实践经验，在选择创业项目过程中可能出现随意性。项目来源有朋友介绍的；有偶然碰到的；有靠灵感产生的；有看到别人正在做的；有听了一场报告知道的；有看到报纸上介绍的——偶然发现的项目，能够做起来往往也是偶然。

可以尝试的防范措施：把选择项目设定为创业必需的程序之一，学会在实践中去选择、检验创业项目，不能简单依靠创业者的主观评价。

（二）技术风险

技术创新能够带来丰厚的回报，但是技术转化到产品过程中也存在着巨大的风险，在具有一定技术含量的创业项目进行操作时，要注意防范技术风险。

可以尝试的防范措施：首先加强对技术创新方案的可行性论证，减少技术开发和技术选择的盲目性，技术要聚焦，不能过于分散；其次要通过组建技术联合体或建立创新联盟等方式来分散技术创新的风险；最后要不断激发技术开发人员工作的积极性和创造性，高度重视知识产权。

（三）管理风险

管理运作过程中因信息不对称、管理不善、判断失误等因素，会影响管理的水平。管理风险具体体现在构成管理体系的每个细节上，可以分为四个部分：管理者的素质、组织结构、企业文化、管理过程。

可以尝试的防范措施包括：

（1）管理者。首先要加强领导者自身的品德修养，从而增强企业凝聚力和激励力，同时着力弥补其他方面如资源劣势等方面的不足，提升管理的效率和效果；其次要扩展知识，对技术创新涉及的知识方法等有一定程度的理解，增强与技术创新人员的沟通，从而对创新活动的组织更为科学；最后还要全面提升管理层人员的素质和能力，在管理人员中尤其要注重协作沟通能力的提高，刻意培养管理创新意识和创新能力。

（2）组织结构。中小企业应在组织效率和灵活性上充分发挥自身先天优势；积极利用多种渠道与社会组织加强内外信息沟通和交流；注重知识经验的有效识别和积累，加强企业知识管理，建立知识储备库；扩大企业开放程度，利用各种社会力量，与高校、科研院所建立密切关系，增强组织对创新方向的把握。

（3）企业文化。要致力于良好的企业文化的培养，除了凝聚力、向心力的形成和培养，尤其应该塑造创新精神和团队精神，真正把创新作为企业生存和发展的根本所在，树立朝气蓬勃、齐心向上的企业精神，为一切创新活动创造良好的环境。

（4）管理过程。应该遵循对技术创新管理的科学性，减少管理人员的随意性。首先，要设立正确的创新目标，最大限度地利用现有条件制定科学合理的计划，其中包括对风险的预测及建立相应的防范规避机制；其次，组织的过程管理要以计划为依据，充分挖掘企业各种资源，使现有资源的效用发挥到最大，注意组织结构的适时调整，领导过程要以现有目标为前提，加强对参与创新人员的适当激励，保持创新团队的士气；最后，控制环节除了一般的信息准确及时、控制关键环节、注意例外处理等方面，应突出关注控制的经济效益，要关注采取行动的效率和效果。

（四）财务风险

财务风险是指公司财务结构不合理、融资不当使公司可能丧失偿债能力而导致投资者预期收益下降的风险。财务风险是企业在财务管理过程中必须面对的一个现实问题，财务风险是客观存在的，企业管理者对财务风险只有采取有效措施来降低风险，而不可能完全消除风险。

可以尝试的防范措施包括：

（1）建立财务预警分析指标体系，防范财务风险产生财务危机的根本原因是财务风险处理不当，因此，防范财务风险，建立和完善财务预警系统尤其必要。

（2）建立短期财务预警系统，编制现金流量预算。由于企业理财的对象是现金及其流动，就短期而言，企业能否维持下去，并不完全取决于是否盈利，而取决于是否有足够现金用于各种支出。

（3）确立财务分析指标体系，建立长期财务预警系统。对企业而言，在建立短期财务预警系统的同时，还要建立长期财务预警系统。其中获利能力、偿债能力、经济效率、发展潜力指标最具有代表性。反映资产获利能力的有总资产报酬率、成本费用利润率等指标；反映偿债能力的有流动比率和资产负债率等指标；经济效率高低直接体现企业经营管理水平，反映资产运营指标有应收账款周转率以及产销平衡率；反映企业发展潜力的有销售增长率和资本保值增值率。

（4）树立风险意识，健全内控程序，降低有负债的潜在风险。如订立担保合同前应严格审查被担保企业的资信状况；订立担保合同时适当运用反担保和保证责任的免责条款；订立合同后应跟踪审查被担保企业的偿债能力，减少直接风险损失。

【视野拓展】

瑞幸咖啡2021：重塑自我，进入新的良性循环发展[①][②]

多个迹象表明，曾深陷泥沼的瑞幸咖啡正在进入新的良性循环发展中。从动荡、纷乱到重回良性循环发展轨道，瑞幸咖啡是怎么做到的？

1. 瑞幸咖啡2020：动荡、纷乱和坚韧

2017年10月，瑞幸的第一家内测店在北京试营业。此后就开启了根本停不下来的扩张之路，从2017年10月到2018年12月，短短一年零2个月时间，瑞幸咖啡不仅完成总投资额4亿美元的两轮融资，还在全国22个城市扩展了2073家门店，估值更达22亿美元。2019年5月17日，瑞幸咖啡登陆纳斯达克，融资6.95亿美元，刷新了互联网公司最快首次公开募股（IPO）纪录。

但是，过快的发展速度也为瑞幸咖啡埋下了隐患。2020年1月31日，美国浑水机构突然了发布一份长达89页的做空报告，直指瑞幸咖啡数据造假。随后，中美各方监管机构紧急介入。4月2日，瑞幸咖啡主动承认"造假事件"，指出当时的首席运营官（COO）及部分员工伪造业绩22亿元人民币，公告一出，股价应声暴跌80%。

"数据造假"事件对瑞幸咖啡的商誉带来了极大的伤害，更让瑞幸咖啡陷入了动荡之中。2020年6月27日，瑞幸咖啡发布声明称，公司将于6月29日在纳斯达克停牌，并进行退市备案。6月29日，瑞幸咖啡正式停牌，并进行退市备案。

从上市到退市，仅一年多的时间，资本市场对瑞幸咖啡的信心也跌入谷底。

2020年7月5日，瑞幸咖啡召开股东特别大会。会议投票通过了罢免

---

① 资料来源：何玺. 瑞幸咖啡2021：重塑自我，进入新的良性循环发展［EB/OL］. https：//baijiahao. baidu. com/s？id=1698097937601740803.

② 资料来源：尹太白. 曾因财务造假"声名狼藉"的瑞幸咖啡，到底是怎么活过来的［EB/OL］. https：//mp. weixin. qq. com/s/yEhVwVI84XaXFmKbQZjpzA.

董事长及多位董事的议案。7月14日，瑞幸咖啡宣布了董事会重组结果：除7月5日股东大会通过的决议以外，还任命了新一任董事长。

临危受命的新负责人稳住了瑞幸咖啡动荡、纷乱的局面。复杂环境下，瑞幸咖啡全国4000多家门店依然保持运作，3万多名员工始终正常上班。不仅如此，瑞幸还推出了社群营销，其小程序直播在线观看人数峰值逾10万。瑞幸自2020年7月以来，月消费频次提升了30%，周复购人数提升了28%，月活跃用户数量（MAU）提升了10%左右。领券下单每天超过3.5万杯，社群提醒下单超过10万杯。据公开数据显示，从2020年4月到2020年11月，瑞幸咖啡的净收入和自营商店的收入依然保持双位数增长。前三季度单季收入分别为5.65亿元、9.8亿元和11.45亿元，同比增长18.1%、49.9%和35.8%。

可以说，瑞幸咖啡不但度过了动荡、纷乱的2020年，还展现出了强大的韧性和自我修复力。

2. 逆境"破局"的瑞幸咖啡

瑞幸咖啡2020年前三季度双位数的营收增长数据至少可以说明三个情况：（1）瑞幸咖啡的经营基本面良好，瑞幸咖啡和用户之间的连接仍然顺畅，用户对瑞幸咖啡的信任依旧；（2）瑞幸咖啡的经营组织受到动荡、纷乱影响较小；（3）瑞幸咖啡的新管理层很给力。

在新冠肺炎疫情肆虐的2020年，众多在运营上没有纰漏的公司都是过得十分艰难的，他们中有的被迫关掉企业，有的呈现负增长，有的只能勉强维持。在突发的新冠肺炎疫情加公司动荡、纷乱这种九死一生的局面下，瑞幸咖啡不仅没有被打倒，在维持住业务基本面的同时还获得了营收的逆势双位数增长，这不得不说是商业上的一大逆转！

瑞幸咖啡是怎么突破这个"死局"的？或者说，瑞幸新管理层是怎么为瑞幸"解局"的？在梳理了更换领导层之后的动作发现，在为瑞幸咖啡"解局"这件事上，管理团队做了大量的工作。

以瑞幸咖啡的企业文化、价值观改变为例，换帅后的瑞幸以务实的态度，将实事求是作为企业的核心价值观之一，并不断地进行强化。瑞幸咖啡不再以疯狂的烧钱补贴来获客，也不再盲目扩张野蛮生长，开始加快新品推出，引领饮品潮流。瑞幸的脚步放慢了，但走得更稳了。运营思维上，瑞幸咖啡的互联网思维也随着市场风口变化而转型，营销模式从此前的裂变营销拉新转为社群精细化运营留存，将用户拉入私域流量池里面，通过社群运营和精准优惠补贴的方式不断激活存量用户，提升用户复购率和活跃度，这样做不仅营销成本更低、效率更高,而且对用户品牌忠诚度的培养有极大帮助。所以,在2020年下半年,我们看到似乎很矛盾的情形,瑞幸的咖啡单品价格有小幅提升,但销量却有增无减,用户反馈良好,这都得益于产品的品质提升和对用户的精准营销。

企业架构方面,新管理层在2021年对公司整个运营管理层架构进行了重整。新的组织架构撤销了大区层管理架构,由一位高级副总裁负责运营线,负责联营中心、拓展中心、营建中心、运营中心、质量管理部及20个分公司的全面管理;首席增长官(CGO)负责增长线,分管营销中心、增长中心、电商中心和公关部;另一位高级副总裁负责产品线,分管产品中心、供应链中心等。

瑞幸新组织架构更加聚焦产品、门店和用户,也更具战斗力。正是因为瑞幸咖啡对企业文化、价值观的重塑和对组织流程的重整,才使得瑞幸咖啡在2020年的大动荡和纷乱中始终保持凝聚力和战斗力,最终完成了在复杂环境下逆势增长的商业逆转。

虽然瑞幸咖啡的形势在逐渐好转,但还面临着一些来自外部的挑战。

来自川财证券的调研数据显示,中国咖啡行业市场规模较大,约有1000亿元,咖啡渗透率更是达到了67%。2020年,中国咖啡消费为19.5万吨,人均咖啡消费量约为9杯/年,远低于美国、韩国、日本等人均咖啡消费量,而这意味着中国咖啡消费仍处于初期阶段。另据德勤发布的《中国现磨咖啡行业白皮书》预测,到2023年,中国人均咖啡消费量为10.8杯/年,市场规模将达到1806亿元。在这个容量巨大的市场下,据不完全统计,仅2020年一年,咖啡市场便发生约50起融资事件,截至2021年第三季度末,融资事件已达30余起,融资金额超过了2020年全年。

中信建投证券在研报中指出,腾讯、美团龙珠、字节跳动、哔哩哔哩等相继入局咖啡赛道,部分咖啡品牌的单轮融资金额过亿元。咖啡市场频繁获得融资的另一面,是逐渐激烈的竞争环境。

内忧尚未彻底解除、外患日趋严峻之下,瑞幸咖啡的日子并不好过。有观点认为,当下瑞幸咖啡最需要的是如何把未来的路走好、走稳。至于挑战者会不会全面赶超瑞幸咖啡,这个问题恐怕也只能由瑞幸咖啡亲自解答。

第七章 商业模式设计

第一节 商业模式认知

一、商业模式的概念

与商业模式类似的提法有很多，如盈利模式、客户生成模式、收入模式、竞争优势、战略优势、价值主张……这些词常常与商业模式混用，我们应该了解：这些词都不能代表商业模式，商业模式没有同义词。那么到底什么是商业模式呢？事实上，商业模式作为一个特定的词汇，出现的时间并不长，却得到越来越多的重视。

2021年5月13日，阿里巴巴集团公布其2021财年中国零售市场交易额（GMV）已达到7.5万亿元人民币。其实早在2016年，根据阿里巴巴集团中国零售交易市场的交易总额，阿里巴巴集团就已经正式成为全球最大的零售体。当时的阿里巴巴超越54年的零售业巨头沃尔玛，只用了13年的时间[1][2]。这样的例子并不罕见，国外的脸书（Facebook）在2004年上线，发展十分迅速，时至今日已然成为全球社交网络的垄断者。随着越来越多的企业迅速取得巨大的成功，人们开始提出疑问：这种情况是怎么发生的呢？唯一合理的答案就是企业拥有越来越好的商业模式。随着经济收益越来越像买彩票中大奖（尤其是在互联网领域），商业模式的概念受到了空前的关注，围

视频7.1：
商业模式

---

[1] 腾讯网. 阿里巴巴第四财季营收同比增64% 全球年度活跃消费者破10亿［EB/OL］. ［2021–05–13］. https：//new.qq.com/omn/20210513/20210513A0CT9600.html.

[2] 阿里巴巴官网. 阿里巴巴集团公布2021年3月份季度及2021财年业绩［EB/OL］. ［2021–05–13］. https：//www.alibabagroup.com/cn/news/article? news = p210513.

绕商业模式的研究也越来越丰富，这使得其背后涉及的理念向复杂化发展。

在《商业模式新生代》[①]一书中，作者给出的定义是：一个商业模式描述的是一个组织创造、传递以及获得价值的基本原理。从这个定义出发，我们可以从以下几个角度去理解商业模式：

最简单的商业模式是一种盈利模式，它是一种吸引客户、为他们服务并从中赚钱的方法。

从最基础的层次来说，你的商业模式就是能够让你赚钱的准则。你可以将其视为自己所做的所有工作的结合，也就是你的秘方，以此为你的客户提供价值，自己获取利润。你的工作组合差异性和专有性越强，就越能获得更多收益。

商业模式属于企业的基本架构，企业提供什么服务，生产什么产品，或者销售什么以赚取收益都囊括在这个框架之中。所以每个企业都有自己的商业模式，无论创业者或企业家是否注意到。

商业模式属于整体商业战略的一部分，所以两者经常被混淆。商业战略存在不同层级，我们需要特定的战略，去实施商业模式的各个部分。换句话说，商业模式关注的是价值创造，也会涉及为客户提供价值时你需要完成的工作；商业战略关注的则是为什么以及如何创造并提升价值。

总的来说，商业模式关注的重点在于创造盈利性收入并保证收入的流动。绝大多数运营、财务及人力资源的问题，都属于创造盈利性收入的附带问题，所以这些问题不在商业模式的范畴之内。

相同的产业，商业模式可能完全不同。淘宝和京东都做线上零售业务，但是这两家企业却有着截然不同的商业模式。由于商业模式各不相同，两家企业的运营原则、企业文化以及盈利模式都大不相同。

商业模式是你在竞争中能够赚取利润的核心要素。很多能让你的产业具有差异性的要素直接来自你的商业模式。如苹果和诺基亚都生产手机，但其商业模式大相径庭，最终诺基亚黯然离场，苹果至今在行业中领先。

商业模式和商业计划不是一回事，商业模式是企业运营的核心理念，在此之上，你才能制订自己的商业计划。因此，商业模式应当在你的商业计划中占据大量篇幅。有很多商业计划忽略了商业模式，把大量篇幅留给了与商业计划相关的财务预测与运营细节上。当缺少一个扎实的商业模式时，提出这些预测和细节都是过于草率的行为。相比过去仅仅依靠商业计划，你可以

[①] 奥斯特瓦德，皮尼厄. 商业模式新生代［M］. 王帅，毛心宇，严威，译. 北京：机械工业出版社，2011.

利用在商业模式基础上制订的计划，更准确地预测自己的企业能够取得成功。

商业模式也不能等同于竞争优势。竞争优势只是商业模式的一部分，而非全部。商业模式的内涵比竞争优势更广。比如，你可以拥有巨大的竞争优势，但商业模式依然非常脆弱。假如星巴克决定通过单杯咖啡售价降低的方式提高咖啡销售量，他的竞争优势可能得到些微提升，但是，低价策略可能导致星巴克的商业模式出现巨大变化，甚至会恶化。

商业模式绝不仅仅是一种理念，好的商业模式能够创造性地为客户解决问题，带来比预想更高的利润。

【视野拓展】

只要4人，卖睡衣能年赚7000万元，你要不要来？[①]

"支付快递费23元可以拿到一件价值188元的女士睡衣，支持货到付款，支持退货，消费者是零风险。"同一时段在157家网站都打这个广告，有80%的人都会订上一件。

这家公司既不是中国500强，也不是世界500强，这时候，很多人即使只为了满足一下好奇心，都会订一件。于是，你就会留下名字、电话、手机、地址，13天后，快递真的送到你家了，你打开信封一看，这个睡衣质量真不错，在市场上可能超过188元或者288元，很多人看不明白，这家公司是干什么的？是做慈善？还是赔钱赚吆喝？

商业价值计算：1000万件睡衣免费送，首先我们需要解决货源问题。做生意的人都知道，中国义乌小商品批发市场世界闻名，在那有很多小型的服装加工厂，所以制作起来，成本可以很低。制作1000万件，就可以实现成本由10元降到8元。

为什么8元成本的睡衣在商场里面可以卖到188元？因为商场及其中间所有的渠道都要赚得利润。梦露睡衣生产成本只有8元，但是到消费者手中没有任何商场环节，所以8元的睡衣拿到商场里卖188元。平时快递一样最小的东西，至少需要10元，但是，如果一年有1000万件快递要在快递公司运送，肯定可以便宜，所以最后5元敲定，因为夏天的女式睡衣很轻，又很小，一个信封就可以装下。下面就剩下广告了，本来网上做这种免费送东西的广告是不需要花钱的，因为网站要的是浏览量，为了让睡衣送的更疯狂，

[①] 资料来源：黄雪萍. "免费送"网络营销模式好景不再 [N]. 新快报，2014-07-28.

只要在你家的网站上送出去一件,就给网站 3 元的提成,于是,所有的网站都帮着打广告。

23 元减去 8 元减去 5 元减去 3 元还剩下多少? 7 元,那么就是说,实际上送一件睡衣只付出了 16 元的成本,但是,消费者却付了 23 元的快递费。就是说,只要送一件睡衣就赚了 7 元,中国有 14 亿人口,一年免费送 1000 万件是可行的。最后,他们送睡衣一年就赚了 7000 万元。

这家公司从总裁、设计总监、销售总监到会计,全公司加在一起 4 个人。

看过这个商业模式设计,有没有感觉很神奇?想一起来创业一下吗?

这则内容来自网络,而实际上,如果你上网仔细挖掘,会发现难以真正找到这家公司和这 4 位创业者,有记者也发现,这则帖子早在几年前已经以各种面目出现在网络中,时不时还会重出江湖一下引起热议。不过这其中的逻辑似乎又行得通,那对比真实的网上免费或低价营销,这个模式是怎样的呢?

在网上购物时,我们经常能发现有所谓 9.9 元包邮的商品,很多商品的利润空间其实比我们想象中的要大,有营销团队也做过护手霜、手机壳这样的小件商品包邮送的活动。比如护手霜,包装加原料成本整合起来可能只要 1 元多。快递费如果单量能达到数百,确实就能实现 5 元甚至更低快递费。在电商网站上搜索,10 元以下的睡衣产品也并不少见,如果数量够大,还能有议价权。另一个是网络推广成本,每单 2~3 元也是可以实现的。

真正不容易解决的是要让足够多的人知道,并且能转化成销售。在网络销售中,打开商品页面的人,转化为实际购买的人群的比例能做到 10% 已非常不易。睡衣例子中 1000 万的下单量意味着至少 1 亿的流量,这是个惊人的数字,即便是淘宝也不能短时间达到这么高的浏览量。再来看目标人群,按照 40% 的城镇化率来算,2.5 亿的女性人口中不计老人和孩子,大概只有 1.25 亿人,这部分人中接受网购,又穿睡衣且接受这个价格档次的人,恐怕根本达不到这个数量。如果产品没有品牌支撑,又没有足够多的款式、颜色选择,其吸引力会更弱。

除了订单数量难以达到以外,按照 30% 意向买家会咨询后才下单的比例大致估算,四个人的团队也根本无法应对线上销售的咨询需求,还有和制衣工厂账务、发货以及和快递业务的对接核对工作,另外还有 5% 以上的退换货比例的接待与服务,根本没有足够的人力来支持,这些工作的缺失最终反过来就会阻碍销售的完成。再有就是,关于定价,网上 9.9 元包邮、19.9 元包邮很常见,超过 20 元的包邮销售或赠送,买家就会警惕,很容易就会被认定为是赚运费。

随着线上模式不断推陈出新,实行免费送的商家越来越多的已经是意不在商品的盈利。据一项调查显示,提高店铺曝光率、品牌推广、获取新客户才是他们进行"免费赠送"活动最主要的原因。眼球经济时代,使用分享已经是一种稀缺资源。

现在,你会怎么看卖睡衣这个项目?

二、商业模式的构成

商业模式具有很强的可塑性,使得创业者能够调整自己的模式,去满足商业需求。无论商业模式如何变化,有些基本的要素是共同存在的。也正是这些构成要素让商业模式从其他商业工具,如商业计划、战略计划、运营模式中脱颖而出。

关于商业模式的构成,有很多说法。蒂默尔斯(Timmers,1998)认为,商业模式是由产品/服务、信息流结构、参与主体利益、收入来源四者及其联系构成的。韦尔(Weill,2001)认为,商业模式是由战略目标、价值主张、收入来源、成功因素、渠道、核心能力、目标顾客、IT技术设施八者及其联系构成的。奥斯特瓦尔德(Osterwalder,2005)认为商业模式是由价值主张、目标顾客、分销渠道、顾客关系、价值结构、核心能力、伙伴网络、成本结构、收入模式九者及其联系构成的。

这里介绍一种相对简单直观的构成。著名商学教授与作家加里·哈默尔(Gary Hamel)认为,商业模式由四个要素构成:核心战略、战略资源、伙伴网络和顾客界面。这个构成也非常利于我们进行商业模式设计的思考(如图7-1所示)。

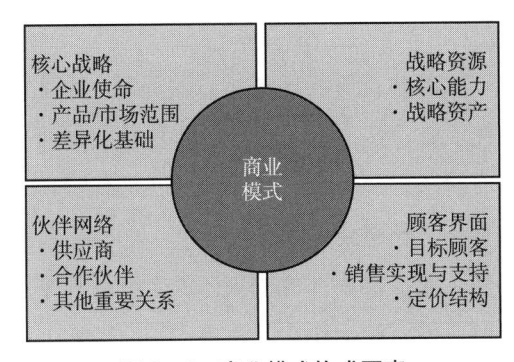

图7-1 商业模式构成要素

（一）核心战略

核心战略从企业的使命、产品/市场范围、差异化基础等方面描述了企业的基本定位以及企业如何与竞争对手进行竞争。

企业的使命，即使命陈述，描述了企业为什么存在及其商业模式与其实现的目标。在不同程度上，使命表达了企业优先考虑的事项，并设置了衡量企业绩效的标准。

企业的产品/市场范围定义了企业集中关注的产品和市场。产品的选择以及企业从事经营活动的市场都对企业商业模式的选择有重要影响。

差异化战略意味着商业模式应集中于开发独特的产品和服务，索要更高的价格。

（二）战略资源

如果缺乏资源，企业难以实施其战略，所以企业拥有的资源会影响其商业模式的持续性。两种重要的战略资源是企业的核心能力和战略资产。

企业的核心能力是企业胜过竞争对手的竞争优势的来源。它是超越产品或市场的独特技术或能力，对顾客的可感知利益有巨大的贡献，并且难以模仿。企业的核心能力在短期和长期内都很重要。在短期内，正是核心能力使得企业能够将自己差异化，并创造独特价值。从长期看，通过核心能力获得成长以及在互补性市场上建立优势地位也很重要。

战略资产是企业拥有的稀缺、有价值的事物，包括工厂和设备、位置、品牌、专利、顾客数据信息、高素质员工和独特的合作关系等。一项特别有价值的战略资产是企业的品牌。企业最终试图把自己的核心能力和战略资产综合起来以创造可持续竞争优势。

（三）伙伴网络

新创企业往往不具备执行所有任务所需的资源，因此需要依赖其他合作伙伴以发挥重要作用。在很多时候，企业并不愿独自做所有事情，因为完整地完成一项产品或交付一种服务会分散企业的核心优势。企业的伙伴网络包括供应商、合作伙伴和其他重要关系。

供应商是向其他企业提供零部件或服务的企业。几乎所有的企业都有供应商，他们在企业商业模式的运作中起重要作用。传统上，企业与供应商维持着一定距离的关系，并把他们看作竞争对手。需要某种零部件的生产企业往往与多个供应商联系，以寻求最优价格。如今，企业更多地将精力放在如何推动供应商高效率运作的层面上来。

企业还需要其他合作伙伴来使商业模式有效运作。合资企业、合作网络、社会团体、战略联盟和行业协会是合作关系的一些常见形式。现代企业大多需要组建多元化的合作关系，以此来支持自己的商业模式有效运作。良好的合作关系可以给创业企业带来了更多的创新产品、更多有益的机会和高成长率。当然，合作伙伴关系也包含着风险，在仅有的合作关系成为企业商业模式的关键要素时更是如此。

（四）顾客界面

顾客界面是指企业如何与顾客相互作用。主要包括目标市场、销售实现与支持和定价结构三个方面。

目标市场是企业在某个时点追求或尽力吸引的有限的个人或企业群体。企业选择的目标市场影响他所做的每件事情，如获得战略资产、培育合作关系以及开展推广活动等。可以很明显地看出，拥有清晰界定的目标市场将使企业受益。由于目标客户的明确界定，公司能够将自己的营销和推广活动聚焦于目标顾客，并且能够发展与特定市场匹配的核心竞争力。

销售实现与支持描述了企业产品或服务"进入市场"的方式，或如何送达顾客的方法，以及企业利用的渠道和他提供的顾客支持水平，所有这些都影响到企业商业模式的形式与特征。

企业的定价结构随企业目标市场与定价原则的不同而变化，包括收入来源及收费模式等内容。

三、常见的商业模式类型

世界上既有延续了几百年的商业模式，也有刚刚诞生没几年的商业模式，比如互联网免费增值模式。一些利润较高的企业并没有创建新的商业模式，他们只是从其他产业借鉴了不同的模式。例如剃须刀的商业模式（消费者购买一种低利润商品，必要消耗品的价格则定在相当高的水平）也为很多喷墨打印机创造了巨额利润。有些时候，只要对现有商业模式进行一些小小的改动，改动后的模式就能在不同行业产生惊人的效果。

下面介绍几种我们身边比较常见的商业模式（见表7-1），由于对商业模式的类型并没有统一的界定，也无此必要，所以我们常用该模式代表性的企业来命名其商业模式，有时一种模式有几种说法，或一种说法包含几种模式，一个企业具有几种模式的特点，甚至对模式的说明不十分清晰，这都是正常的，无须计较。我们了解商业模式，不是为了简单地复制，而是为了拓宽视野，为创造自己的商业模式汲取灵感。

表 7–1　　　　　　　　　　常见的商业模式

商业模式	关键词	代表企业
特许经营	出售权限、商业模式使用权	麦当劳、假日酒店
低价连锁模式	酒店连锁、低价	如家
定金模式	经常性收入、绑定顾客	健身房、美发店
国美模式	资本运作、专业连锁、低价取胜	国美
新直销模式	多层次直销、直销	玫琳凯、雅芳
超级女声模式	娱乐营销、整合营销、事件营销	湖南卫视"超级女声"
分众模式	新媒体、新蓝海、眼球经济	分众传媒
核心产品模式	打造核心产品、持续改进完善	腾讯（QQ）、优视（UC浏览器）
专业化模式	专注、细分市场、创新	我买网、途牛网
虚拟经营模式	虚拟经营、外包	耐克
网络社区模式	流量、人气、广告	天涯社区、百度贴吧、豆瓣
平台模式	开放、生态圈、整合	腾讯、亚马逊、乐视
免费模式	永久免费、部分收费、交叉补贴	360、微软（Windows10）
网络搜索模式	竞价排名、网络广告、搜索营销	百度
网络游戏模式	免费模式、互动娱乐	盛大
电子商务模式	网上支付、安全交易、免费模式	淘宝网、易趣网
O2O模式	线上线下、最后一公里	大众点评、到家美食会
参与感模式	用户体验、全方位参与、营销互动	小米、魅族
大数据模式	大数据产业链、大数据营销	阿里巴巴
跨界模式	整合、重塑	谷歌、格力

【视野拓展】

四川航空的免费模式[①]

相信不少人都有过搭飞机的经验，我们知道通常下了飞机以后还要再搭

[①] 资料来源：四川航空大巴车免费乘坐但盈利却上亿元的秘密[EB/OL]. [2013-12-23]. https://www.163.com/money/article/9GPNVVA000253G87.html.

乘另一种交通工具才能到达目的地。在中国的四川成都机场有个很特别的景象，当你下了飞机以后，你会看到机场外停了百部休旅车，后面写着"免费接送"。

如果你想前往市区，平均要花150元人民币的车费去搭出租车，但是如果你选择搭那种黄色的休旅车。只要一台车坐满了，司机就会发车带乘客去市区的任何一个点，完全免费！居然有这样的好事？其实这个惊喜是来自四川航空公司的商业创新。

四川航空公司一次性从风行汽车订购了150辆休旅车，原价一台14.8万元人民币的多用途汽车（MPV）休旅车，四川航空要求以9万元的价格集中一次性购买150台，提供给风行汽车的条件是，四川航空要求司机于载客的途中提供乘客关于这台车子的详细介绍，简单地说，就是司机在车上帮风行汽车做广告，销售汽车。在乘客的乘坐体验中顺道带出车子的优点和车商的服务。每一部车可以载7名乘客，以每天3趟计算，150辆车带来的广告受众人数是$7 \times 6 \times 365 \times 150$，即超过了200万的受众群体，并且宣传效果也非同一般。

司机哪里找？想象一下在四川有很多找不到工作的人，其中有部分很想要当出租车司机，据说从事这行要先缴一笔和轿车差不多费用的保证金，而且他们只有车子的使用权，不具有所有权。因此四川航空征召了这些人，以一台休旅车17.8万元的价钱出售给这些准司机，告诉他们只要每载一个乘客，四川航空就会付给司机25元人民币。

四川航空立即进账了1320万元人民币：（17.8万元－9万元）×150台车＝1320万元。你或许会疑问：不对，司机为什么要用更贵的价钱买车？因为对司机而言，比起一般出租车要在路上到处晃呀晃地找客人，四川航空提供了一条客源稳定的路线！这样的诱因当然能吸引到司机来应征！这17.8万里包含了稳定的客户源，特许经营费用，管理费用。

接下来，四川航空推出了只要购买五折票价以上的机票，就送免费市区接送的活动！

如此一来，一个免费的商业模式形成了。

对乘客而言，不仅省下了150元的车费，也省下了解决机场到市区之间的交通问题，划算！

对风行汽车而言，虽然以低价出售车辆，不过该公司却多出了150名业务员帮他卖车，并且省下了一笔广告预算，换得一个稳定的广告通路，划算！

对司机而言，与其把钱投资在自行开出租车营业上，不如成为四川航空的专线司机，获得稳定的收入来源，划算！

至于对四川航空而言呢，这 150 台印有"免费接送"字样的车每天在市区到处跑来跑去，让这个优惠讯息传遍大街小巷。而且，与车商签约在期限过了之后就可以开始酌收广告费（包含出租车体广告）。

最后，四川航空最大的获利，别忘了还有那 1320 万元，当这个商业模式形成后，根据统计，四川航空平均每天多卖了 10000 张机票！回想一下，四川航空付出的成本只有多少？

这个商业模式，既做了好人，又做了好事，还实现了巨大的盈利！你说好不好？

第二节　商业模式剖析

本节将就比较热门的三种商业模式，做简单的剖析，帮助同学们深入了解商业模式的内涵与规律。了解当前商业模式的设计趋势，也为设计自己的商业模式打好基础。

一、免费商业模式

直到十年前，市场上充斥的免费品还都可以归为经济学家们所谓的"交叉补贴"产品——你免费获得一件产品的同时，为另一件产品或服务付费。然而过去十年间，一种新的免费策略开始出现，这种新模式并非基于交叉补贴，而是基于产品自身的成本正在迅速下降的事实。不过现在我们可以清楚地看到，被互联网技术浪潮所席卷的所有事物几乎都在走向免费，至少与我们消费者相关的那些产品更是如此。在电子商务、网络门户、网络社交、分类信息网站、地方门户、网络游戏、电子邮箱、搜索引擎、即时通信等互联网领域，面向大众的互联网服务均采用免费的策略吸引用户，这也间接带动了互联网的广泛普及和数亿的庞大互联网用户群。

很多互联网企业都是以免费、好的产品吸引到很多的用户，然后通过新的产品或服务给不同的用户，在此基础上再构建商业模式。比如 360 安全卫士、QQ 用户等。互联网颠覆传统企业的常用打法就是在传统企业用来赚钱的领域免费，从而彻底把传统企业的客户群带走，继而转化成流量，然后再利用延伸价值链或增值服务来实现盈利。

克里斯·安德森（Chris Anderson）[①] 在《免费：商业的未来》中归纳基于核心服务完全免费的商业模式：一是直接交叉补贴，二是第三方市场，三是免费加收费，四是纯免费。随着移动互联网的深入，高新技术的商业应用大行其道，关于免费模式的探索也在不断玩出新花样。这里介绍两种在当下很常见的免费商业模式。

（一）免费增值模式

大量的基础用户受益于没有任何附加条件的免费产品或服务，而通过另外收费的增值服务来获得收益。

该模式是媒体订阅模式的基础，也是最广为人知的互联网商业模式之一。又可分为如下几种形式：从免费到付费的内容分级，或者一个额外的比免费版带有更多特性的"专业"版网站或软件。传统的免费派送，比如给母亲赠送婴儿尿布，制造商都得花钱，仅能免费派送极小数量的产品，以此诱惑消费者。但就数字产品而言，这种免费品与付费品之比却倒了过来。一个典型的网站通常遵循1%法则：1%的用户支撑起其他所有用户。这种模式的可行之处在于，服务其他那99%的用户的成本几乎为零，甚至完全能够忽略不计。

（二）免费平台模式

通过免费手段销售产品或服务，建立庞大的消费群体，然后再通过配套的增值服务、广告费等方式取得收益。

音乐类网站或App可以很好地诠释这一模式。随着网络与手机的普及，音乐成为免费品已是既定事实。这一趋势是如此强大，以至于道德规制以及反盗版措施都束手无策。一些歌手在线派发他们的音乐，甚至做直播演唱会，并借此作为线下演唱会、正版唱片、播放许可证以及其他付费品的营销方式。当然，我们也可以看到，随着国民版权意识的提升，收费音乐也渐渐地找到了新的目标顾客。

基于互联网的广告模式非常常见，包括门户网站上按浏览量付费的横幅广告、部分网站按点击率付费的文本广告、视频网站上的贴片广告，还有越

[①] 克里斯·安德森，美国《连线》杂志前任主编，他是经济学中长尾理论的发明者和阐述者。著有《长尾理论》（*The Long Tail*）、《免费：商业的未来》（*Free：The Future of a Radical Price*）等作品。

来越普遍的付费的内置搜索结果、付费的信息服务清单，以及对某些特定人群的第三方付费，等等。互联网的大多数服务都采取第三方付费的形式，如我们使用的搜索引擎、社交工具等，获取信息的一方并不付费，而且在多数情况下发布信息的一方也不付费。

百科、问答、知乎的成功表明：金钱并非唯一的驱动力，利他主义一直都存在，互联网为其创造了一个平台，在这里，个体行为可以引发全球性的影响。某种意义上，零成本分发使得共享成为一种产业。货币并非世界上唯一的稀缺性，在其他方面，最有价值的部分是你的时间和注意力，他们成为新的稀缺性，免费世界的存在大多是为了获得这些资产，他们随后成为新商业模式的基础。免费使经济从局限于可用货币量化的范畴转向更真实的衡量标准，后者涵盖了当代视角下的一切有价值的事物。我们也要注意到：这种模式虽然大行其道，但部分应用还不够清晰，仍在探索中。

二、平台商业模式

全球范围内，包括苹果、谷歌、微软、思科、日本电报电话公司及时代华纳等知名公司，都在应用平台商业模式。在中国，诸如淘宝、百度、腾讯以及盛大游戏等公司，同样透过平台商业模式获利并持续扩大市场版图。在网络效应下，平台商业模式往往出现规模收益递增现象，强者可以掌控全局、打造共赢生态圈，因此受到创业者们的关注。

（一）平台商业模式的概念

了解平台商业模式，必须了解双边或多边市场的概念。传统的商业模式是一个单边市场的概念。一个企业，会有上、下游，收入从下游来，成本在与上游博弈中确定。如果企业谈判力量较强，就可以把成本压低或取得更多收入。所以，在传统商业模式中，企业对上下游会保持一个竞争的态度，而且时刻维持自己的谈判力量。例如汽车厂家，其盈利取决于向供应商压低进货成本然后从下游消费者增加营收。为了讨好消费者，厂家需要预测消费者喜好并投入大笔资金做研发、发展更多车型，然后再投资建厂进行大量生产。但如果厂家研发生产出来的车型不符合市场的需求，就要承担巨大的损失：研发浪费了，库存又要积压很多资金。

平台商业模式则是一个双边（或多边）市场概念。比较典型的企业是淘宝。淘宝上有千万种商品，生产是由卖家完成的，即便没有卖出去的库存也由卖家负责，这时投资与库存的风险都由卖家来承担了，而不是淘宝。淘宝做的只是一个平台，从连接买家与卖家中赚钱。在平台模式上，如果没有竞争的话，投资的风险理论上会很少。但并不是说，平台模式完全没有风险，平台模式在成长初期非常不容易。还以淘宝为例，如果淘宝把所有的卖家都找来，但是没有买家，这些卖家就不会在淘宝上待太久，同样如果没有卖家，没货可卖，买家也会离开。只有把两者都带到这个平台上来，平台才能够成长。

了解多边市场的概念，平台商业模式的概念呼之欲出：指连接两个（或更多）特定群体，为他们提供互动机制，满足所有群体的需求，并巧妙地从中盈利的商业模式。平台模式属于行业和价值链层级的代表模式，吸引大量关键资源，实现跨界整合，并能以最快的速度整合资源，使创业者将眼光从企业内部转向企业外部，思考行业甚至跨行业的机遇和战略。建立平台型商业模式的企业，如苹果、沃尔玛等不仅可以迅速扩张市场，还完全脱离了例如价格战等一般层次的竞争，达到了不战而屈人之兵的境界。

（二）平台商业模式的特点

平台型商业模式的特点主要有以下四点：

第一，一定要以某些核心产品作为切入点，打造平台模式的基础，我们称为"入口"，有了此基础，才可以让各方在此基础上推出产品，并提供延展的各项服务。

第二，平台模式服务于某一人群，必须有足够多的用户数量。实际上，平台模式的成功证明了梅特卡夫（Metcalfe）准则：每个新用户都因为别人的加入而获得更多的交流机会，导致信息交互的范围更加广泛、交互的次数更加频繁，因而"网络的价值随着用户数量的平方数增加而增加"，"物以稀为贵"变成了"物以多为贵"。

第三，明确游戏规则。用无限生产满足无限需求，不仅可以革命性地降低成本，还实现了收入倍增、盈利倍增。平台型商业模式的企业需要设计一套使得生产和需求双方能够互动运转起来的游戏规则和算法。如苹果对于自己不能有效地满足用户无限需求的瓶颈，实施开放策略，实现客户共享，用来自社会上的无尽的"N"补充自身交付的不足。于是，社会上无穷无尽的"N"开始源源不断地向平台聚集，无限的生产满足了无限的需求。但是需求和供给买卖都是根据设定好的游戏规则和算法自动完成匹配。在这个平台上，服务和产品被无限延展。

第四，重构整个生态系统。由于海量的产品和企业在平台上大规模、生态化聚集，大幅度降低了企业的协作成本，并创造出一个竞争力足以与大企业相比拟、但是灵活上更胜一筹的商业生态集群，在这种协同模式下，商业的进入成本和创新成本都得到了明显的降低。

除了平台型企业自身的扩张，平台上的众多中小企业也能更好、更快地扩张。如苹果在线商店，一款名为《愤怒的小鸟》的游戏售价仅为 99 美分，却能产生 1 亿次的下载量，创收 7000 万美元，使得这款游戏的开发公司 Ravio 市值超过 12 亿美元。

通过平台模式，商业自由度大幅度增长，个体的能量也有了充分施展的舞台，平台型商业模式正向世人显示出其巨大的商业价值。

（三）平台商业模式的优势

平台商业模式是很多创业者的梦想，因为平台处于产业链的高端，不但收益丰厚、主动权大，在竞争中也会处于较为有利的位置，一旦成功，很可能获得"号令天下"的地位。而且，平台商业模式使合作者共赢，经营越久，价值越大。

典型的案例如传统出版行业向网络出版平台的转型，以出版业为例，原产业链为：作者—经纪人—出版社—印刷厂—经销商—零售商—读者。每一个上层都需要为讨好下级而努力。而在网络出版平台上，任何人写作都可以轻而易举地把自己的作品上传到平台上，直接面向读者（终端消费者）市场。如起点中文这样的网络阅读平台直接连接作者群和读者群，两方互相影响，互相成长，包括群体的数量和作品的数量、价格、更新频率等维度都有明显的进步。

和传统出版社不同，尽管线上出版平台提供的作品量更大，但是线上平台并不需要在每一部作品上都投资编辑经费和营销经费，作者们会进行自我推广，并发表不同风格的作品来满足读者群体的多元需求。因此，书籍作品如果推销不出去，作者而不是平台企业本身将承担最大的损失。

还有一种转型的典型是苹果公司，今天的苹果手机、手表、平板电脑等已经成为 iOS 系统的硬件载体，苹果的盈利点已经从早期的硬件产品的贩卖转向搭建平台生态圈（Apple store 和 iTunes）贩卖 App 等虚拟产品来获取佣金。

（四）平台商业模式的难度

平台商业模式如此吸引人，但是也有很大的成功难度。

首先，选择平台商业模式的创业者需要有能力积累巨大规模的用户，甚至需要获得同行规模第一的用户。这要求企业不仅产品过硬，正好契合用户的强烈需求，甚至需要合适的时机和行之有效的市场手段，从某种角度可遇不可求。

其次，选择平台商业模式的创业者需要提供给用户有着巨大黏性的服务。一般企业只要为用户提供一个强需求产品就足以成功，平台企业需要成为服务型企业，服务于用户的硬需求（刚需、高频、高附加值等）。

最后，用平台商业模式进行创业，需要构建出一个合作共赢、先人后己的商业模式。只有在平台上的合作伙伴都获得良性成长，平台才能发展壮大；只有让合作伙伴能够得到足够的分润比重，才能做成所有参与者的平台；只有做到合作伙伴做不到或者比别的伙伴自己做性价比更高的时候才能成为平台。

所以，其实大部分想做成平台的创业者只能想想，平台作为产业链的底盘，大部分细分产业最终只能留下唯一的垄断平台企业。2015 年的滴滴和快的，美团和大众点评的合并都是在争抢最终的平台效应。

对创业者来说，在构造平台的过程中要审时度势，顺势而为。如果历史给予一个做平台的机会，就应该摆正理念、设计好平台的商业模式，抓住机遇，深入实施平台战略，做一个在用户心目有一席之地的平台，如果没有这个时机，倒不如踏踏实实做一个垂直服务企业，用好平台。

【视野拓展】

剖析小米商业模式："铁人三项"的幕后真相[①]

2019 年，小米上市的消息是科技圈的大新闻。洋洋洒洒的招股书，我们看到了收入，看到了利润，看到了股权结构，看到了梦想愿景，但一直有一个根本问题没有看透，小米的业务模式究竟是什么？

手机收入占比 70%，为什么定位成互联网公司？

现有互联网业务有多少是手机厂商本该有的，有多少是小米独有的？

新零售和手机有什么生态关系？

小米规划模式：硬件、互联网服务和新零售。

关于商业模式，小米只是给出了一个整合式的概念：独特且强大的

---

① 资料来源：邹大湿. 小米"铁人三项"商业模式背后的真相 [EB/OL]. [2018-05-07]. https://36kr.com/p/1722494550017.

"铁人三项"模式。

铁人三项，指的是硬件、互联网服务和新零售。从商业角度分析，铁人三项模式，更像是理念的宣传。"铁人三项"的说法有明显的去手机化的意味。但以小米现有的发展，小米应当很清楚智能手机对目前商业版图的重要性。手机板块一倒，整体的信心就会崩塌。这一点从招股书的资金用途可以看出，大部分融资，不是用于物联网（IoT），也不是移动互联网，而是投向手机上。

小米的招股文件显示，小米计划将30%首次公开募股（IPO）募集资金用于研发及开发智能手机、电视、笔记本电脑、人工智能音响等核心产品；30%用于全球扩展；30%用于扩大投资及强化生活消费品与移动互联网产业链；10%用作一般营运用途。

第一个30%，放在以手机为核心的产品研发上；第二个30%，放在印度等新兴市场上。雷军心里清楚，在小米真实的商业版图上，手机依然是最核心的业务单元。但似乎不能这么直白地向外宣传，否则如何支撑那么大的估值、规划更宏伟的事业？

抛开情怀，我们直面商业真相。要怎么去理解小米真实运作的商业模式？没有商业新要素，哪来商业新模式呢？小米没有改造商业，它只是按它的资源和意志来演绎商业。要理解小米，首先要忘记它给的叙事框架，看回硬件、互联网和零售的本来面目。

小米模式诠析：中枢、管道和零售

小米目前所有的业务，都可以划分为手机中枢、IoT管道和新零售三类。

1. 手机中枢

这部分业务指智能手机本身和手机生态下的互联网服务，划分为中心、内核和外圈三层。中心是硬件手机，内核是米柚（MIUI）、应用市场、小米云、浏览器、游戏中心、安全中心六大应用。这六大应用，尤其以MIUI、应用商店和游戏中心三个最为赚钱。在外圈层一侧，是向手机生态聚拢的应用，代表是小米音乐、小米视频、多看阅读和小米小说，这类应用更多以服务小米手机自有用户为主。在外圈层另一侧，是向小米手机用户以外，外连式的应用。典型代表是小米金融、小米贷款、小米直播和小米枪战。这类应用是小米向外发展的本意，只是现状不尽如人意。

互联网服务收入占2017年整体收入的8.6%，本质依然是高度依赖手机生态。互联网业务的具体模式，在小米的招股书中比较含糊，关键有这么几句话：

"目前我们互联网服务的变现主要集中在中国大陆,重点为互联网广告(占比 56.7%)及增值服务(占比 43.3%)。我们的广告分销渠道主要包括我们的手机应用程序及智能电视。互联网增值服务的大部分收入来自线上游戏。我们向第三方游戏开发商提供精简数字销售、分销及运营支持服务。"

广告部分是收入,业内普遍认为主要来自 MIUI 的推送广告。网络上关于 MIUI 广告的吐槽也不少。虽然这部分也是来自手机生态,但这类推送的广告,苹果是不做的。

互联网增值服务所指的游戏业务,并非小米吃鸡这类独立游戏收入,而是应用商店,游戏中心的分发收入。可以说,目前小米互联网业务的主体,依然是高度依赖手机生态。小米该有的,华为、OPPO 也能有。目前苹果的服务占比收入约 10%,分析师预测未来 3~5 年里,将会增长到 20%。其中,App Store 的收入已有成效,音乐、支付都是未来蓄力增长的重点。可以说,基于手机生态自身的互联网收入,本身也是增长可观的。持久积累深耕,也有不少潜力。

网络曾有传言,小米在 2019 年互联网收入将会超过硬件收入,这个可能吗?如果参考苹果的比重,显然是不可能的。在手机生态之外,心系互联网发展新业务,是小米一以贯之的目标。当 2016 年直播突然火爆时,雷军就亲自做客小米直播;2017 年吃鸡大火,小米立出小米枪战;但是目前,这两个 App 可以说已少人问津了。未来这类脱离手机生态的互联网应用,在红利耗尽的战场赤身肉搏,只能是保持期待,谨慎预期。

整个以手机为中枢的软硬件生态,是小米商业版图的枢纽。抛开各种概念包装,身处厚重的智能手机赛道,是小米发展的不争事实;心系互联网,频繁向外开拓,也是小米不灭的意志。

2. IoT 硬件管道

一直以来,小米都想把硬件变成管道,一个通向互联网世界的管道,只是手机本身太重了。但在手机之外,却有不错的管道式产品,典型代表就是智能音箱。

什么叫作管道式硬件?当一件实体产品的价值主要表现为产品背后的互联网服务时,产品的本体就可以在竞争中被管道化,产品因此可以被当成一个连接用户的实体管道。与这类管道式硬件竞争的其他常规硬件,通常会遭遇到互联网企业的低价打击。

最先开创并熟练运用这套战法的,不是小米,是亚马逊。亚马逊管道式硬件战法最先在 kindle 上应用,kindle 本身不赚钱,但电子图书赚钱,开屏广告赚钱。随后是 Fire TV，硬件不赚钱，Amazon Video 收费赚钱。再往后就是经典的 Echo 音箱系列，也是硬件不赚钱，背后还有 Prime、Amazon Music、付费音频、技能等互联网业务做支撑。所以说，这类管道式的硬件，因为背后有互联网收费服务做强支撑，可以执行绝对的低价扫平市场。

对小米来说，IoT 管道式的硬件，有且仅限于小米智能音箱、智能电视、盒子、翻译机和未来的人工智能（AI）产品。因此，这类管道式硬件可以向内连接内容服务和 AI 服务。只有具备连接服务属性的硬件产品，才能被当成管道硬件。比如路由器、灯泡、扫地机等许许多多的家庭设备，都不是管道式硬件。小米卖得便宜，只是出于情怀，因为这类产品没法服务赚钱，短期也没法数据盈利。

小米的管道式业务是所有三大业务中，最有优势的。这个优势在下述两个圈层的产品阵营中，都有非常明显的体现。

（1）内圈管道产品：小米智能音箱、智能电视和盒子。这个圈层的管道式产品，小米几乎是无敌的。娴熟的硬件功底，几乎是成本价的售卖，低价是王道，销量有保障。未来还会有新的 AI 产品落地，百度、阿里、腾讯除非在内核上有高维制约，否则在产品销量层面，顶多和小米打平。

内圈典型的管道产品，是小爱同学智能音箱。智能音箱是整个生态中，少有的具备内外互联特性的产品。一方面，音箱可以对内连接 AI 服务和音乐内容；另一方面，它又向外连接大量的电器和家居。这样一个中枢式的设备，之前小米、360 都寄希望于智能路由器。但是历史证明，这是智能音箱的使命。

（2）外圈管道附属：家庭电器、家居设备。外圈产品是为人熟知的小米家庭设备：净化器、扫地机、空调、台灯、插座等。这里的附属设备仅限家庭电器和家居设备，他们具有被管道产品（智能音箱）连接的特性。如果不具备被连接的特性，那这类硬件产品要归到下一部分的零售业务。目前小米建立的外圈附属生态，已经成为小米家庭生态一道坚固的护城河。短期一两年内，这方面的优势是非常明显的。

3. 新零售

小米的新零售是怎么回事？如果把时间退回到 2015 年，那时风光无限的小米就算要上市，也不会提新零售。新零售源头在哪？内在源头，在于小米互联网的意志；外在线索，来自小米商城。如果不是小米一直有做互联网的意念，也不会在手机业务之外大力做电商。如果不是小米电商的迅猛发展，在新零售萌芽的 2017 年，小米也没法抓住机遇大步迈进新零售的赛道。

在手机业务的思维里，无论是苹果、华为还是 OPPO，都是围绕手机业务来做零售。比如 OPPO 的副总裁在采访中说道："新零售更多是互联网企业提出的概念，对于 OPPO 来讲并没有新旧之分。"在零售方面，不能说传统手机厂商落后了，只能说小米在零售方面，表现得更加激进，更富有互联网的创新精神。

小米的新零售业务目前已经是业内的一个模范标杆。小米商城已经是中国大陆第三大 3C 及家电直销线上零售平台，也是印度第三大直销线上零售平台，小米之家目前在线下也有 300 余家。小米商城、小米之家和有品 App，共同组成了小米新零售的渠道部分。在零售产品部分，除了上面了手机、管道式硬件，还有大量的智能硬件、生活耗材，也是小米新零售的组成部分。

网络曾这么分析小米的模式构成，都是以手机为核心，外延出智能设备和生活耗材。其实这样的分类，只是一个肤浅的表象，是一个不严谨的逻辑。手机本身和平衡车、无人机、机器人这些智能设备，和纸巾、床单这些生活用品，没有数据的互联，也没有服务的共通，没有互联网协调，也没有生态化。所以我们把手机业务放回到手机中枢业务，把 IoT 硬件放回到管道业务，剩下所有的硬件和生活用品，都落到零售部分。这些产品对于小米而言，只有实在的销售价值，没有数据和服务的联通性，也没有互联网规模效应。

在这个层面的生态链企业，要想清楚自身发展的方向。一味低价，只会把自己摆在市场竞争比较低的位置。行业各有差异，小米模式未必适用，小米战法也未必有用。脱离了管道式壁垒，用差异性和先进性打败小米，是很有可能的。

三、长尾商业模式

长尾概念由克里斯·安德森提出，这个概念描述了媒体行业从面向大量用户销售少数拳头产品，到销售庞大数量的利基产品[①]的转变，虽然每种利基产品相对而言只产生小额销量。但利基产品销售总额可以与传统面向大

---

① 按照菲利普·科特勒在《营销管理》中给利基（niche）下的定义：利基是更窄地确定某些群体，这是一个小市场并且他的需要没有被服务好，或者说"有获取利益的基础"。企业在确定利基市场后往往是用更加专业化的经营来获取最大限度的收益，以此为手段在强大的市场夹缝中寻求自己的出路。

量用户销售少数拳头产品的销售模式媲美。核心是"多样少量"。所以长尾模式需要低库存成本和强大的平台,并使得利基产品对于兴趣买家来说容易获得(如图 7-2 所示)。

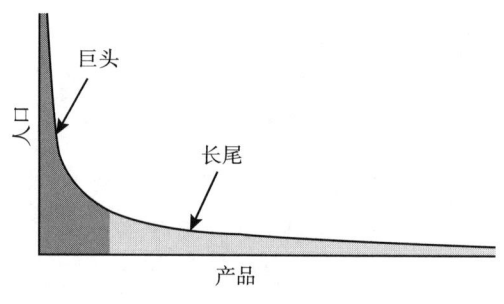

图 7-2　长尾理论

长尾理论在媒体行业以外的其他行业也同样有效。与此同时,安德森认为有三个经济触发因素引发了长尾现象。

(1) 生产工具的大众化:不断降低的技术成本使得个人可以接触到就在几年前还昂贵得吓人的工具。

(2) 分销渠道的大众化:电子商务使得产品能以极低的库存、沟通成本和交易费用,为利基产品开拓新市场。

(3) 连接双方的搜索成本不断下降:销售利基产品真正的挑战是找到感兴趣的潜在买家。现在强大的搜索和几大电子商务平台,已经让这些容易得多了。

在应用长尾理论时,应该注意几个问题:

长尾理论统计的是销量,并非利润。管理成本是其中最关键的因素。销售每件产品需要一定的成本,增加品种所带来的成本也要分摊。所以,每个品种的利润与销量成正比,当销量低到一个限度就会亏损。理智的零售商是不会销售引起亏损的商品。

例如超市是通过降低单品销售成本,从而降低每个品种的止亏销量,扩大销售品种。为了吸引顾客和营造货品齐全的形象,超市甚至可以承受亏损销售一些商品。但迫于仓储、配送的成本,超市的承受能力是有限的。相比之下,互联网企业可以进一步降低单品销售成本,甚至没有真正的库存,而网站流量和维护费用远比传统店面低,所以能够极大地扩大销售品种。而且,互联网经济有赢者独占的特点,所以网站在前期可以不计成本、疯狂投入,这更加剧了品种的扩张。

要使长尾理论更有效,应该尽量增大尾巴。也就是降低门槛,制造小额消费者。不同于传统商业的拿大单、传统互联网企业的会员费,互联网营销应该把注意力放在把蛋糕做大。通过鼓励用户尝试,将众多可以忽略不计的零散流量,汇集成巨大的商业价值。

使用长尾理论必须小心翼翼,保证任何一项成本都不随销量的增加而激增,最差也是同比增长。否则,就会走入死路。最理想的长尾商业模式是,成本是定值,而销量可以无限增长。这就需要可以低成本扩展的基础设施。

总之,长尾理论的应用是有前提的——商品销售的渠道足够宽,并且商品生产运送成本足够低。比如在亚马逊书店上,由于网站规模足够大,已经有了几十万甚至上百万的不同产品,这种情况下就能显示出长尾效果。但是对很多中小企业网站来说,产品就只有几十种,或者再多至几百几千种,这都不足以产生长尾现象。

作为创业者,我们要认识到:长尾商业模式是从整体上描述一种市场现象,而不是从个体角度看;是从零售商的角度看,而不是从生产商的角度看。对某个生产商来说,它不太可能提供所有的种类,比如在图书市场上,没有一家图书出版社能够出版某一类别的所有图书,是许多家共同创造一个图书品种极度丰富的市场,音乐市场同样如此。我们了解任何一种商业观念都是为了应用它,因而,对于大部分创业者来说,要应用长尾都会问如下这个问题:生产商如何在长尾市场中生存?

一个受到普遍认可的策略是建立产品金字塔结构。提供比过去更多品类的产品,企业可以盈利、生存,但要取得更好的、更持久的经营绩效,企业就需要形成超级热门、各大类中的热门商品以及多品种商品这样的金字塔式产品组合结构。这是因为超级热门商品有轰动效应和拉动效应:如果没有超级热门商品,企业就很难建立强大的品牌和市场地位;热门商品可以拉动旗下的多品种商品的销售。这就是为什么单独看一件热门商品可能投入产出完全不成正比,但许多企业却依然大举投入。只有建立了产品金字塔结构,有了多品种的基础,在热门商品上的投入才能获得最大的收益。

【视野拓展】

飒拉(ZARA)的成功秘诀[①]

ZARA是近年来最成功的潮流服装品牌,它开创了一种称为"快速时

---

① 资料来源:长尾:未来商业的成功模式 [N]. 经济观察报,2006-11-16.

尚"的商业模式,它的成功正是基于长尾理论。与传统衬衣业"款少、量多"的模式不同,ZARA 的特点是"快速、少量、多款",它每年推出上万款服装,并且款式与时尚同步。郎咸平在《模式:零售连锁业战略思维与发展模式》中预测,未来时装业将朝着"ZARA 模式"发展。他分析说,在之前的概念中,款少量多是企业实现规模经济的不二法门,所以传统服装企业大多采取款少、大批量采购、大批量生产的策略,以实现规模经济,降低货物的平均成本。他对 ZARA 和另一快速时尚的典型公司 H&M 的财务进行研究后发现,多款少量的 ZARA 和 H&M 也实现了规模经济。"多款少量"是 ZARA 呈现出来的形态,它背后的运作机制使得这种模式有利可图,这个运作机制的特征就是"快速"二字。

ZARA 的零售处在一个"进货快"与"销货快"两者相互不断强化的正循环之中:分店每周根据销售情况下订单两次,这就减少了需要打折处理存货的情况,也降低库存成本;款式更新快加强了新鲜感,吸引消费者不断重复光顾;快速更新店里的货品,也确保了它们能符合顾客的品位,从而能被销售出去。

ZARA 的"快速"还包括对时尚潮流的快速反应、快速的设计过程和与快速模式相适应的供应链。ZARA 和 H&M 都没有试图做时尚的创造者,而是做时尚潮流的快速反应者,郎咸平在《模式》中分析道:"在流行趋势刚刚出现的时候,准确识别并迅速推出相应的服装款式,从而快速响应潮流。"这样做的优点是:"无须猜测快速易变的时装趋势,在降低库存风险的情况下,大大缩短设计的酝酿期。"

ZARA 的快速设计过程体现在与其他同行相比极短的"前导时间"。在服装业,前导时间指的是一件服装从设计到出售所需的时间。ZARA 大大缩短了前导时间,它从设计到生产最快可以两天完成,前导时间最快为 12 天,对比而言,盖璞(Gap)单单设计酝酿期就达两三个月。服装是随时间快速贬值的,每天贬值 0.7%,计算机产品为每天 0.1%。因而缩短前导时间有多重好处:提高服装价值,降低库存成本,避免生产出不合潮流的商品,减少折扣销售的损失。

ZARA 的供应链具有这样一些特点:它采购的布料都是未染色的,而是根据实时需求染色。ZARA 让自己的工厂仅做高度自动化的工作,用高科技生产设备做染色、剪裁等工作,而把人力密集型的工作外包。为了快速反应,ZARA 的采购和生产都在欧洲进行,只有最基本款式的 20% 服装在亚洲等低成本地区生产。ZARA 拥有高科技的自动物流配送中心,在欧洲用卡车可以 2 天内保证到达，而对于美国和日本市场，ZARA 甚至不惜成本采用空运以提高速度。

很多人认为 ZARA 成功的关键要素是快速时尚，其实不然，真正让 ZARA 成功的是量少、款多、长尾。快速时尚只是 ZARA 的成功之果，量少、款多、长尾才是 ZARA 的成功之因。克里斯·安德森认为，商业的未来在于"品类更多，销量更小"，因为在这个个性张扬的时代，没有一个人喜欢与别人撞衫，都想表现出自己的与众不同。因此，未来商业的成功模式，不再是把少数几种商品卖出很大的量，而是把更多品种的商品卖出去，这同样可以实现经济上的规模效应。长尾现象正是这样的一个参照标准。加拿大心理学家斯普润（Spreen）通过试验揭示："我们对现实世界的认知取决于过去的模式——我们的参照标准，这个参照标准影响着我们对现实世界的认知。"长尾或"品类更多、销量更小"就是所有纷繁复杂的社会与商业现象背后的模式。

第三节　商业模式设计

一、商业模式设计的原则

企业能否持续盈利是判断其商业模式是否成功的唯一的外在标准。一个成功的商业模式不一定是在技术上的突破，而是对某一个环节的改造，或是对原有模式的重组创新，甚至是对整个游戏规则的颠覆。

创业者在设计商业模式时，要兼顾考虑以下八个原则：客户价值最大化原则、持续盈利原则、资源整合原则、融资有效性原则、组织管理高效率原则、创新原则、风险控制原则和合理缴税原则。

（一）客户价值最大化原则

一个商业模式能否持续盈利，是与该模式能否使客户价值最大化有必然关系的。一个不能满足客户价值的商业模式，即使盈利也一定是暂时的、偶然的，是不具有持续性的。反之，一个能使客户价值最大的商业模式，即使暂时不盈利，但终究也会走向盈利。所以对客户价值的实现再实现、满足再满足是创业者应该始终追求的主观目标。

(二) 持续盈利原则

在设计商业模式时，盈利和如何盈利是必须重点考虑的问题。当然，这里指的是在阳光下的持续盈利。持续盈利是指既要"盈利"，又要能有发展后劲，具有可持续性，而不是一时的偶然盈利。

(三) 资源整合原则

整合就是要优化资源配置，就是要有进有退、有取有舍，就是要获得整体的最优化。在战略思维的层面上，资源整合是系统论的思维方式，是通过组织协调，把企业内部彼此相关但却彼此分离的职能，把企业外部既参与共同的使命又拥有独立经济利益的合作伙伴整合成一个为客户服务的系统，取得 1+1>2 的效果。在战术选择的层面上，资源整合是优化配置的决策，是根据企业的发展战略和市场需求对有关的资源进行重新配置，以凸显企业的核心竞争力，并寻求资源配置与客户需求的最佳结合点，目的是通过制度安排和管理运作协调来增强企业的竞争优势，提高客户服务水平。

(四) 创新原则

时代华纳前首席执行官迈克尔·恩说："在经营企业的过程中，商业模式比高新技术更重要，因为前者是企业能够立足的先决条件。"创业者应该在设计商业模式时，始终保持创新的意识，力所能及地创造出新的、突破性的商业模式。商业模式的创新形式贯穿于企业经营的整个过程之中，贯穿于企业资源开发、研发模式、制造方式、营销体系、市场流通等各个环节，也就是说，在企业经营的每一个环节上的创新，都可能演变成一种成功的商业模式。虽然商业模式一旦确定，不应随意变动。但是也要时刻警惕内外环境的变化，而保持商业模式的与时俱进，适应发展，才能在激烈的竞争中维持住优势。

(五) 融资有效性原则

融资模式的打造对企业有着特殊的意义，尤其是对广大的中小企业来说更是如此。我们知道，企业生存需要资金，企业发展需要资金，企业快速成长更是需要资金。资金已经成为很多企业发展中绕不过去的障碍和很难突破的瓶颈。谁能解决资金问题，谁就赢得了企业发展的先机，也就掌握了市场的主动权。从一些已成功的企业发展过程来看，无论其表面上对外阐述的成功理由是什么,但都不能回避和掩盖资本对其成功的重要作用,许多失败的企业就是没有建立有效的融资模式而失败了。商业模式的设计很重要的一环就是要考虑融资模式,能够融到资并能用对地方的商业模式就已经是成功一半的商业模式了。

(六) 组织管理高效率原则

高效率是每个企业管理者都梦寐以求的境界,也是企业管理模式追求的最高目标。用经济学的角度来衡量,决定一个国家富裕或贫穷的砝码是效率;决定企业是否有赢利能力的也是效率。现实生活中的万科、联想、华润、海尔等大公司,在管理模式的建立上都是可圈可点的,也是值我们学习的。

(七) 风险控制原则

设计再好的商业模式,如果抵御风险的能力很差,就会像在沙丘上建立的大厦一样,经不起任何风浪。这个风险指的是系统外的风险,如政策、法律和行业风险,也指的是系统内的风险,如产品的变化、人员的变更、资金的不断等。

(八) 合理缴税原则

合理缴税,而不是逃税。合理纳税是在现行的制度、法律框架内,合理地利用有关政策,设计一套利于利用政策的体系。合理缴税做得好也能大大增加企业的赢利能力,千万不可小看。

【视野拓展】

成功商业模式三个基本特征[①]

第一,成功的商业模式要能提供独特价值。有时候这个独特的价值可能是新的思想;而更多的时候,它往往是产品和服务独特性的组合。这种组合要么可以向客户提供额外的价值,要么使得客户能用更低的价格获得同样的利益,或者用同样的价格获得更多的利益。

第二,商业模式是难以模仿的。企业通过确立自己的与众不同,如对客

---

① 资料来源:吴伯凡. 商业模式是什么 [N]. 21 世纪经济报道, 2007 – 06 – 03.

户的悉心照顾、无与伦比的实施能力等，来提高行业的进入门槛，从而保证利润来源不受侵犯。比如直销模式，人人都知道其如何运作，也都知道戴尔公司是直销的标杆，但很难复制戴尔的模式，原因在于"直销"的背后，是一套完整的、极难复制的资源和生产流程。

第三，成功的商业模式是脚踏实地的。企业要做到量入为出、收支平衡。这个看似不言而喻的道理，要想年复一年、日复一日地做到，却并不容易。现实当中的很多企业，不管是传统企业还是新型企业，对于自己的钱从何处赚来，为什么客户看中自己企业的产品和服务，乃至有多少客户实际上不能为企业带来利润、反而在侵蚀企业的收入等关键问题，都不甚了解。

二、商业模式设计的方法

"商业模式画布"是现在最为流行、也最受认可的商业模式工具。这里做一个简要的介绍。同学们可以在《商业模式新生代》这本书里找到其详细的理论与方法。

按照商业模式画布，设计商业模式，就是利用画布中的九个模块，进行充分的构想。如图7－3所示：

视频7.2：
商业模式画布

KP 关键合作	KA 关键业务	VP 价值主张	CR 客户关系	CS 客户细分
	KP 核心资源		CH 渠道通路	
CS 成本结构			RS 收入来源	

图7－3　商业模式画布

我们先来了解下这九个模块的意思：

（1）客户细分（customer segments，CS）：描述了一家企业想要获得的和期望服务的不同的目标人群和机构。

（2）价值主张（value propositions，VP）：描述的是为某一个客户群体提供能为其创造价值的产品和服务。

（3）渠道通路（channels，CH）：描述的是一家企业如何同他的客户群体达成沟通并建立联系，以向对方传递自身的价值主张。

（4）客户关系（customer relationships，CR）：描述的是一家企业针对某一个客户群体所建立的客户关系的类型。

（5）收入来源（revenue streams，RS）：代表了企业从每一个客户群体获得的现金收益（须从收益中扣除成本得到利润）。

（6）核心资源（key resources，KR）：描述的是保证一个商业模式顺利运行所需的最重要的资产。

（7）关键业务（key activities，KA）：描述的是保障其商业模式正常运行所需做的最重要的事情。

（8）重要合作（key partnerships，KP）：描述的是保证一个商业模式顺利运行所需的供应商和合作伙伴网络。

（9）成本结构（cost structure，CS）：描述的是运营一个商业模式所发生的全部成本。

对以上九个模块进行构想，主要思考的问题如表 7-2 所示。

表 7-2　　　　　　　　　商业模式画布的构想

序号	构想模块	主要构想问题	构想方向示例
1	客户细分	我们为谁创造价值？ 谁是我们的最重要的客户？	大众市场 小众市场 求同存异的客户群体 多元化的客户群体 多边平台
2	价值主张	我们该向客户传递什么样的价值？ 我们正在帮助我们的客户解决哪一类难题？ 我们正在满足哪些客户需求？ 我们正在提供给客户细分群体哪些系列的产品和服务？	创新 性能 定制 保姆式服务 设计 品牌/地位 价格 缩减成本 风险控制 可获得性 便利性/实用性
3	渠道通路	通过哪些渠道可以接触到我们的客户细分群体？ 我们现在如何接触他们？我们的渠道如何整合？ 哪些渠道最有效？哪些渠道成本效益最好？ 如何把我们的渠道与客户的例行程序进行整合？	渠道类型 （自有渠道） （合作方渠道） 渠道阶段 （知名度） （评价） （购买） （传递） （售后）

续表

序号	构想模块	主要构想问题	构想方向示例
4	客户关系	我们每个客户细分群体希望我们与之建立和保持何种关系？ 哪些关系我们已经建立了？ 这些关系成本如何？ 如何把我们与商业模式的其余部分进行整合？	私人服务 专属私人服务 自助服务 自动化服务 社区 与客户协作，共同创造
5	收入来源	什么样的价值能让客户愿意付费？ 他们现在付费买什么？ 他们是如何支付费用的？ 他们更愿意如何支付费用？ 每个收入来源占总收入的比例是多少？	资产销售 使用费 会员费 租赁 许可使用费 经纪人佣金 广告费
6	核心资源	我们的价值主张需要什么样的核心资源？ 我们的渠道通路需要什么样的核心资源？ 我们的客户关系呢？ 收入来源呢？	实物资源 知识性资源 人力资源 金融资源
7	关键业务	创造和提供我们的价值主张需要开展什么关键业务？ 建设和运作渠道通路需要开展什么关键业务？ 维护客户关系呢？ 获取收入呢？	生产 解决方案 平台/网络
8	重要合作	谁是我们的重要伙伴？ 谁是我们的重要供应商？ 我们正在从伙伴那里获取哪些核心资源？ 合作伙伴都执行哪些关键业务？	优化及规模效应 降低风险和不确定性 特殊资源及活动的获得
9	成本结构	描绘运营一个商业模式所引发的所有成本 什么是我们商业模式中最重要的固有成本？ 哪些核心资源花费最多？ 哪些关键业务花费最多？	成本导向 价值导向 固定成本 可变成本 规模经济 范围经济

在设计商业模式过程中，并不一定必须要回答上述所有的问题。很难有人能做到面面俱到，我们更多的是用这些问题，引导我们去思考、去勾勒、

去完善，不断推敲、不断绘制、不断创新，去设计自己的商业模式。

你可以在一个大房间里，按照以上的顺序依次在九个板块里填写内容——最好是以便笺纸的形式，每张纸上只写一个点，直到每个板块拥有大量可选答案。然后，摘掉不好的便笺纸，留下最好的那些，最后按照顺序让这些便签上的内容互相产生联系，就能形成一套或多套商业模式。

商业模式画布的优点在于让讨论商业模式的会议变得高效率、可执行，同时产生不止一套的方案，让每个决策者心中留下多种可能性。错误的方案被删除，防患于未然；优秀的方案在半个小时内便确定下来，同时还会产生很多备选方案用来应对变化。商业模式画布是关于全局的集体智慧和长远设计。

关于商业模式的设计，还有很多其他方法。有兴趣的同学可以多了解，帮助自己更全面地构想商业模式。

【视野拓展】

创新商业模式的六个方法[①]

方法1：客户洞察。

基于客户洞察建立商业模式。企业在市场研究上投入了大量的精力，然而在设计产品、服务和商业模式上却往往忽略了客户的观点。良好的商业模式设计需要依靠对客户的深入理解，包括环境、日常事务、客户关心的焦点及愿望。操作方法：找出你的相关商业模式中可提供服务的所有客户细分群体。选出3个有希望的候选人，并选择一个开始客户描述分析。通过客户看到的是什么、客户听到的是什么、客户真正的想法和感受是什么、客户说些什么又做些什么、客户的痛苦是什么、客户想得到的是什么6个问题进行分析，找到探索商业模式。

方法2：创意构思。

生成全新商业模式创意。绘制一个已经存在的商业模式是一回事，设计一个新的创新商业模式是另一回事。设计新的商业模式需要产生大量商业模式创意，并筛选出最好的创意，这是一个富有创造性的过程。这个收集和筛选的过程称作创意构思。操作方法：创意构思有两个主要阶段。一是创意生成，这个阶段重视数量；二是创意合成，讨论所有的创意，加以组合，并缩

---

① 资料来源：亚历山大·奥斯特瓦德. 商业模式新生代［M］. 北京：机械工业出版社，2016.

减到少量可行的可选方案。这些可选方案不一定要代表颠覆性的商业模式，也许只是把你现有的商业模式略做扩展，以增强竞争力的创新。可以从几个不同的出发点生成针对创新商业模式的创意。我们来看看这两点：一个是使用商业模式画布来分析商业模式创新的核心问题；另一个是使用"假如"的提问方式。商业模式创新的创意可以来自任何地方，商业模式的9个构造块都可以是创新的起点。具有改造作用的商业模式创新可以影响到多个商业模式构造块。

方法3：可视思考。

所谓的可视思考，是指使用诸如图片、草图、图表和便利贴等视觉化工具来构建和讨论事情。因为商业模式是由各种构造块及其相互关系所组成的复杂概念，不把它描绘出来将很难真正理解一个模式。可以把其中的隐性假设转变为明确的信息，这使得商业模式明确而有形，并且讨论和改变起来也更清晰。操作办法：便利贴的用法和结合商业模式画布略图描绘的用法。将讨论四个由视觉化思维改善的过程：理解、对话、探索和交流。针对不同需求的不同类型的视觉化，每次配一幅图像，讲一个故事。

方法4：原型制作。

商业模式原型可以用商业模式画布简单素描成完全经过深思熟虑的概念形式，也可以表现为模拟了新业务财务运作的电子表格形式。操作办法：不必把商业模式原型看成像是某个真正商业模式草图。相反，原型是一个思维工具，探索不同的方向，哪些商业模式是应该尝试选择的方向？如果增加另一个客户细分群体会对商业模式意味着什么？消除高成本资源将是怎样的结果？如果赠送一些产品或服务，并且用一些更具创新性的产品或服务替代现在的收入来源又将会意味着什么？通过对这些问题的回答探索新的商业模式。

方法5：故事讲述。

形容一个全新的、未经考验的商业模式就如同只用单薄的文字去描述一幅画作。但是讲一个故事描述这个商业模式是如何创造价值的，就如同用色彩来装饰画布。就这样，新概念就又变得有形起来，而不再抽象了。操作办法：设计故事、讲故事的目的，是把一种新的商业模式以形象具体的方式呈现出来。故事的内容一定要简单易懂，主人公也只需要一位。结合观众的实际情况，可以从不同的视角塑造一位不同的主人公。从公司视角、客户视角、合作伙伴视角等去讲故事。要把故事讲得吸引人的技巧有许多，每种技巧也有其优势和劣势，适用于不同的场合和观众。在了解了谁是你的观众、你会出席什么场合后,再来选择一种匹配的技巧。

方法6:情景推测。

把抽象的概念变成具体的模型。它的主要作用就是通过细化设计环境,帮助我们熟悉商业模型设计流程。这里,我们会讨论两种类型的情景推测。操作办法:第一种描述的是不同的客户背景,客户是如何使用产品和服务的,什么类型的客户在使用它们,客户的顾虑、愿望和目的分别是什么;第二种情景推测描述的是新商业模式可能会参与竞争的未来场景,通过情景描述探索创意。

三、商业模式的自我评价

商业模式的设计是一个需要慎重、长期思考和决策的过程,很难有一次设计就成功的商业模式。我们需要对设计出的模式进行反复的评价与验证,才能最终确定下来。验证是一个实践的过程,对创业者来说,只能是小规模的检验,所以我们有必要在评价商业模式上下功夫。我们可以通过讨论以下七个问题,来评价自己的商业模式,如果难以回答或发现问题,就要及时回过头、修正商业模式。

(一)客户的"转移成本"有多高?

转移成本是指客户从一个产品或服务转移到另一个产品或服务所需的时间、精力或者金钱。转移成本越高,客户就越忠实于某项产品或服务,不会轻易离开去选择竞争对手的服务。

将转移成本融入商业模式中一个很成功的例子就是2001年苹果iPod的产品。这是一个专注于存储的产品创新,也是一个商业模式策略,让消费者将音乐拷贝进iTunes和iPod里,这种方式会让用户一旦用了这个产品以后很难再用其他竞争对手的数字音乐播放器。仅仅是用户这一点选择偏好,就为苹果后来强大的音乐中心和创新打下了坚实基础。

(二)商业模式的扩展性怎样?

扩展性是指在没有增加基本成本的情况下,能很容易地拓展商业模式,赢得利润。当然,基于软件和互联网的商业模式比基于砖头和水泥的商业模式有天然的扩展性,但是即使如此,数字领域的商业模式仍然有很大的区别。一个非常突出的例子就是脸书(Facebook),只用几千个程序员就可以为亿万用户创造价值。只有很少的公司拥有这样的员工用户比。

（三）能否产生可循环的经济价值？

通过一个例子可以很好地解释循环价值。报纸在报摊销售赚取销售费用，另外的价值可以通过订阅和广告进行循环。循环价值有两个主要的优势：第一，对于重复销售，成本只产生一次；第二，你可以有更多更好的想法来构想未来怎样赚钱。

还有另外一种循环价值形式：从之前的销售中获取增值收入。比如，你买一个打印机，需要持续购买墨盒，或买一个苹果手机，在从硬件销售中赚得利润的同时，来自内容和 App 产生的经济价值依然稳定增长。

（四）是否可以在你投入之前就赚钱？

毫无疑问，每个商人都希望在投入之前就获得收入。戴尔就把这种模式运用到电脑硬件设备制造的市场上。通过直销建立的装配订单，避免硬件市场可怕的库存积压成本。戴尔取得的商业业绩就显示了其在投入之前就赚钱的力量。

（五）怎么样让用户为你工作？

这可能是商业模式设计上最具有杀伤力的武器。在传统的市场上，宜家就让我们自己组装在它那里购买的家具，我们干活儿，他们赚钱。在互联网领域，脸书让我们上传照片，参加对话和"喜欢"某样东西。这正是脸书的真正价值，只提供平台，内容全部由用户创造，而公司却挣得天文数字般的利润。

（六）是否具有高壁垒，以防止竞争对手模仿？

一个优秀的商业模式可以使你保持长时间的竞争优势，而不仅仅是提供一个优秀的产品。苹果主要的竞争优势来自其商业模式而不是单纯的产品创新。对三星来说，模仿苹果的产品比建一个像苹果那样的应用商店生态系统要容易得多。所以，三星无论产品做多么炫，仍然无法撼动苹果的地位。

（七）是否建立在改变成本结构的基础上？

降低成本是商业实践中的长期追求，有的商业模式不仅能降低成本，而且创造了一个与以往完全不同的成本结构。巴帝电信——印度最大的移动运营商,一直在通过摆脱网络和 IT 的束缚来完善他的成本结构。该公司通过与网络装备制造商爱立信和 IBM 合作,购买宽带容量来降低成本,现在他们已经能够提供全球价格最低的移动电话服务。

当然没有一个商业模式设计能一一对应以上七个问题并且得到完美的 10 分,不过有的却可能会在市场上成功。对创业者而言,时刻用这七个问题提醒自己,有助于让你保持长久的竞争力。接下来,你需要做的就是用市场检验你的商业模式。

【视野拓展】

华为的两种商业模式[①]

华为在创办的初期,作为民营企业融资困难,同时为了吸引人才,任正非大量稀释了自己的股份,这就是华为的全员持股。既是员工又是股东,所以华为能万众一心,蓬勃向上,企业的执行力特别强。华为发家靠的是国内市场,现在挑大头的是国外市场,针对不同背景、不同发展阶段的市场,采用了不同的商业模式:国内市场商业模式和国外市场商业模式。

1. 国内市场商业模式

首先,20 世纪 90 年代初期,华为开始进入国内电信市场时,并不被认可,随着环境的急剧变化,华为的高层管理者对外部环境变化做出准确而又迅速的反应。2000 年中国电信一分为 7,变为电信、移动、联通、铁通、网通等运营商。华为立即决定成立 7 个运营商系统管理部,每个省都相应设置分支机构,建立独立的关键绩效指标(KPI)。中国电信一分为 7 后,采购决策权从地方收到总部。西方公司以前主要做总部和省公司关系,被华为遍布各地市的市场网络蚕食了很大市场,表面上看这一消息对西方利好。但,华为敢于反弹琵琶,在每个地市建立客户服务中心,以前的销售经理变为客户代表,也就是想方设法提高华为的服务水平。

2. 国外市场商业模式

作为发展中国家品牌,华为要想短时间内被发达国家认可,绝非易事(发达国家占据世界电信市场 80% 份额,是不可忽略的主战场)。因此,华为一开始就确立了"农村包围城市"策略。然而,即便是"农村",市场开拓难度也是极其艰辛。但华为坚持了下来,2000 年后开始开花结果,2003

[①] 资料来源:黄长元. 任正非和华为成功的秘诀 [EB/OL]. https://www.taodocs.com/p-171221336.html.

视频 7.3：精益画布

年销售额一举突破 3 亿美元。目前华为海外市场已占销售收入的 75%，其中欧洲市场占到了其总销售收入的 10%，成为全球第二大电信设备商。为了布局海外市场，从国内抽调了大批销售精英奔赴全球，导致国内市场被中兴抢走不少。同时，在海外市场，十年磨一剑，营销费用惊人，而回报却迟迟才来到，如果华为是一家上市企业，每年都紧紧围绕在净利润考核指标上，那么华为很多分公司中途估计早就被砍掉，更不会有今日华为辉煌的海外市场。所以换个角度来讲，不上市反而是华为的某种优势，确保了它可以着眼于未来进行长期布局、精耕细作，而不是计较一城一地的得失。

华为成本领先，有其自身的努力，更多地应该说是得益于中国的国情。华为是典型的哑铃型结构，研发和市场人员都超过 40%，中国每年 300 万工科大学毕业生源源不断地为其输血，研发人员平均工资只有国外竞争对手的 30%，而中国人上班时间本来就长，且华为奉行加班文化，所以华为的研发成本只有国外的十分之一。因此华为在研发高投入的通信设备行业，具有得天独厚的成本领先优势。

第八章

创新创业能力提升与路演融资

第一节　大学生创新创业能力

一、大学生创新的重要性

21世纪是知识经济时代，它的到来使我国高等教育面临前所未有的机遇和挑战。知识经济是主要依靠知识创新和知识广泛传播发展的，以智力资源来创造财富的经济。创新是它的灵魂，而创新的关键在于人才。无论是知识创新还是技术创新，无论是经济竞争还是科技竞争，都要靠大量高素质的创新型人才，培养具有创新素质的人才是时代的迫切需要，也是一个国家富强及在国际竞争中立于不败之地的重要因素。人才来源于教育，高等学校是培养高素质创新型人才的摇篮。大学生，是实践创新活动的重要主体。

创新对个体品格的养成具有重要作用，因为它激发的是一个人最具价值的能力和向人生更高层次发展的直接动力。现在的大学生是全面建设小康社会的人才之源，是中国各项事业迅猛发展的排头兵，肩负着中华民族复兴的伟大使命。对大学生进行创新精神和创新能力的培养，使之真正成为与时代潮流相适应，最终成为引领时代发展的一代高素质人才，我们的国家才有可能在新的世纪里缩短与发达国家在知识创新和发展方面的差距。所以，创新素质教育不仅仅是大学生个体成长成才的内在与长远需要，更是民族兴旺发达、建设社会主义和谐社会的紧迫召唤。

（一）大学生创新的意义

1. 创新是大学生获取知识的关键

在知识经济时代，知识的增长率加快，知识的陈旧周期不断缩短，知识转化的速度猛增。在这种情形下，知识的接受变得并不重要，重要的是知识的选择、整合、转换和操作。学生最需要掌握的是那些包括面广、迁移性强、概括程度高的"核心"知识，而这些知识并非靠言语所能"传授"的，它只能通过学生主动地"构建"和"再创造"而获得，这就需要大学生的创新能力在其中主动发挥作用。

2. 创新是大学生终身学习的保证

随着高等教育规模的不断扩大，高等教育职能正在由精英教育向素质教育转化，学习也正由阶段教育向终身教育转化，学习将成为个人生存、竞争、发展和完善的第一需要。在知识的无限膨胀、陈旧周期迅速缩短的情况下，大学生的社会就业将变成更加不稳定。在创新意识的指引下，大学生有能力在毕业之后，利用各种有利条件，根据所从事的工作不断完善自身的知识和能力结构，更好地达到完善自我和适应社会的目的，从而为终身教育打下坚实的基础。

3. 创新决定大学生的未来

创新是人的综合能力的一种外在表现，它是以深厚的文化底蕴、高度综合化的知识、个性化的思想和崇高的精神境界为基础的。创新思维的有与无，将决定一个人的发展前途；创新能力的高与低，将决定一个人的事业天地。古今中外，大凡在事业上有所建树、有所作为的人，可以说，都是创新思维能力很强的人。他们靠智慧、靠特色、靠创新、靠点子，开拓出了事业上的一片广阔天地。创新能力强，就能敢于说别人没有说过的话，敢于做别人没有做过的事，敢于思考别人没有思考过的问题。创新思维的水平，将决定一个人的勇气、胆识的大小，谋略水平的高低。准确了解、把握自己创新思维能力的大小及其表现形式，将有助于自己的发展定位和目标设计。

（二）创新型人才是大学生的发展方向

创新型人才，就是具有创新意识、创新精神、创新思维、创新知识、创新能力并具有良好的创新人格，能够通过自己的创造性劳动取得创新成果，在某一领域、某一行业、某一工作上为社会发展和人类进步做出了创新贡献的人。仅有创新意识和创新能力还不能算是创新型人才，创新型人才首先是全面发展的人才。个性的自由独立发展是创新人才成长与发展的前提，作为工具的人、模式化的人和被套以种种条条框框的人不可能成为创新型人才。当代社会的创新型人才，是立足于现实而又面向未来的创新人才。创新型人才的主要特点包括：

1. 强烈的创新意识

当前，我国正处于发展的重要战略机遇期，大力培育创新型人才，为建设创新型国家、国家创新体系和全面建设小康社会，提供坚强的人才保证和智力保障，显得尤为迫切和重要。从一定意义上说，创新型人才正以前所未有的时代需求承载着推进国家自主创新，在激烈的国际竞争中占据主动，实现中华民族伟大复兴的历史使命。因此说，创新型人才必须是有理想、有抱负的人，具备良好的献身精神和进取意识、强烈的事业心和历史责任感等可贵的创新品质。具备了这样一种品质，才能够有为求真知、求新知而敢闯、敢试、敢冒风险的大无畏勇气，才能构成创新型人才的强大精神动力。

2. 全面的创新素养

创新是一个探索未知领域和对已知领域进行破旧立新的过程，充满各种阻力和风险，可能遇到重重的困难、挫折甚至失败。人类科学技术发展到今天，要获得每一点进步相当困难。因此，创新型人才每前进一步都需要非凡的胆识和坚韧不拔的毅力，为了既定目标必须始终不懈地进行奋斗，锲而不舍，遭到阻挠和诽谤不气馁，遇到挫折和挫败不退却，牺牲个人利益也在所不惜，不达目的誓不罢休，不自暴自弃，不轻言放弃。只有具备了这样的创新意志，才能不断战胜创新活动中的种种困难，最终实现理想的创新效果。不畏艰难、勇于探索是创新型人才的必备要求；独立个性则是进行创新性活动的前提，只有具备独立自主精神，不盲目追从，能独立思考判断，才能取得非凡成绩。从当今世界发展看，独立个性尤为重要，因为一个多变的时代、多元的社会要求有不同的人，才能解决不同的问题，如果缺乏独立个性，不相信自己的力量而过分依赖环境和他人，就难以成功成才。

创新成果的出现往往需要多人共同努力。在诺贝尔奖开设最初的25年中，获奖者的工作中有41%是合作性的，到了1972年79%的获奖者由于合作而获奖。尤其是在知识爆炸的今天，任何人也无法收集和掌握每年约有10亿信息单位的信息量，没有任何一个个人可以单独从事一项社会创新工程和研究项目。因此，创新型人才要有较强的合作意识，善于整合多方力量、争取广泛配合，在团结协作中从事创新实践并获得创新成果。创新型人才还应具有敏锐的思维习惯、掌握基本的创新方法与技巧，参与丰富多样的创新实践，总之，创新型人才需要具备全面的创新素养。

3. 扎实的知识储备

在人类知识越来越丰富和深奥的今天，要求创新型人才的知识结构既有广度，又有深度，只有通过知识的不断积累才能用更宽广的眼界进行创新实践。如果没有扎实的知识功底与合理的知识结构，就难以在既有知识体系基础上对其进行转化和整合进而形成新的、有利于创新发生的知识体系。创新型人才只有有了深厚扎实的基础知识、精通本专业的知识技能并了解相邻及相关学科的知识，才能在不同学科之间进行科学合理的整合，避免在分析解决问题时出现单一性和直线式，从而较好地实现知识的正向迁移和转化，促成创新性成果的产生。事实表明，知识数量增大可使知识品种和类型呈现出多样性，思想也就相应地倾向于多元化，因而个体能产生丰富的联想、形成新的思路、提出多个设想，有助于创新。

一般来说，创新型人才应具备"新、专、博"的知识结构。"新"即掌握新的前沿性知识。目前各种知识的更新与转移速度加快，仅仅凭借个人原有的知识系统已难以满足创新的需要，创新型人才必须不断汲取新鲜的知识营养，这样才能跟上时代发展的步伐。"专"即在某一领域有较深造诣。面对无限的知识，精力有限的个人不可能成为各个方面的全才，因此立足某一领域并精通其知识是个体成长的必然要求。"博"即有广泛的知识基础。随着学科的交叉与渗透，许多事情和问题的解决需要运用不同领域的知识和方法，因此广泛获取知识并提升多角度分析问题的能力显得尤为重要。

【视野拓展】

周世宁院士——创新人才的六个素质[①]

创新是人的潜能，对大多数人来说，都能在不同的岗位上做出创新的成绩，但是要做到这一点，也是不容易的，需要在素质上培养，在理论上学习，在实践中锻炼。我想就创新人才的素质这一方面，根据自身的体验，作一个简要的论述。创新人才的素质应当具有以下六个方面。

☆ **坚定的自信**

为什么把自信作为素质的首要品质？这是由创新的特点来确定的，创新的关键是新，是做前人没有做过的事。从某种意义上讲，创新是个人行为，能不能成功，要看实践的结果，这里充满风险和困难，创新者必须对自己的选择和决定，具有坚定的信心，才能开始进行研究工作。在工作的过程中出现问题和失败是必然的，这里更需要坚定的信念，才能克服困难取得胜利，所以对创新者来说，需要自信，自信，再自信。在任何困难的情况下，都要

---

① 资料来源：周世宁. 创新人才的六个素质［EB/OL］. ［2012-01-30］. https：//www.cas.cn/xw/zjsd/201201/t20120130_3430796.shtml.

坚信经过自己反复思考的奋斗目标是有科学依据的，是一定能实现的，这是创新成功的基础。创新者必须要有强烈的创新愿望，时刻注意周围的新技术、新工艺和新事物，千方百计把它应用到工作中来，所以我们要勤奋学习、善于思考、勇于实践，因为创新思维一定要建立在科学的基础上，加上深入细致的实践，才能使理想转变为现实。根据我的体验，一项新的创造往往要经过几次失败，才能取得成功。不要把失败当成痛苦和打击，而要把它当成一个过程，所以在内心中要充满自信，相信自己的选择、分析和决策是正确的，要有坚强的心理素质。

遇到困难和挫折，不动摇，不退却，这就是创新成功的道路。

☆ 深厚的理论基础和广博的知识面

创新的想法必须建立在科学的基础上，特别是原始创新是建立在深厚的基本理论之上的，所以学习一定要好。要做到学深学透、学会学活是不容易的，但是一旦你真正掌握了理论，它就会显示出强大的力量，取得你事先难以想象的好结果。技术的创新可分为两种类型：即原始创新和移植创新。原始创新是根据基本理论从源头上创新，这需要深厚的基本理论知识，这个难度大，是很不容易的。移植创新是将其他领域中的新技术、新工艺，经过改造运用到自己的工作中来。这就需要广博的知识和丰富的联想能力以及灵活运用的经验和技巧。这两者都要求我们要勤奋地学习和善于深刻地思考，但是一般说来，移植创新是创新的主要方面，所以我们要努力扩大我们的知识面，在创新的道路上，不存在专业对口学习和应用的要求。

☆ 强烈的创新愿望

对创新者来说，强烈的创新愿望是发现问题和提出问题的前提。创新人才的重要品质在于时刻关注着周围的新事物和技术进步，不断地学习，不断地探索是否可以引用到自己的工作中来，或者把它用到另一个领域。在我们的周围经常可以看到一些学习优秀、业务水平很高的国内外著名大学的毕业生，虽然他们工作良好，但缺少发明创造，没有发挥出自身的潜能，做出突出的成就。其中最重要的就是自身没有强烈追求创新的愿望。丰富的想象力是创造发明的动力和源泉，而中国的传统思想是不利于创新的。如"标新立异""异想天开"，都是贬义词；其他如"行高于众，人必非之""木秀于林，风必摧之""出头的椽子先烂""枪打出头鸟"等中庸之道的思想都是不利于创新的。所以长期以来我国诺贝尔奖获得者极少，近几年国家自然科学奖一等奖和国家发明奖一等奖的连续空缺也说明了这一问题。有些人抱怨生不逢时，不像科学处于发展初期，发明创造的机会多，认为现在研究问题的难度大。这是完全错误的。我认为发明的机会比比皆是，就在我们的身边，关键在于你去不去探索和实践。一个优秀的创新人才要善于从似乎无关的事物和现象中，抽象出他关键的机理和思路，并且加以扩展应用，这也是移植创新的重要途径。

☆ 良好的分析能力和实践技能

世界上的事物都不是孤立存在的，是受到多种因素影响的，而各个因素又是时间、空间的函数，在一定条件下发展变化。这就给创造发明造成了困难，要做到少走弯路，首先要从宏观上分析我们的思路，是否合乎道理，是否科学可行。一个优秀的创新人才应具有从许多因素中，找出最关键的因素，分析它的运动过程和作用，然后加以控制和利用。关键因素有的是硬件，有的是软件，这里除了需要深厚的理论基础，也需要经验，是一个比较复杂的，也是很重要的问题。

☆ 掌握正确的研究方法

首先要明确创新研究的目标和要求，然后选择技术途径。用作图分析法，在纸上列出各个影响因素，用不同颜色的线条勾画出各因素在时间、空间上的关系。用极限判别法分析各个因素的地位和作用。确定技术关键和关键因素，及其解决方案。进行简单的定性试验，看看设计思想是否对路，有没有重大的错误。进行小型的定量试验，进一步审查设计中有没有问题，然后加以总结。完善现有的实验方案和系统，再将成果应用于实际。推广研究成果，扩展其应用领域。

☆ 健全的体魄和坚强的心理承受能力

在紧张剧烈的市场竞争环境中，每个人都在心理上承受着巨大的压力。繁忙的工作，复杂的问题，要求我们在任何情况下，都要保持乐观的情绪，具备敏锐的观察分析能力，没有健康的身体也是难以胜任的。创新工作是一种尝试和探索，不可能一做就成，所以创新者要具有坚强的心理承受能力，要有坚忍不拔的意志，能够承受失败的挫折。从某种意义上来说，在创新的道路上，坚韧的意志比优秀的学习还要可贵，学习好的人容易找，而意志坚强的人难求，学习好、意志坚的人是真正的优秀创新人才。要有坚强的心理素质，不把失败当成痛苦和打击，而把它当成一个过程，只要创新的思路正确，就一定能成功。创新者也要能够承受成功和荣誉的压力，在名利面前保持冷静的头脑，这样才能做到与时俱进，再创辉煌。同样地，在完成一项创新产品后，应努力加以完善和推向市场。这一点往往非常困难，因为生产和经营不是研究人员的强项，但在产业化过程中，会暴露出许多技术问题，需要不断地加以改进完善。对创新者来说，应该认识到这一工作的重要性，热情地做好这一工作，圆满地完成创新过程。

二、大学生创新能力培养

正如我们经常把创新与创业放在一起，创新型人才与创业型人才的区分也并不明确。作为大学生，在进行未来职业的选择时，并不是每个人都选择创业，但是我们每个人都应该努力成为创新型人才。现实中很多案例告诉我们，当你成长为一个出色的创新型人才时，创业只是水到渠成的事情。从能力的角度看，在现代人才的规格和素质要求中，创新能力被认为是一个人能力结构层次中最高层次的能力，具备不断创新的才能是未来人才素质的重要特征。可以说，创新能力将成为人们适应未来信息社会的急剧变化性和高度竞争性的一种生存能力，更是创业者披荆斩棘、开疆拓土时必须具备的核心能力之一。

（一）创新能力培养方向

1. 培养创新个性

人没有个性，就没有创造性，就没有发展。创新个性就是在对待事物的态度方面，能具备从事创新活动所必需的、正常的、健全的心理。一要树立远大理想和抱负，提高创新欲望。大学生要胸怀远大理想，要有立志为国家、社会做贡献的创新渴望。创新欲望越强烈，越利于激发创新激情与创新意识，活跃创新。二要坚信自己具有创新能力。培养提高创新能力的首要心理条件，就是充分坚信自己具有创新潜能。坚定的创造信心，有利于增强锐意进取、百折不挠的意志，促进创新思维和创新想象的活动。三要培养探索问题的敏感性。大学生要培养自己对新生事物的好奇心和观察问题的敏锐性，逢事多问几个为什么，不要对什么事都习以为常，安于现状。要能及时发现和抓住新生事物的苗头，把握创新机会。四要善于开动脑筋，保持思维的独立性，养成独立思考问题、解决问题的习惯。一个缺乏独立思考能力，习惯于附和多数、人云亦云的人，是很难有创新意识和创新作为的。五要保持良好的竞争心态，积极参与竞争，在竞争中进行自我激励。

2. 消除主观障碍

影响大学生创新思维发展的障碍包括：受传统观念的束缚、不加批判地学习和固执己见等。这些都是大学生需要克服和消除的。传统的理论、观点和方法，往往束缚人们思想，如果大学生在思考问题时，总是过于轻信教科书和迷信学术权威的观点，不敢超越前人半步，常纳入别人的思维轨道，就会阻碍自己的创造性思维。大学生在学习探索活动中，要突破传统观念的束缚，敢于对传统学术观点大胆提出质疑。任何创新都是在继承基础上进行的，广博的知识基础能促进人的创新思维活动。但是，如果大学生在学习过程中，只继承不批判，机械地照搬别人的知识，就不利于创造性思维的发展。因此，大学生应保持思维的批判性，在学习前人的知识时做到批判地汲取。批判就是否定，而否定就意味着创新活动的开始。固执己见、偏见和过于依赖、谨慎、谦虚、病态的安全感等不健康心理，都会阻碍大学生创造性思维的发展，应加以克服。

3. 优化知识结构

必要的知识储备是创新活动的重要前提。著名的生理学家巴甫洛夫（Pavlov）曾对青年们说："你们要在攀登科学顶峰之前，务必把科学的初步知识研究透彻。"大学生应注重知识结构的建构与优化，应做到：努力学习和掌握渊博的基础理论知识，力求融会贯通、化知为智。努力拓宽知识面的同时，强化知识的系统性和整体效应。大学生除了要学好专业知识，还应对社会、经济、政治、人文、管理等方面的知识有所了解，掌握与专业相关的学科知识和技术要领，并注重各学科知识间的交叉、渗透与综合。不断进行大容量的新知识储备。大学生要注重对最新理论、最新技术和最新信息的了解，不断探求新的知识，努力掌握社会、文化、科技发展的最新动向。

4. 掌握创新方法

学习和掌握一些科学的创新理论和方法，是培养提高大学生创新能力的关键途径。科学的创新理论和方法是科学家们在长期的科学创造实践中探索总结出来的，对大学生创新能力的培养提高具有很强的指导意义。一要掌握辩证唯物主义世界观和方法论，遵循辩证唯物主义的认识路线，用正确的认识论指导自己的实践，避免在创新活动中走弯路、误入歧途，否则，真理可能从自己的鼻子底下逃走。二要学习有关创造学原理，掌握创新活动的内在机制、基本过程和内容，学会如何进行创新，同时还应掌握从事学科研究的一般方法、技能和规律，以提高科研能力。三要学会用创新思维方法，如求异思考、求同思考、反向思考、联想思考、类比思考等创新思维方法。四要掌握创新技法，如移植创新法、逆向创新法、外向创新法和极端化创新法等一些科学的创新技法。

5. 参加创新实践

社会实践是人类能动地改造自然和社会的活动，人类的实践活动具有能动性、客观性和创造性等特点。可以说，一切创新的内容都来源于社会生活，来源于社会需求。在校大学生应充分认识社会实践对创新活动的重要性，多途径参加社会实践活动，如积极参加社会调查活动、社会实习活动、课外兴趣小组活动，以及亲自参与科研课题的研究工作等。大学生通过参加社会调查活动，有助于了解和掌握现实生活中出现的新问题、新情况和新需求；通过社会实习，有助于发现现有的理论、观点和研究方法在现实条件下遇到的新挑战，为寻找"创新点"，确立"创新选题"创造条件；通过亲自参加科研课题的研究，有助于大学生对学过的知识进行综合与深化，在科研中提升知识。

另外，在实践方法上，一方面要坚持实践内容和形式的多样性，以实现多侧面、多领域锻炼；另一方面要强调实践的创新性，提高实践的层次，每一次实践不能只简单地重复过去，只有在内容和形式上都比过去有所发展，有所突破，才能有所创新。同时，大学生还应注意提高对每次实践活动的利用率，注重在群体实践活动中相互学习、取长补短，提高自己。

【视野拓展】

改变世界的乔布斯[①]

史蒂夫·乔布斯（Steve Jobs）被认为是计算机业界与娱乐业界的标志性人物，同时人们也把他视作麦金塔计算机、iPad、iPod、iTunes Store、iPhone 等知名数字产品的缔造者。1976 年，乔布斯和朋友成立苹果电脑公司，他陪伴了苹果公司数十年的起落与复兴，深刻地改变了现代通信、娱乐乃至生活的方式。2011 年 10 月 5 日他因病逝世，享年 56 岁。

乔布斯被誉为改变世界的天才，他凭敏锐的触觉和过人的智慧，勇于变革，不断创新，引领全球资讯科技和电子产品的潮流，把电脑和电子产品变得简约化、平民化，让曾经是昂贵稀罕的电子产品变为现代人生活的一部分。到目前为止，世界上还没有哪个计算机行业或者其他任何行业的领袖能够像乔布斯那样举办过一场万众瞩目的盛会。在每次苹果推出新产品之时，乔布斯总是会独自站在黑色的舞台上，向充满敬仰之情的观众展示出又一款"充满魔力"而又"不可思议"的创新电子产品来，他的发布方式充满了表演的天赋。计算机所做的无非是计算，但是经过他的解释和展示，高速的计

[①] 资料来源：王卫红，金伟林，何伏林. 创业案例教程 [M]. 杭州：杭州出版社，2017.

算就"仿佛拥有了无限的魔力"。乔布斯终其一生都在将他的魔力包装到设计精美、使用简便的产品当中去。

苹果精神的缔造者乔布斯去世了。他经历过痛苦的失败和辉煌的成功，他短暂的一生给人类留下无限精彩，他的名字跟创新连在了一起，他也让人们知道，一个企业家，原来也可以让全世界如此顶礼膜拜。

（二）创新能力培养模式

1. 推行"1+1+N"培养模式

在一个创新创业项目中，可以在外面聘请一位经验丰富的工作人员（可以是老师，也可以是企业高管），同时学院给这位外聘人员搭配一个创新创业指导老师，而N代表项目组的学生成员。

学校和地方政府都要给学生主持的创新创业项目提供资助，鼓励学生的创新创业行为。如美国国家科学基金会为了将学生的注意力扩展到学校外部，让学生从学习研究中寻找出产品的经济和社会效益，进而接受外部专家的指导获得创业技能，提高其创新创业实践能力。在高校要注重对创新创业学生能力的培训，要通过各种方式吸引企业界的人员进入学校，营造一种积极学习的创新创业氛围。为了高校学生能够更好地从事创新创业活动，应该建立完善的创新创业导师责任制，提高导师的授课质量，倒逼其学生创新创业能力的提升。开展项目研究的过程中，创新创业学生需要参与专业的培训，如市场测试、模型开发等培训内容，学生在培训过程中会提高对创新创业相关知识的理解，可以帮助学生在校园里找到有用的资源。如一些在创新创业教育方面做得比较突出的学校，他们开展了创新商业化课程，主要目的就是让学生创业、创新开发等。创新创业项目组中来自外部的专家在创新创业实践方面会具有丰富的经验，参与项目的学生在外部专家的带领下，在创意概念形成、市场研究、知识产权保护、关系网络搭建等方面都会有切身体会，让他们真正体会到什么是创新创业，让学生能够走出校园，参与到真实的创新创业活动中，也让高校的创新创业活动范围更加宽敞，不再局限于校园里，真正突破大学边界，走进学生的日常生活。通过这种"1+1+N"培养模式，不仅可以培养学生的创新创业能力，还可以强化创新创业学生队伍建设，培养出具有丰富理论知识和实践能力的创新创业学生。

2. 实行"外引+内生"培养模式

高水平的师资队伍是学校的核心竞争力，是保证学校创新创业教育质量的前提。为了建立合理高效的创新创业师资队伍，需要外部引进和内部培养结合起来,通过"双轮"驱动优化师资队伍质量。

根据每个学校的实际需求开展"引人""引智"工作,外部的人才不一定要从其他的学校引进,也可以是企业、其他事业单位等机构组织的人员,不拘一格,但求所用,坚持"编内"与"编外"相结合,以固定编制为主体,柔性聘用作为辅助手段。在实际引进国内外优秀人才的过程中,很多学校可能面临资金等其他条件的困难,加上学科带头人、优质教育人员数量有限,很难全职引进创新创业学科的顶尖人才,这时可以采取一些其他的"引智"模式,如变全职为兼职或短期聘用的模式。学校要充分抓住这些外部优秀人才(企业高管、客座教授、创新创业专家、创新创业学科建设带头人等)聘期内的时间,请他们在学校做讲座、举行学术交流会、开设课程等方式为学校的创新创业学科建设、创新创业学生培养提供高质量的指导,让学校创新创业指导老师跟着这些优秀外部人员学习,可以丰富他们的社会阅历,提高其教研能力。这种不求我所有,但求我所用的人才引进思路不仅可以降低学校的用人成本,又可以使学校获得真实的益处。

仅仅依靠外部引进人才肯定是不够的,要想获得长远发展,还必须高校内部培养出一些优质人才。之前的历史已经告诉我们,闭门造车只会导致失败,不能故步自封,要积极融入互联网这个大时代背景,尽可能地与学校聘请的外部那些优秀人才开展深层次交流,拓展自己的能力。只有与那些在创新创业领域取得成就的人交流才能更快地提升自己,脱离平时上课那种纸上谈兵的状态。同时,学校可以利用与企业、其他科研机构建立的关系,将部分有潜力的创新创业学生送出去,让他们走出校园去学习别人先进的思想,认清自身的不足之处,寻找补短的途径。通过他们将外部的优质思想引进学校,从而让更多的学生可以学习这些好的知识。这种本着"外引 + 内生""请进来 + 送出去"的创新创业学生协同培养模式,可以在一定程度上缓解高校面临师资队伍师资薄弱的困境。

3. 强化产学研"融通"培养模式

高校创新创业学生的培养需要多方的共同参与,需要多主体协同。在以前出现的现象是高校、企业、科研院所都各自为主体,三者之间很少有交集,每个人都有自己的一套培养人才的方式方法,现在需要将他们融合在一起,建立彼此之间的交集。在新形势背景下,学校要发挥主渠道作用,积极搭建学生能与外部交流的创新创业平台,利用企业、科研院所及社会资源培养创新创业学生的知识转化能力,以网络化的思维建立创新创业人才培养生态体系。

学校要尽可能地培养出优秀人才，这样才能与企业、科研院所等机构进行有效对接，外部人员带进来的先进思想才能被消化吸收，变成自己的知识。创新创业学生进入企业能够切实参与到与创新创业相关的活动中，才能真正体会到创新创业实践活动。学生进入企业挂职锻炼、进入科研院所进行学术交流都可以获得知识，但这种一味地单方面索取合作模式肯定不会长久。因此，为了使彼此的合作能够长久深入地进行下去，学校应该成为企业的人力资源库，为企业的发展提供有用的决策和储备人才，培养出新时代企业需要的新型人才，降低企业的人力资源成本。科研院所的研究成果可以用于学生创业活动，帮助其实现研究价值，使知识能够进行市场化运用，在这个过程中创新创业学生起到了桥梁作用，自身既学到了知识，提升了其创新创业能力，并帮助自己实现了创业的梦想，更体现了科研院所人员的研究价值，把论文写在了祖国的大地上。另外，高校还应该定期举办一些创新创业论坛、国际会议等，邀请国内外行业专家参与讨论，使大家能够更好地交流合作，引进最新的创新创业思想，为培养创新创业学生注入新鲜的血液。

【视野拓展】

海尔集团创新能力提升路径[①]

海尔创新能力的提升是伴随着海尔不同时期因环境变化引起的矛盾转化而产生的，海尔早期面临的主要矛盾是产品质量与市场需求之间的矛盾。要想拥有自己的品牌，那么海尔必须拥有自己的核心技术，而当时的海尔基本上没有什么先进的生产技术。为了克服这个困难，海尔用了6年时间，通过委派技术人员学习、在实践中摸索等方式，通过消化吸收，再植入海尔的创新基因，以差异化的产品质量立足于市场，成为国内家电领域的领先者，主要表现为单一的技术能力。接下来海尔面对的矛盾逐渐由产品质量与市场需求之间的矛盾转化为产品类型单一与需求多元化之间的矛盾以及旧的组织结构与创新效率需求间的矛盾，海尔采取的措施是促进技术与市场的融合，组织、管理、制度等方面的融合，主要变现为组合创新能力。随着公司规模的扩大，组织结构也变得越来越复杂，企业发展与企业惰性之间的矛盾表现得越来越突出，如管理因素、制度因素、市场因素、技术因素、组织因素等方面之间都存在矛盾。

---

① 资料来源：许庆瑞，李杨，吴画斌. 企业创新能力提升的路径——基于海尔集团1984～2017年的纵向案例研究 [J]. 科学学与科学技术管理，2018，39（10）：68-81.

☆ 单一技术能力：20世纪80年代末~1993年

1984~1991年海尔实施了名牌战略，在这7年的时间里，冰箱是海尔主要的产品。为了提高冰箱的技术生产能力，张瑞敏制定了"起步晚、起点高"的引进技术原则，如青岛电冰箱总厂在1984年决定与德国利勃海尔公司签约，并从利勃海尔公司引进电冰箱生产线技术，这是当时亚洲第一条四星级冰箱生产技术。在20世纪80年代末、90年代初，中国家电行业在技术或设备上出现了一个奇怪的现象，即陷入了"引进—落后—再引进—再落后"的怪圈，但此时海尔集团高层已经意识到这个问题的严重性，不能仅仅依靠引进成套的技术标准，这只是一种纯机械式的引进，自身必须具有改造核心知识的能力。于是决定采取在实践中探索、在利用中学习的方式，技术人员在接下来的6年时间里不断被选派到德国利勃海尔公司接受培训，目的是希望能在生产线使用过程中掌握一些关键技术，通过不断地消化吸收使自己具有核心技术的复制能力。在这段时间里，国外的2000多项先进的冰箱制造技术知识被海尔吸收，为海尔后期建立全面质量管理体系提供了技术支持。海尔在这一阶段的创新能力主要是引进国外的先进生产技术和设备，然后通过在实践中探索、在利用中学习的方式进行消化吸收，在此基础上进一步植入海尔的创新基因，同时注重产品的质量，从而成为国内家电市场领域的领先者。

☆ 组合创新能力：1994~2005年

随着主要矛盾的转变，集团的战略也发生了改变，在企业发展的过程中，高层意识到单一技术能力的作用是有限的，仅仅依靠单一的技术能力并不能满足企业发展的需要。企业要想能够进行良性发展，其创新能力经常以组群的方式出现，通过他们的有机结合和协同作用才能促进企业高效、持续的发展，海尔高层开始注意到组合创新的重要性。通过组合创新可以把企业的核心能力转化为市场优势，从而提高自身的技术创新能力，同时组合企业的一些要素（如组织、管理、制度、市场、技术等）培育和形成企业的核心能力。

1. 技术与市场的组合

市场驱动创新，一直是海尔的强项。海尔重视市场调查与研究，重视用户意见，通过不断积累资料，利用市场间的差异性、自身的创新理念和技术来提高自己的产品市场。在冰箱上，不同地区的消费者对冰箱喜好不同。其中，宽大、粗犷的冰箱产品受到北京市场消费者青睐，而瘦窄、秀气的产品在上海市场上容易被消费者接受。海尔为了满足市场上不同消费者的需求，结合自身的技术分别推出了不同样式的冰箱产品，如在上海市场，海尔推出了一种瘦窄型的"小王子"冰箱。在洗衣机方面，由于一位女顾客抱怨市场上的洗衣机容量大，耗时、耗电、耗水，希望市场上能出售一种适合现代人的小洗衣机。海尔的决策人敏锐地抓住了这一市场信息，他们不仅重视这一信息，并且还对这一信息内的问题进行了大量的市场调查和研究，最终公司人员通过在技术上的改进和研发，成功设计出了"小小神童"洗衣机，此款洗衣机在市场上销售量很大，获得了巨大的成功。与此类似的还有印度市场上的"不弯腰冰箱""地瓜洗衣机"等产品。海尔通过市场能力和技术能力上的组合创新，大大提高了自己的核心能力。

在市场与技术组合前的模式中，我们可以看出技术和市场是脱节的，二者之间没有融合在一起，且此时是工艺创新追随产品创新，这种模式很可能会导致企业生产出来的产品并不是市场上需要的产品。市场与技术组合后的模式与市场与技术组合前模式相比，技术与市场紧密结合，而且工艺创新超前产品创新，生产出来的产品更加符合市场和消费者的需要。

2. 组织、制度、管理等要素的组合

在海尔的名牌阶段，海尔推行全面质量管理，主要目的是重塑员工质量的观念。海尔进入多元化阶段以后，海尔的扩张速度非常快，企业在内部管理上遇到了极大的挑战，企业的管理制度跟不上市场发展的速度。为了进一步提高员工的执行力和效率，张瑞敏提出了 OEC 管理模式，核心含义是全方位地要求对每个人每一天所做的每一件事进行控制和清理，概括起来就是"日事日毕，日清日高"。OEC 管理模式中的"日清日高"体现的是一种渐进式、阶梯式的改善思想，认为只有一个好的过程才能产生一个好的结果，将以前单纯对结果的管理转为对工作过程状态的控制。

从 1999 年开始，海尔进入了"三步走"的国际化战略阶段。海尔意识到自己和跨国公司的巨大差距，必须依靠速度和创新来赶超跨国公司，要激发每一位员工的斗志和激情，防止出现"大企业病"的情况，由此提出了"模拟市场"这一新的概念。通过把外部市场的压力转化为内部员工的压力，原来内部之间管理与被管理的关系、上下级的关系就变成了一种市场的关系，让企业里的每一名员工都能充分感受到外部市场的压力，提出了"市场链机制"（SST）。为了使市场链机制能够充分地实行，海尔进行了全面和系统的流程再造，将传统的职能管理变成市场关系，颠覆了传统的组织结构，在 1998~2003 年这 5 年的时间里，海尔的组织结构就调整了 42 次，这也是海尔实行市场链机制的第一个阶段。在这个阶段中，主要以"三化"

为原则,即信息化、扁平化、网络化,通过"三化"可以整合各种资源,使整个组织结构能更好地适应市场。海尔市场链机制的第二个阶段以"三主"为主,即主体、主线、主旨,让每一个员工从管理的客体变为主体,管理者的角色转变成经营者的角色,从用户那里得到订单并满足用户的需求,此时每一个人都成为战略业务单元(SBU),每个人都成为一个创新的主体。市场链机制的实施,提高了海尔响应市场快速变化和满足用户个性化需求的能力,加快了研发、创新的速度,各种成本得到明显降低,国际竞争力显著增强。

3. 战略与文化的组合

在企业持续创新支撑体系中,战略创新是方向,文化创新是先导,企业的长期发展和持续创新都离不开战略的指导作用,战略创新可以为企业提供更好的前进方向,有效地促进部门之间的协同,文化创新对企业员工的观念有重要影响,"敬业报国,追求卓越"的思想扎根于海尔每个员工心中。20世纪90年代后期到2005年,通过人人都是SBU、市场链和信息化的流程再造,形成了基于战略愿景进行协同的创新型文化。在20世纪末期,海尔抓住了企业兼并重组机会,为了扩大企业的规模,实行了兼并重组战略。1998年前后海尔兼并了原青岛红星电器有限公司、广东顺德洗衣机厂、合肥黄山电视机厂等企业。在当时很多企业发现兼并容易整合难的情况下,海尔独创了自己兼并整合其他企业的方案,即"激活休克鱼"的方式。海尔发现,那些被兼并的企业失败的原因不是在资金和技术方面,而是企业的管理方面存在问题。此时的海尔具有成熟的管理思想,建立了自己的企业文化,可以通过"无形资产去盘活有形资产"的方式去使得那些被兼并的企业重新发展。同时,海尔集团创造与发展了"高层经理人员定期学习班"、每周的三次例会(周一的领域主会、周三的小微主会、周六的平台主会),这是海尔特有的学习文化,在学习班和三次例会中,领导带头学习并结合工作讲解管理与创新的哲理,共同分析决策与创新中存在的深层次矛盾,制定确实可行的战略,解决企业实际问题。

☆ 全面创新能力:2005~2021年

全面创新管理实质是组合创新管理上的进一步发展。海尔的成功离不开其"全面"管理理念,为了更快更好地满足市场上用户的个性化需求,提高创新的绩效和核心能力,海尔逐步实施了以全方位(战略、组织、制度、管理、市场、技术、文化)为基础、以全时空创新和全员创新为主要特色的全面创新管理。企业的经营绩效、核心能力、全面创新管理三者之间存在密切的正相关联系。全面创新管理的实施有助于提高企业和全体员工的创新能力、创新动力、创新思想、创新速度,在此基础上企业的创新绩效也会随之得到提高,如果创新绩效提高的同时能满足用户的个性化需求,那么企业的市场竞争力无疑会提高,进而使企业经营绩效得到提高。

第二节 创业路演

视频8.1:
怎样做 BP

视频8.2:
创业项目比赛
路演案例

一、商业计划书撰写

创业计划,也叫商业计划(business plan),特定语境下也被简称为 BP,它是引领创业的纲领性文件,是创业者创业行动的指南。

(一)创业计划的作用

在现实中,创业计划书主要被用于吸引投资,是寻求融资的重要工具之一。对大学生创业者来说,创业计划书是我们参加创业大赛的展示和竞争性文件,可以成为我们成功获取融资的有力武器,也可以帮助我们有计划、有步骤地开展创业活动,其主要作用表现在以下几个方面。

1. 引导创业活动,监控创业过程

创业计划书可以引导创业者走过企业发展的各个阶段,尤其是在创业过程中,还可以依据创业计划书来跟踪监督企业的业务流程、分析实际成果与预期目标的差距等,及时调整自己的策略与方法。创业计划的制订是基于有效的信息收集和分析的基础之上的。这些信息有利于确定创业机会的价值,有利于确定创业的使命、目标和方法,从而确定创业是否可行和达到什么目标。同时,在实现这个创业机会的过程中也存在风险。创业者将机会与风险进行比较,以确定去实现这个机会的可能性,即明确机会的价值高于风险从而值得去追求。

创业计划的制定,有利于明确创业的战略,包括战略内容和执行过程。因为创业计划的制订过程回答了制定战略所需要的有关问题,包括市场、顾客和竞争对手的分析。

创业计划对信息的整合则进一步有利于形成一个战略,而战略确定了企业的模式和方向。

2. 强化内外沟通，建立创业信心

对于创业者来说，创业计划书是创业者与投资人之间必要的，也是最佳的沟通工具。在创业起步阶段或是成长阶段，外部融资将是创业者所面临的一个艰巨任务。创业计划不仅要告知潜在的投资者新创的企业所具有的成长潜力和收益回报，而且还要表明所包含的风险。由于创业者要与其他人和项目为争取有限的资金而竞争，因而创业者必须重视创业计划的制订，不能只走走形式或存在侥幸心理，因为投资者都是这一领域的行家，有着丰富的经验。

在创业团队内部，制订创业计划的过程也是一个梳理成员想法、明晰一致方向的过程。对于吸纳团队新成员以及招聘企业新员工，创业计划书中描绘的发展前景和成长潜力，也会团结参与创业活动的全部人员，建立他们的信心，为了共同的未来而努力工作。

创业计划还可以给早期客户或潜在客户以充分的信息，使其对新创企业和所提供的新产品充满信心，从而购买所提供的新产品并承诺建立长期稳定的合作关系。当提供同类产品的竞争者越多，这种承诺就越有价值。这时，创业计划的质量及他的吸引力和可信度起着决定性的作用。

在创业的准备阶段，供应商是否愿意向新创企业提供资源，以及以什么方式提供，将取决于其对新创企业及其前景的信任和信心。因此，创业者要通过创业计划使供应商对新创企业充满信心，这不仅会给企业带来所需要的资源，还可以获取较好的供货条件。

3. 成为承诺文件，约束创业行为

创业计划书通常会作为创业者与投资人所签署的合同的附件，从法律意义上讲，创业计划书将成为创业者对投资人的承诺书。同时，创业计划书也体现了核心领导对团队成员或者上级对下级的承诺，尤其是战略目标的定位、未来发展的规划、行动方案的提出都是一种书面的承诺，从而避免出现朝令夕改的问题。

（二）创业计划书的基本内容

关于创业计划书撰写，有不同的样本可供参考。事实上，创业者在写创业计划书时，难以做到面面俱到，即使列出了所有条目，内容也很难翔实可靠，往往缺乏数据支撑或关键性依据，沦为空话、套话。但是，无论怎样组织信息，一份创业计划书都必须包括以下基本内容：

1. 摘要/纲要

摘要是对整个创业计划书的概括，目的在于用最简练的语言将计划书的核心、要点、特色展现出来，吸引阅读者仔细读完全部文本，因而一定要简练，一般要求在两页纸内完成。

摘要十分重要，它是出资者首先要看的内容，因而必须能让读者有兴趣并渴望得到更多的信息，将给读者留下长久的印象。计划摘要应从正文中摘录出投资者最关心的问题：包括对公司内部的基本情况，公司的能力以及局限性，公司的竞争对手、营销和财务战略，公司的管理队伍等情况的简明而生动的概括。如果公司是一本书，它就像是这本书的封面，做得好就可以把读者吸引住。

2. 产品或服务

这是创业计划中非常重要的一部分，你的创业计划书一定要回答清楚三个基本问题：你的产品或服务是什么？你的目标客户是谁？对你的客户来说，这个产品或服务是不是有价值，有多大的价值？例如，有这样一份由大学生制订的创业计划书。他们的目标市场是为商学院的学生提供创业技术类产品。这样的定位还是比较精确的，可是在这份计划书的最后，他们又列举了10个网站是出售这些产品的。但是在他们的计划书中却没有明确指出，他们和这10个网站有什么不同，他们的价值比这10个网站高在哪里。也就是说，他们没有充分地说明白他们的产品或服务对客户到底有什么价值。例如，你是不是这个技术领域里唯一的掌握者，或是不是这个技术领域里较早推出这种技术的人，是否获得相关专利。

由于创业阶段，你可能没办法特别具体地展示出你的产品或服务的全貌，体现其完整的功能，但你必须指出你将生产什么样的产品，你将提供什么样的服务，你将解决谁的什么问题。你可以用对比的方法来说明，比如说你的想法是要在网上售书，你就可以说要成为像当当网那样的公司，因为大家对这样的公司很熟悉，一下就能明白你的意思，那么紧接着你需要进一步说明你和当当网的区别，你为客户提供了哪些当当网没有或无法提供的价值。

3. 市场和行业

- 你的创业想法在市场上能否奏效呢？
- 这个市场和行业的发展现状与速度如何？
- 你的竞争者是谁，他们在做什么？
- 你区别于他们的优势或特色在哪里？
- 你如何将这些产品或服务递交到客户手中？

这些都是需要在创业计划书中说明的问题，也就是说，你需要告诉读者，你有了一个好的产品或服务后，你是如何把他们放入市场中，成为一个商业产品或服务，并在市场与行业的竞争中占据一席之地，为你赢得收益。有时也需要说明你的定价，证明你的创业项目是可以被市场接受，并有盈利空间的。

4. 团队及管理

一个创业项目的成功与否，很大程度上取决于创业团队的水平，这不仅是一个广受认可的事实，也是大部分投资人的投资理念。所以在创业计划书中，必须对创业团队或管理理念做一个介绍。包括：

- 你的团队是如何组建的，包括哪些关键人才或技术？
- 你将如何管理企业和员工，是否需要及如何招聘高级管理人才？
- 你是如何分配股权的，预计的工资与激励将花费多少资金？
- 你的团队有哪些特色的经验或独特的优势？

任何一个团队、任何一个计划在最初都不可能十分完美，都需要随着时间的推移而逐步完善。我们可以直面这个问题，用开放的心态来应对质疑，你应该谦虚地表明：你预计将会面临的挑战及如何应付这些挑战。

5. 财务计划与融资需求

财务计划并不仅限于财务方面，还包括许多重要内容。例如：

- 创业项目历史与当前的财务状况分析。
- 今后三年（或更长时间）的盈亏发展预测，盈亏平衡点分析。
- 你需要多少资金，何时需要这些资金？
- 是否寻求其他资源的支持？

这一部分旨在使读者据此判断企业未来经营的财务状况，要让投资者能够判断其投资获得理想回报的可能性与比例。由于财务分析预测在创业及融资规划中的重要地位，创业者需要花费较多的精力来做具体分析，必要时最好与专家顾问进行商讨。对于寻求融资的创业者来说，财务预测既要为投资者描绘出美好的合作前景，同时又要使得这种前景建立于坚实的基础之上，否则会令投资者怀疑创业或管理者的诚信或财务分析、预测及管理能力。一般情况下，投资者希望你能逐渐投入融资资金，而不是刚建立公司时就大量投进去。作为一个创业者，在选择投资者时要非常谨慎。实际上投资人不仅仅能带来资金，他们还能带来像社会关系和技术这类服务。所以你在一开始就要想清楚你要投资者给你带来什么。

6. 风险及防范

这部分主要介绍创业项目或企业可能面临的各种风险隐患，风险的大小

以及创业者将采取何种措施来降低或防范风险、增加收益等。包括:
- 企业自身存在哪些局限或不足?
- 政策或市场有哪些不确定性?
- 产品与收益是否可靠?
- 你将采取哪些控制与防范风险的对策?

对于可能面临的各种风险,创业者最好采取客观、实事求是的态度,不能因为其产生的可能性小而忽略不计,也不能为了增大获得投资的机会而故意缩小、隐瞒风险因素,而应该对所面临的各种风险都认真加以分析,并针对每一种可能发生的风险做出相应的防范措施,这样才能取得读者的信任,也有利于引入投资后双方的合作。

【视野拓展】

一份创业计划书的目录[①]

一、摘要

二、企业介绍

(一)宗旨目标

(二)公司简介

三、行业分析

(一)目标顾客描述

(二)市场容量或本企业预计市场占有率

(三)市场容量的变化趋势

(四)营销计划

(五)市场调研

四、产品(服务)介绍

(一)产品品种规划

(二)研究与开发

(三)生产、储运和包装

(四)服务与支持

五、人员及组织结构

(一)管理队伍状况

---

① 资料来源:王卫红,金伟林,何伏林.创业案例教程[M].杭州:杭州出版社,2017.

（二）组织、协作及对外关系

（三）企业的法律责任

六、财务规划

（一）创办运营成本

（二）单位产品的经济价值（平均意义或典型产品）

（三）月度销售预测

（四）年度预算表

（五）现金流量表

（六）财务比率

七、风险与风险管理

八、公益计划

二、路演 PPT 展示技巧

（一）幻灯片内容设计示例

展示的幻灯片不宜过于复杂，应尽可能简单，不妨应用 6-6-6 法则，即每行不超过 6 个词语，每页不超过 6 行，连续 6 张纯文字的 PPT 之后需要一个视觉停顿（采用带有图、表的 PPT）等。一般情况下，一场二三十分钟的展示需要 10~15 张 PPT。不追求全面，要抓重点，尤其是观众可能感兴趣的部分。一定记住：展示的重点一定放在观众而不是演讲者感兴趣的地方。下面是一个推荐的展示 PPT 模版，共计 12 张 PPT。展示的 PPT 往往以标题幻灯片开始。该张 PPT 包括企业的名称/标志，创始人姓名和联系方式。

视频 8.3：爱彼迎 BP 解读

第一张 PPT：概述。对产品或服务进行简要介绍，对演讲要点做一简介，对该项商业活动带来的潜在收益（经济效益、社会效益）等进行简单说明。

第二张 PPT：问题。说明亟待解决的问题（问题在哪儿？为什么会出现该问题？如何解决该问题？）；通过调查证实的问题（潜在顾客的需求是什么？专家有哪些建议？）；问题的严重性如何。

第三张 PPT：解决办法。说明企业的解决办法与其他解决方案相比的独特之处；展示本企业的解决方案在多大程度上可以改变顾客的生活，以及企业的解决方案有什么进入壁垒。

第四张 PPT：机会和目标市场。要清楚定位企业具体的目标市场，对目标市场的广阔前景进行展望；通过图表的方式展示目标市场的规模、预期销售额和预期市场份额等信息，说明拟采取什么方法实现销售计划。

第五张 PPT：技术。介绍技术或者产品或服务的独特之处，尽可能使对技术的描述通俗易懂，切忌使用专业术语进行陈述；展示产品的图片、相关描述或者样品，如果产品已经试生产结束，则最好展示样品；说明可能涉及的知识产权问题，以及企业采用的保护措施。

第六张 PPT：竞争。详细阐述直接、间接和未来的竞争者，展示创业计划书中的竞争者方格，说明和竞争对手相比的竞争优势。

第七张 PPT：市场和销售。描述总体的市场计划、定价策略、销售过程以及销售渠道。说明消费者的购买动机、企业激起消费者欲望的方法，以及产品或服务如何到达最终的消费者手中。

第八张 PPT：管理团队。介绍现有管理团队（团队成员的背景和专长，以及在企业中将要发挥的作用，如何进行团队合作等），说明管理团队存在的缺陷或不足，如果有顾问委员会最好予以介绍。

第九张 PPT：财务规划。介绍未来 3~5 年企业总体的盈利状况、财务状况及现金流状况，尽量将规划的内容显示在一张 PPT 上，而且只显示总体数据，同时做好回答和数据相关问题的心理准备。

第十张 PPT：现状。用数据突出已经取得的重大进展，介绍启动资金的来源、构成和使用情况；介绍现有的所有权结构，介绍企业采用的法律形式及其原因。

第十一张 PPT：财务要求。如果有融资计划，介绍想要的融资渠道及筹集资金的使用方式，同时介绍资金筹集后可能取得的重大进展。

第十二张 PPT：总结。总结介绍企业最大的优势，团队最大的优势，同时介绍企业的退出策略，并征求反馈意见。

（二）10—20—30 法则

著名风投资本家盖伊·川崎（Guy Kawasaki）将他撰写商业计划的方法概括为"10-20-30 法则"，对创业者撰写好商业计划很有借鉴意义。他建议，企业家在阐述商业计划时能用 10 张 PPT 在 20 分钟内用 30 号的字体将你的创业思想阐释清楚。这个法则适用于很多场景：公司融资、产品销售、合作伙伴洽谈，等等。

10 页是 PPT 演示最理想的页数。因为普通人在会议中很难接受和消化超过 10 个以上的概念，投资人也是如此。如果你的业务一定要用超过 10 页 PPT 才能解释清楚，那么说明你现在的业务模型需要调整。

20 分钟演示。你必须在 20 分钟内讲解清楚 10 页 PPT 的内容。也许你有 1 个小时的会议时间，但是之前需要预留时间调整投影仪和 PPT，之后还要考虑到部分人员可能迟到或者必须提早离开。所以理想的演示时间是 20 分钟，其余 40 分钟的时间预留给问题交流和其他意外情况。

30 号字。很多创业计划 PPT 中的字号都在 10 号左右，一页 PPT 中写满了文字，然后演讲者只是去读这些文字。这不是一种很好的方法，因为台下的人一旦发现你在照着读，那么他们会自己去阅读这些文字。而你朗读的速度肯定要慢于他们阅读的速度，最后造成你和你的观众不同步。

"10-20-30 法则"阐述了简洁对于创业计划书的重要性，不仅是内容，主要是思路。精简的内容意味着明确的思路，明确的思路意味着核心的优势。在竞争激烈、许多二三线队伍依赖细枝末节博出位的中国创投市场，哪支团队要能靠雷打不动的核心竞争力吸引投资人，他们一定是行业中最优秀的。

（三）展示中的演讲技巧

谁都不希望话说一半观众就打瞌睡了。尤其是投资者见过的自荐人数不胜数。他们听完推荐，几分钟内就可以决定你是否值得他们花时间、花心思、花银两。以下是一些必要的沟通技巧，可以帮助我们更好地展示创业计划。

1. 展示"惊人"的数据

介绍惊人的研究数据，让观众瞠目结舌："真的吗？"但是注意这个数据一定是真实的，不能为了吸引眼球而造假。无论你准备解决什么问题，应对什么议题，满足什么需求，援引最新的、"惊人"的数据，为这个难题提供全新见解。引用德高望重的名人名言，证明某个突如其来的转变趋势、目标人群的骤增或法律法规的相关变化。

2. 带领观众进入情境

通过简单的情境展现或角色扮演，可能是一段提前摄录好的小视频，也可能是展示者带领观众去想象，总之让观众跟着你进入特定的情境之中，让他们感受到目标顾客的问题，感受到创业解决的问题、创业者创造的巨大价值。当观众身临其境、感同身受后，也就自然而然地接受了你的项目。

3. 一个好故事，成就一个好 Pitch

美国人奥伦·雅各布（Oren Jacob）拥有出色的口头表达能力和令人信

服的叙事能力，他总结了一套讲故事向投资人或是合作伙伴做简报（Pitch）的技巧。故事讲得好不好，决定了你的 Pitch 能否让人留下印象并且引起共鸣，不管你是要介绍你的产品还是团队，这几个讲故事的技巧都适用。

（1）好的故事需要千锤百炼。

首先，Pitch 不能是一成不变的。它取决于你演讲的对象，你演讲的场合和你演讲的内容。你得准备好一个 1 分钟的版本，一个 10 分钟的版本和一个 1 小时的版本。有些人认为，这就是把同一个故事编辑成不同的长度。错了，不能这样做。把一个 1 小时长度的材料压缩到 1 分钟，你还想以同样的激情来表述？那是不可能的。针对不同的版本，你必须有不同的处理办法。

除此以外，你的 Pitch 得不断地更新。每天你都会接收到新的信息：你的市场有了更好的前景，你的新员工很能干，你有一些新想法浮出水面。你的 Pitch 和你创业公司一样，都不是一成不变的。每一天的每一分钟，都会有新鲜事发生。对创业展示来说，头号重要的事就是练习，不断地、连续地，多适应、多练习。实际的操作要比大多数人想象得更费事。做 Pitch 就像是现场表演。你必须熟知自己要讲的内容，达到浑然天成的境界。你不能只是单纯地一遍又一遍地练习你的 1 分钟、10 分钟跟 1 小时的讲稿。你还需要考虑你演讲的场所，考虑如何观察观众的肢体语言，如何根据当下的情况作出相应的调整。

一个优秀的单人脱口秀演员可能会花上一年时间来准备一个固定节目，他们会来来回回练习上许多次，以求一上台就能感染观众，并且在有需要的时候随时调整节目内容。即使凑巧有观众喝倒彩的话，他们也能冷静地面对，继续自己的表演。如果你也能有很棒的即兴反应，那就太好了。要在那些可以感受到你的热情，但是对你公司的技术、财务或业务的细节知之甚少的人面前练习。让他们在你才讲到幻灯片第 2 页时，就打断你并提出一些第 12 页才会讲到的问题。要让他们不断地打击你，不按顺序提问，这样你就可以练习如何在讲稿的各个要点中自由地切换。只有通过这样的练习，你才能在要点之间构架好一道道桥梁，熟练地应对话题的转换。

创业者在募资会面时遇到的最棘手的问题就是谈话陷入僵局。有可能投资者问了一个问题，然后你发现自己绕来绕去都找不到路回头，话题怎么也拉不回到你原来的思路上去了。这时，你必须要保持清醒，随时意识到谈话是不是跑题了，而你真正想谈的是什么。不时地核对一下进度：我讲到第 5 页了，时间还剩下 10 分钟。如果你练习得足够好的话，在演讲现场你应该能掌控好进度,不要一味地想着面面俱到。

(2) 好的故事是有完整结构的。

Pitch 就像电影剧本一样,要有好的节奏感。你想要带领整个房间的人,踏上一个共同的旅程。这意味着必须有一根线,贯穿故事的开始、中间和结尾。当你开始组织你的材料,就得把故事的结构定好。最好的会面情况自然是听你 Pitch 的观众们会愿意加入你的旅行——为了确保这一点,你必须切中所有他们关心的要点。你可能会带一份 12 页的幻灯片走进会议室——12 页是雅各布建议的页数,按计划你会依次讲解每一张。但更多情况下,投资者会要求你跳过第 2 页或者直接跳到第 8 页。你可能已经准备好如何讲你的故事了,可你还需要观察房间里的人。如果他们想把你拉到另一个主题,就听取他们的意见,并作出相应的调整,但要记得维持好故事的结构。另外,不要在幻灯片上花大段文字去写一个结论,试着用别的方法去展现,你会发现那样的效果更好。

在撰写你的演讲稿时,一定要重点强调那些会让观众坚信应该给你支持的地方。如果你认为市场机会是令你得意的事情,要把他提出来,多花些时间在这上头。如果你认为你的团队是无与伦比的,就花点时间多讲讲。总之你的演讲稿和幻灯片,应该让你的论点更可靠,更有理有据。幻灯片中的图表可以帮助我们回答问题。一般应在 20 分钟里,把你的故事完整,详细地讲述出来。中间还有可能被打断,花时间回答问题。在现场你可能会临时决定把某些部分扩充得更丰满些,或者添加一些更细节的东西。你会感觉到,听的人希望你更多地阐述关于产品构造或者这个那个的内容。而你肯定不想让你的 Pitch 超时。与此同时,你得事先在你脑子里构思好各种丰富的小细节。通过不断练习,你可以把一些内容从你的演讲里删掉,可一旦对话进行到那个方向,你又得能够随时把他们捡回来。比如说你可以准备一些小故事,例如关于喜欢你们产品的用户的故事,或者是准备一些可以回答通用问题的答案。当你有了这样的准备,你就可以比较容易地把话题转移到你想要前进的方向上去。最重要的就是用你自己的话去说。你得做到能抛开幻灯片独自完成整个 Pitch。冷静地、从容地用好 20 分钟,覆盖住每一个关键点。要做到能在一分钟里,把所有的内容在白板上复述出来。除了以上两点,讲故事的技巧还有很多:

- 好的故事都是有起承转合的;
- 好的故事都有鼓舞人心的主角;
- 好的故事都是出人意料的。

同学们可以在不断的练习中，注意观察那些优秀的演讲者，用更多的技巧武装自己的展示。最好的故事就好像是用一幅旧的拼图，拼出一副全新的有价值的图画。

4. 现场答辩的注意事项

创业者要敏锐地预见观众可能会提出什么问题，为此创业者就可以做好准备。尤其面对投资者，他们可能会用很挑剔的眼光看创业计划，这时，创业者可能会很泄气。其实，投资者仅仅是在做分内的事情，提出的问题可能会有很大帮助，会给创业者很大启发。回答问题阶段非常重要，此时投资者往往考察创业者是否挖掘到问题的本质，以及对新创企业了解多少。现场回答投资者问题要注意：

- 对投资者问题的要点有准确理解，回答具有针对性而不是泛泛而谈。
- 能在投资者提问结束后迅速做出回答，回答内容连贯、条理清楚。
- 回答问题准确可信：回答问题建立在准确的事实和可信的逻辑推理上。
- 特定方面的充分阐述：对投资者特别指出的方面能做出充分的说明和解释。
- 整体答辩的逻辑性要求：陈述和回答的内容有整体一致性。
- 团队成员在回答时有较好的配合，能协调合作，彼此互补，对相关领域的问题能阐述清楚。

第九章 如何创办新企业

第一节 新企业的成立

一、创办新企业的前期准备工作

创新型国家建设是事关社会主义现代化建设全局的重大战略决策,其基础是创新创业人才培育。随着互联网、大数据、云计算、人工智能时代的到来,衍生出了很多创业机会,每天会出现很多新创的企业。创业者如何减少一些不必要的试错成本;选取怎样的组织形式;需要了解哪些法律法规等问题,都需要提前去做好工作。

视频 9.1:
创办新公司

(一) 创业者的 21 条军规

为什么不是 12 条、36 条,而是 21 条,这是因为在玩 21 点扑克牌游戏时,21 点的牌面最大。创业需不需要借鉴别人成功的经验?答案是肯定的。这个世界不断地涌现出一些新的创业机会,尤其是在技术呈现非线性加速度的时代。如果我们回望整个人类历史的发展进程,以及技术和创新在推动商业社会和经济体系不断进化中所扮演的重要角色,我们无疑会发现越靠近我们当下所处的时间点上近十年所发生的技术变化,往往大大超过了过去的二十年甚至更长时期所发生的技术变化。

在这些技术及市场变化所产生的商业机会中,创业者也随之不断地出现,如同海潮一样,永无止歇。他们当中,有些人会成为商业上的成功者,有些人或许会在某个时间点黯然退出,也有些人会怀着逆转命运的勇气重新踏入创业旅程。思考那些成功以及失败背后的因素和规则,就成为一件很有趣也很有意义的事情。

我们可以尝试从那些或失败或成功的创业者所经历的创业历程，归纳出一些给创业者的经验规则，尤其是给那些想要或者正在步入创业旅程的创业者。

这些创业的法则，并非不能违反的定律。这并不仅仅因为这些创业法则大多是源自创业者不断尝试和不断迭代的经验，更为重要的是即使我们将这些经验法则进行理论化，也并不意味着遵循这些规则的创业实践者会必然获得最好的绩效结果。然而，这些经验法则，将会帮助大多数创业者避免一些不必要的试错成本，也有助于那些新创业者在此基础上进行自己的思考并形成对自己更为有效的经验规则。

【视野拓展】

新创企业先融智后融资——雷军的小米[①]

自2010年4月成立起，小米就是一个"话题公司"，身上充满了"明星气质"：创始人雷军是中国第一代的明星级IT人、最成功的天使投资人之一、微博上的粉丝超过1300万人，豪华的创始团队，以25~35岁工科男为主体的米粉是互联网上最活跃的群体……

围绕小米的争议也从未间断过：有人说小米是个营销型公司，注定走不远；有人说小米建起了史无前例的企业社区，代表着移动互联时代企业的未来；有人说小米研发薄弱、专利少，没有核心竞争力；有人说小米懂得开放和借势，这才是最大的核心竞争力；稍有风吹草动，就会有人说"你看你看小米不行了吧"，也会有人说"耐心一点，小米后面有大招"……

在工业文明时代，资本是最重要的资源，有钱就能整合到土地、厂房、设备，就能雇佣到劳动力，就能把企业推高到一个较大的规模上，利用规模建立起来的成本优势在竞争中获胜。互联网时代最大的特征是决定竞争胜负的不再是资本，而是知识、技术、创意，这些都承载在"人"身上，人从事的已经不是可用资本购买的简单劳动，而是需要由"动机"和"自有意志"支配的复杂劳动。因此，互联网时代的最大特征已经不是用资本来雇佣人，而是资本与合适的人结盟。

雷军和小米显然已深谙此道。通观小米的发展，一个愿望、一帮人、一

[①] 资料来源：苗兆光，吴呈庆. 华夏基石深度解析小米系列［EB/OL］.［2020-12-01］. http://www.360doc.com/content/20/1201/09/42586190_948854350.shtml.

堆钱，三种力量非常紧密地凝结成小米的爆发力。实际上，这三个要素中最核心的，就是人，一个愿景和解决方案，是以雷军为主要的创业团队深谙市场发展脉动的产物，这里蕴含了经年累月的创业经验和洞察力。雷军2006年已经看到手机的趋势了，但一直到2010年才成立公司，为什么？因为团队凑不齐。找来找去缺硬件人才，要做手机没人懂硬件肯定不行。直到2010年，摩托罗拉、诺基亚被苹果打得抬不起头，摩托罗拉宣布撤出中国，资金走了团队留下，雷军捡了一个宝啊，就把摩托罗拉的研发团队找来了，终于建立了小米。一旦具备了发力的条件，资源会跟着跑，实际上，资本就是最典型的这类资源。

小米为了激发中层的力量，用利益机制作为最核心的一环，如果从激励的角度看，这确实是一种管理手段，但反过来讲，实际上也是凸显了人才潜能是造就组织能量的最本质源泉。有了事业的牵引，强大的中层，才能造就生态链企业庞大的无边界组织。不控股生态链企业，把利益的大头留在创业团队，也是在共享经济之下，理性认识财富创造和财富分配的平衡关系。10年前，创业是为了筹集资本而发愁，而现在很多资本都躺在路边，甚至是焦急地等待他们的"买主"。通过事业认同，利益下沉，让短时间内激发的小米创业者们，发挥了有史以来最为精彩的企业成长样板。至少，人才资源已经与资本站在了同一起跑线上。当然，万事都有规律，无论人才还是资本，理性、把握节奏，才能走得更远。

1. 寻找创业"初心"

每位创业者在决定踏入创业旅程的时候，都会有一个能够在当时足以说服自己的理由，同时也是自己当时做这个创业决定的动机。这个动机事实上不一而足，可以很宏大，也可能会很现实而具体。就像一些创业者描述自己之所以会创业的原因：

- 因为我喜欢。我不喜欢为别人工作，我只想做自己的老板、做自己喜欢做的事情。我想要改变自己的命运，我需要"钱"。
- 因为我找到了这个创业背后的意义：能够帮助别人（用户或消费者）解决他们需解决的问题，而我也可以通过这种方式来获得我想要的商业成功。
- 让天下没有难做的生意。
- 等等。

初心的意义是给创业者在看待自己的行为时赋予其意义，并且帮助自己来进行行动的合理化解释。尤其是当创业者发现创业所面对的环境总是在不停地变化，许多变化甚至是自己完全无法控制的。赋予自己的创业行为以特定的意义，可以达到自我激励的目的。

不过，我们之所以强调的是创业的"初心"，而不是"理由"，是因为理由可以随着时间和环境不断地变化，它是如此无常、易变；而"初心"在很大程度上是那种你会一直坚持的东西，它在你的内心深处。在创业过程中，创业者必然地会遇到一些挫折和失败，这些挫折和失败甚至会动摇你的信心。如果没有一种力量来对抗这种怀疑、来支持你走过创业过程中那些"至暗时刻"，你会失去坚持下去的勇气。所谓"因为相信，所以看见"。并且，在创业过程中，创业者会不断地试错，可能会不断地进行产品、业务、打法上的调整，这些调整甚至会让创业者发现他们最后所形成的企业和业务模式与最初的设想或许在形式上已经有很大不同。但这并不意味着这些改变背后所秉持的"初心"发生了变化。在很大程度上，创业者是否能找到一个能够跨越时间、跨越日常所面对的具体商业情境的创业初心，决定了这个创业企业以及创业者所能达到的高度。

当然，如果观察那些持续创业者对自己创业初心的描述和感悟，我们通常会发现他们随着创业经验的增加，在确定自己的"创业初心"的时候，表现出明显的从感性到理性的趋势。他们在最初的创业时，所确定的初心带有很多感性色彩，往往也更为具体化和现实化。相比之下，在后继的连续创业中，他们会在创业最初的阶段就理性地归纳和描述自己的"初心"，这些初心也往往会有更大的想象力和价值意义，这可以归结为他们的以往经验和经历提升了他们的眼界，也是因为他们此前所积累的种种资源可以让他们在确定自己的创业初心时有更高的起点。

对创业者而言，毫无疑问他们在坚持自己的初心过程中会面临一个重要的平衡或者说挑战：如何在梦想与现实之间寻找到一个最好的平衡点，或者是形成一个最好的平衡方式？创业者需要面对当下，需要维持企业的生存，为此甚至需要在一些时候做出一些艰难的取舍，在创业早期的成长过程中尤其如此。如果没有那种对于初心的坚韧和坚持，我们可能会在以后的某一天忽然发现我们在追逐那些现实目标的过程中已经失去了真正的未来，而且没有重新来过的机会。从那些伟大的创业者身上，我们可以看到这样的一种东西：面向未来的高度理想主义和面对当下的极度现实主义。高度的理想主义，代表的是这些伟大的创业者的梦想、初心与想象力。他们在很早的时候就会设定他们的理想主义色彩的初心。华为和阿里无疑代表了截至目前为止中国公司所达到的巅峰，华为的任正非在 1994 年的时候就提出了"世界通信市场三分天下，华为必居其一"的未来设想，而阿里的马云也在 1999 年提出要"创造一家伟大的电子商务公司"。在那时，即使是公司内他们最坚定的追随者，或许在内心深处也曾经有过迷茫或怀疑，而在公司外部受到的怀疑甚至是嘲笑甚至成为必然。然而正所谓"不被嘲笑的梦想没有实现的价值"，这些公司的快速成长和崛起为这些理想主义提供了光荣和梦想的证明。在另一面，这些创业者并不仅仅有面向未来的高度理想主义，他们面对当下也有着甚至可以称为"极度的"现实主义，他们高度关注当下的生存、业绩和结果，在"活下去"的信念下将那些理想主义的目标通过一点一滴的努力逐步化为现实，用体系化、快速迭代、客户第一、业务支持导向来寻求理想主义与现实主义的连接点①。

2. 企业应该站在未来看现在

《从 0 到 1》是一直以来被广为推崇的商业畅销书，作者彼得·蒂尔（Peter Thiel）被誉为硅谷的天使、投资界的思想家，自 1998 年创办贝宝（PayPal），又在 2002 年以 15 亿美元将 PayPal 出售给亿贝（eBay），把电子商务带向新纪元。在本书中，他除了分享创业心得与感悟，更是将创业写成哲学笔记，从 0 到 1 的独特创新方式，让未来不仅与众不同，而且更加美好。

这本书告诉了我们应该持有什么样的价值观念，以及怎样去实践这种创新创意。那么何为"从 0 到 1"？公司的发展一般有两种：全球化是横向的扩张，只要复制以前的东西就可以成功；而科技创新是纵向的扩张，需要创造以前并不存在的东西。前者可谓是"从 1 到 n"的不断复制过程，而后者才是真正的"从 0 到 1"的创造过程，作者认为如果只有全球化，那世界只能玩完，人类社会需要科技创新来实现真正的进步和发展，而如何从 0 到 1 也是我们未来面临的挑战。

那么对于创业者来说，我们要创造怎样的公司才称得上是"从 0 到 1"呢？作者提出"创新型垄断才是一个公司应该有的样子"。这原本让我有些意外，但细细品读之后才理解其中真谛。就像谷歌（Google）公司，如果它把自己定义为搜索引擎公司，那其占有百分之六十多市场份额的事实很难让其摘掉垄断的帽子。但 Google 的聪明之处就在于给自己冠名以多元化科技公司，而这样的"谎言"会让人误以为其没有垄断。完全竞争的公司只能

---

① 郭斌. 他研究多家创业公司失败原因，发现基本都绕不开这 5 大"坑"！[EB/OL]. [2020-05-30]. https://3g.163.com/dy/article/FDRTMGOT0516ATFG.html.

导致得不到利润,而那些能创造创新性垄断的公司才能实现"从 0 到 1",所以公司不应该按照常规的方式把有限的精力放在竞争上,而应该创造价值、创生创新性垄断。

开创创新性垄断企业并非易事,不仅需要企业家在利基市场取得垄断地位,还需要进一步在成功的基础上扩展到临近市场,利用后发优势保持高盈利能力的持久性。这大概就是为何苹果公司开创 iPod 打败 mp3,开创 iPad 打败上网本,开创 iPhone 打败诺基亚的原因。这样的成功并不是来自好运,甚至也不是来自高明的产品设计,而是来自具有持久性的高盈利能力和规划未来并实现未来的计划。

创新说起来是一件很缥缈的事情,并无秘籍可寻,因为任何创新都是新颖而独特的。常识不具有竞争优势,不能以此来建立公司;不可及的知识无法实现,也不能用于建立公司;而只有秘密才是创建公司的基础。但由于人类探索领域的不断扩大、害怕犯错的胆怯、沿着可信道路的自满以及全球化力量带来的对发现秘密的不自信,会使得人们忘记了怀疑,也不再关注技术创新,这是创意未被发现的可悲原因。"学着去怀疑那些常人从来不怀疑的地方",这大概是作者给年轻的创业者最关键的忠告。如果有天你找到一个秘密,那就开个公司,把秘密变成创意,再和公司内部人分享这个创意,这才是创新得以落地的好方法。

目前中国的创业热,会让很多人感受到热情,也感受到不确定性。正如 1999 年互联网泡沫问题时提出的观念一样,未来需要创业公司创造世界的热情,我们需要做的是实现这种热情,而不是被热情毁灭。创业者应该抱着怀疑的态度去询问未来的世界是什么样子,而不是去寻找大家都已经认同的东西[①]。

(二) 企业要避免落入"伪需求"陷阱

创业企业,尤其是在技术型行业中的创业企业,缺乏市场需求、现金流断裂和创业团队问题常常被认为是造成失败的最主要因素。而缺乏市场需求,在许多数据分析中都被列为创业失败的首要杀手。考虑到那些创业公司在设立的时候,其实或多或少都会对想要开发的产品或服务有自己的初始定义,但之所以最终在市场中遇到问题,基本上可以归结为他们所认为的需求,其实在市场中并不是真正存在的稳定需求,也就是我们称为的"伪需求"。

---

① 创业资讯. 创业者如何从 0—1 [EB/OL]. [2020-12-01]. https://www.yjbys.com/chuangye/news/619918.html.

事实上，不仅仅创业公司会落入伪需求的陷阱，那些已经步入正轨的成熟企业，也会经常犯类似的错误。伪需求问题，是所有的产品开发者都可能会面对的麻烦问题。

那么，如何避开伪需求陷阱？为了做到这一点，我们需要首先思考伪需求陷阱的产生原因。

伪需求的产生可以归结为如下三个大类的原因：所识别的需求并不是真实存在的；需求的价值点没有很好地映射到产品设计上；在满足需求的过程中存在着一些限制性因素且未能很好地解决。

1. 用户需求是否真实存在

我们在识别市场需求时，通常都会通过访谈、问卷调查、焦点小组等方式进行一些用户调查和分析。不过，在这个过程中，存在着一些陷阱，将导致我们分析所得出的需求有可能并不是真正存在的需求。

用户有时候并不真正知道自己要什么。造成这个问题的原因通常有两个：首先，用户有些时候在自身需求的认知上存在着模糊性，从而导致他们在表述自己的需求上面存在着不稳定性。例如，飞利浦公司当年曾经想要针对青少年设计一款随身听产品，有两个备选颜色，一个是黑色，另一个是金色。公司邀请了一些青少年参与测试，在访谈当中他们表现出来对金色的偏好，因为似乎金色有时尚的意味，因而更符合青少年的定位。然而当测试环节结束，这些被试者可以选择一个颜色的样品带走，结果大多数人选择的竟然是黑色。其次，消费者对于新产品的想象常常会受限于已有认知习惯。例如，在第一辆汽车出现之前，如果你问用户需要一辆什么样的车，他们的回答通常是"一辆更快的马车"，因为他们已经习惯于已经存在的事物——马车。

用户在表达需求的时候可能会混淆需求与实现方式之间的差别。例如，用户在表达他们对于一个书包的需求点时，可能会提到书包的底部容易磨损，因此希望能够把书包的底部做得更耐磨一些。实际上，解决书包底部磨损的问题，使用更为耐磨的材料只是一种可能的解决方案，还存在着其他一些可能性的解决方案（例如可以考虑让书包底部脱离接触面）。

用户大多存在高估自己真实需求程度的倾向。因此在测试过程中，即使是那些表达了较为强烈的意愿会购买你所提出的新产品概念，在这个产品正式上市之后，真正会购买这个产品的用户比例一定会明显低于此前测试所获得的比例结果。

我们还需要注意到真实购买情境与模拟测试时用户行为是有差异的。在模拟测试的状态下,用户由于并未真正地需要对产品进行支付,因此注意力会更多地放在产品具有吸引力的属性上。而在真正的购买状态下,这时价格就成为一个必须认真考虑的因素。

2. 用户需求价值点

即使已经较为准确地识别出了用户的需求,但是如何通过产品或服务来实现,这当中还存在着一个需求价值点向产品设计的转换问题。如果产品设计存在着一些缺陷,导致用户的需求不能被有针对性地满足,那么最终所设计出来的产品也将会落入伪需求的陷阱。

在产品设计上,刚需属性(must-be attributes)的满足是一个基本前提。例如对于手机而言,语音通话、上网和拍照就成为必须满足的产品属性。如果一个产品对于那些刚需属性未能很好地满足,会导致用户失去对产品的兴趣。

在绝大多数情况下,能够很好地满足用户的产品,一定是符合人性的,也就是要么他符合人们的认知或者习惯,要么是他可以很好地对应并满足人们的基本需求(尤其是马斯洛层次需求理论中所给出的生理、安全、情感与归属、尊重、自我实现需要),且在使用上能够降低用户在成本上的耗费(包括心理成本、认知成本、时间成本和金钱成本)。

尽可能地解决用户已经存在的痛点问题。所谓的痛点,实际上就是即使在现有的不完美产品或解决方案情况下,人们依然愿意消耗精力、付出时间和钱去解决的需求点。这通常可以观察用户的使用行为来发现。

先做减法再做加法。也就是说,在产品设计的初期,尽可能地在刚需、痛点和人性化上下功夫,而不是将注意力放在如何增加越来越多的功能或属性,尽管这些功能或属性看上去似乎与一些用户的需求对应。如果观察我们使用过的一些产品,经常会发现一些看上去很美但实际上并未产生太多用户价值的设计。例如3D电视功能、手机中的红外连接功能,我们实际上在日常生活中很少真正使用。对于那些非核心功能而言,只有在有足够多的应用场景或足够高的应用频度并且在为用户带来的边际效用显著高于边际成本时,才值得在产品的核心功能基础上做加法。

3. 解决用户需求限制因素

许多产品和服务,在被用来满足用户需求的时候,会涉及一些限制性因素,这些因素将直接影响到这种产品或服务最终是否能够很好地满足用户的需求。

常见的一些限制性因素包括:互补产品和技术是否存在、在成本上是否具有合适的水平,以及用户是否可以很便利地得到;需求满足过程中所需要的场景条件是否具备,以及是否会为用户使用过程带来较高的使用成本;是否存在着一些政府管制与政策方面的限制,使得这些产品和服务的提供过程难以有效地进行,例如共享单车在海外市场进行投放时,由于当地市政府对于公共场所这些场地资源是存在着较为严格的管理的,不能未经批准擅自使用,这就意味着在中国市场中可以采取的服务模式在海外市场常常是不能直接复制的[①]。

二、企业组织形式

新企业创立之前,创业者应该首先确定拟创办企业的法律组织形式。新创企业可采用不同的组织形式,例如创业者个人独立创办的个人独资企业,或者由创业者团队创办的合伙制企业,或者成立以法人为主体的有限责任公司和股份有限公司。对创业者而言,各种法律组织形式没有绝对好坏之分,各有利弊。但无论选择怎样的形式,都必须根据国家的法律法规要求和新创企业的实际情况,科学衡量各种组织形式的利弊,决定合适的组织形式。

公司、个人独资企业、合伙企业以及个体工商户都是常见的组织形式,就相对比例而言,公司制的组织占据了绝大多数。为什么绝大多数组织都采取公司的形式?为什么说公司是最具活力的组织形式?什么是有限责任?不少创业者在浑浑噩噩状态下把公司注册完以后,才发觉对上述问题一无所知,有时就连法律行业的从业人员也难以说清上述组织形式之间的区别。创业者在实际的经营管理中势必会经常与各种类型的组织形式打交道,了解他们的性质和特点,对于做出理想的组织形式决策有着至关重要的意义。

(一)组织不等同个体简单的叠加

组织,从一个具有普遍性意义的界定角度而言,是由多个个体所形成的具有共同目标与共同行动的群体,在组织内的个体之间存在着正式的和非正式的互动关系。虽然组织是由单个个体所构成的,但有趣的是,组织却并不等于个体的简单叠加。为什么会是这样的?回答这个看似简单的问题,实际上就是在回答一个更为本质的问题:组织的力量是源自什么?

如果组织的力量等于组织内个体力量的简单之和,那么组织存在的意义

---

① 郭斌.他研究多家创业公司失败原因,发现基本都绕不开这5大"坑"![EB/OL].[2020-05-30]. https://3g.163.com/dy/article/FDRTMGOT0516ATFG.html.

就失去了。正是因为组织通过如下四种机制的作用,产生了超越个体的力量。

1. 组织内专业化分工

我们知道,组织中的个体,通常在个体能力(尤其是在能力的多个维度)上存在着差异。通过组织内的专业化分工,多个个体之间可以较为容易地形成能力上的互补关系。考虑到很多时候由于任务环境需要多个维度的能力,那么那些相对处于短板的能力维度就会成为整个能力系统的制约环节(所以经常有这样的说法——你实际表现出来的能力并不是取决于你能力上的长处,而是取决于你能力的短板)。而个体之间在能力上的互补性可以有效地使得个体形成的群体避免这种能力短板效应带来的负面影响。

另外,组织内专业化分工也可以使得个体在完成工作任务上将注意力高度聚焦,以及更好地在细分的工作任务选择上与个体的能力进行匹配,从而产生更高的个体工作效率。而当这样的过程不断地重复,将会有利于个体利用学习的累积效应来提升能力发展的效率。

事实上,不论是福特引入的流水线生产模式,还是在大企业内部出现的研发部门,之所以他们都革命性地引发了生产体系的变革和创新体系的变革,背后都有专业化分工所产生的巨大力量。

2. 组织的交互记忆

我们可以借用"交互记忆"这个概念来探讨组织的第二个超越个体的力量来源。交互记忆(transactive memory)是丹尼尔·韦格纳(Daniel Wegner)于1985年提出的一个概念。组织具有交互记忆系统,透过这种机制组织可以共同完成知识的编码、存储和检索。这就意味着,即使组织不可避免地会面临着人员流动所带来的个体知识流出,但由于交互记忆的存在,组织并不必然会损失这部分由个体所承载的知识,或者是可以帮助组织减少因个体离开所带来的过度知识损失冲击。

与此同时,组织中的个体由于存在着知识的重叠和冗余(毫无疑问,交互记忆的存在会强化这一趋势),这既有助于组织内的个体之间更好地进行合作以完成相关的工作任务,也有助于组织内的个体来共同地完成对源自外部的知识的吸收过程。这相对于个体独立进行的外部知识识别和吸收过程,个体之间的集合性努力会产生出更高的学习效率。

3. 组织对复杂环境的适应性

组织总是处于复杂而不断变化的环境之中,并且需要高效率地处理有关于环境的大量信息来决策和实施共同行动。为了应对环境的复杂性,组织通常会演变出一定的层次结构，组织内的个体将分布在此层次结构之上并且形成个体之间的互动关联。因而对于组织中的个体而言，他们就如同嵌入由组织中其他个体所构成的计算网络当中，他们的计算能力（或者说对信息的处理能力）并不仅仅取决于自身所拥有的能力，而且可以利用所嵌入的网络来大幅提升自己的计算能力。就此而言，我们可以把组织看成具有分布式和并行处理特征的计算系统，其系统层次的计算能力将远高于单个个体各自独立进行计算时所具备的能力。

此外，相对于单个个体而言，组织在应对复杂环境时可以通过个体能力与外部环境的匹配方式来形成适应性。一个形象的例子就是《史记·孟尝君列传》所记载的"鸡鸣狗盗"故事。齐孟尝君养士数千，正是由于狗盗者盗狐白裘、鸡鸣者骗出关，才得以从秦国脱逃回齐国。如若在这个故事中鸡鸣和狗盗缺其一的话，那么孟尝君就无法从秦昭王处顺利逃脱了。

从更为长期的视角来看，组织的意义还在于由于其存续时间可以大大超越个体的生命，因而个体所获取和创造的知识可以依托于组织不断地传承和迭代进化，这种组织内知识的代际进化会使得组织内的个体可以更好地掌握所需要的知识基础，进而更高效率地提升组织内每位个体的能力成长效率。人类社会作为一个广义意义上的组织，之所以人类能够在物种的进化竞争中脱颖而出，这种知识的代际传承与迭代进化无疑扮演了非常重要的角色。

4. 组织理性

我们知道，个体的行为往往易于受到个体情绪的影响，这甚至会使得个体偏离理性的目标和结果。而对于组织而言，他的一个天然特性就是存在着共同的目标，并且由于组织内个体之间的互动和共同行动而衍生出一系列的规则，以引导及制约组织内的个体行为。因而在绝大多数情境下，组织比那些由个体所形成的松散群体，会更少地受到个体情绪的失控所带来的负面影响，也就是组织意义上的非理性行为。个体可以从组织获得行动的勇气，这既包括组织中其他个体给予行动个体的鼓励所带来的正向影响，而且也源自个体行为的后果在很大程度上会由组织或者是组织中多个个体来共同承担。组织内的规则以及组织文化（本质上也包含了一些隐含的规则），也会保证组织行为的延续性，尤其是那些被组织认为有利于组织目标实现的行为及方向。这也可以使得组织获得超越个体的行为理性[①]。

---

① 郭斌. 组织为什么不等同于个体的简单叠加？[EB/OL]. [2018-10-10]. https://mp.weixin.qq.com/s/SUm9sk2hT5ykuyrHgEeCQA.

【视野拓展】

孵化创客的平台——海创汇[①]

海尔一直坚持认为人是企业最重要的资产,提出"企业即人、人即企业"。在海尔员工的概念已经从雇佣者、执行者演变成了创客、动态合伙人,在2005年的时候海尔就提出"人单合一"模式,引入市场机制,要求每个员工都能找到自己的"单",员工都要到市场上去"抢单",否则就会面临被淘汰的情况。为了鼓励人人都能成为CEO,海尔为员工提供的不再是一个个固定岗位,而是提供动态的创业机会,让他们变成主动创新的创业者,最后发展成为动态的合伙人。之所以是"动态",主要有两个原因:一个是因为有"单"才有人,如果"单"变了,那么"人"也可能会变,即动态的按单聚散;另外一个是"员工"的转变,这里的员工并不局限于企业内部的人,"世界就是我的人力资源部",任何地方有竞争力、有才能的人都可以通过竞单上岗。员工的转变倒逼并支持海尔的战略及组织转型,使海尔从生产制造企业转变成"制造"创客的平台,创客可以在这个平台上创新创业,海尔共享式创业平台如图9-1所示。

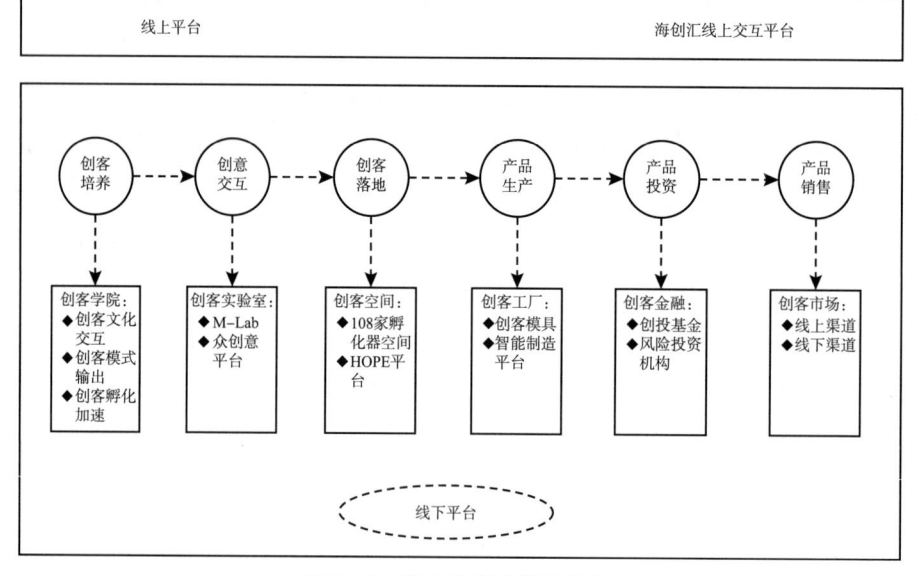

图9-1 海尔共享式创业平台

[①] 资料来源:许庆瑞,李杨,吴画斌. 全面创新如何驱动组织平台化转型——基于海尔集团三大平台的案例分析 [J]. 浙江大学学报:人文社会科学版,2019,49 (6):78-91.

在海尔的创业平台上可以看到创客来自不同的途径，而且这个平台已经吸引了大量的孵化资源、投资机构、创业项目，同时还建立了创新创业孵化基地。为了更好地培养出创客，海尔实行"员工创客化"机制，主要是为了激发员工的创新活力，在海尔平台上进行创新创业的员工不仅可以到海尔的创客学院去学习、培训，对于评选漏出的项目海尔还会提供资金、人力、资源等帮助其创业，如雷神小微、水盒子小微等。没有平台的支持，这种创业小微很难获得成功。平台给创业小微提供的帮助主要如下：提供战略方向、提供业务论证和可行性分析、提供孵化基金、提供各种外部资源、提供平台性资源等。平台上的小微具有自驱动、自演进、自优化特点，平台与小微之间不是上下级之间的关系，是契约关系，建立的是对赌机制，是服务与被服务的关系，是价值交换的市场关系，是同一目标下共创、共赢、共享的关系，平台的报酬来自小微。平台上的小微与小微之间的关系也是一种市场关系，遵循平台内部的市场机制，他们可以自由选择合作的对象，追求的也是共创、共赢。

（二）公司制组织与非公司制组织

1. 公司制组织

了解公司以及成立公司的要求，应该关注最新《公司法》。《公司法》中明确指出：公司是企业法人，有独立的法人财产，享有法人财产权。公司以其全部财产对公司的债务承担责任。有限责任公司的股东以其认缴的出资额为限对公司承担责任；股份有限公司的股东以其认购的股份为限对公司承担责任。其中，一人有限责任公司是指只有一个自然人股东或者一个法人股东的有限责任公司。

我们常常把"法人"理解成公司的负责人（如董事长、总经理），而规范的说法应该是"法定代表人"。正确理解了"法人"及"法定代表人"的相关概念和背后的法律知识，就能更加深入地理解公司制组织与非公司制组织的实质差异。

公司制企业被称为法人，顾名思义，法人和自然人不同，并不是实际存在的人格，而是法律赋予的人格。在法律意义上，公司制企业和自然人一样，可以独立承担责任、履行义务。而公司本身并无意识，不可能独自执行经营活动，这就需要代理人代替公司执行经营事务和做出决定，这个代理人就是公司的法定代表人。简单来说，在法律上，公司可以被看成一个独立的个人，公司的法律责任都由公司独立承担，而与公司的股东无关。理解了这个问题，有限责任就很容易理解了。

【视野拓展】

公司制组织优势与劣势[①]

优势——有限责任

有限责任指的是股东所承担的责任是有限的。公司制组织能不断做大做强，甚至上市，能让投资人心甘情愿地把资金投入公司支持其发展，有限责任厥功至伟。商业活动存在太多的未知风险，如果稍有不慎就倾家荡产甚至巨额债务伴随一生的话，创业就只成了冒险家的游戏了。正因为股东成立公司后只需承担有限责任，现在越来越多的商铺也采取公司制的组织形式，公司已经成为世界上最具活力的组织形式。

有限责任固然很好，但有限责任是有前提的，就是公司的财产必须是独立的，股东不可以滥用有限责任侵吞公司财产，损害债权人的权益。当股东向公司投入注册资本以后，这部分财产就是公司的财产了，其所有权已经发生转移，股东不可以擅自使用公司的资金或财产作为自我用途，这是法律的强制规定。由于很多创业者法律意识薄弱，经常会出现公司和股东之间大额的资金往来现象，这样的行为，不但已经涉嫌违反公司法，还有个人所得税的风险。另外，仍然有大量的公司账务混乱，公司财产和个人财产权属不清，当公司真的出现资不抵债的时候，股东很难使用有限责任而独善其身，破产管理人首先要做的就是追偿股东从公司侵占的财产。

公司财产的不独立对于融资也有着重大影响。试问，一个公司财产和个人财产都划分不清的创业者，投资人如何放心把资金交给这样的人管理？不少创业者精明能干、项目也很有前景，但就是由于公司账务不清、财产权属不明，到最后无法获得融资，与成功的机会失之交臂。有限责任从一定程度上降低了股东的风险，也加重了股东管理的责任。为了最后能有效地使用有限责任这种形式的优势，股东应该从创业开始就树立风险意识，划清财产权属、明确账目，让公司财产独立。

劣势——成本过高

虽然在降低股东风险方面公司制组织有着得天独厚的优势——有限责任，但也有缺点，否则公司以外的组织形式也不会存在。其缺点主要表现在

[①] 资料来源：程志超．公司的优势与劣势分析［EB/OL］．［2018-04-04］．http://www.zdcj.net/gongsifenxi-3730.html.

以下两个方面：双重征税，税负成本高。公司制企业能够有效地降低风险的同时，也带来一个巨大的问题，即双重征税。公司在盈利后须缴纳企业所得税，股东在取得分红时还需被征收个人所得税。因此，公司赚取的利润分给股东的时候，已经被征收了两道税，税负成本自然高于只需缴纳个人所得税的非公司制组织。这就是为什么风险投资机构大多采取非公司制组织形式的原因。

架构复杂，管理成本高。一般来说，公司制组织内部架构比非公司制组织更为复杂。为建立治理结构，公司需设立股东大会、董事会、监事会等。理论上，由于公司并不由股东直接管理，公司制企业的决策效率相对较低，特别是当公司股东较多且产生分歧时，公司甚至会因为长期无法做出有效决策而向法院申请解散。除此之外，公司的成立、日常管理、注销程序等都比非公司制组织复杂，创业者常常为了形式上的琐事四处奔波，浪费宝贵的时间和精力。尽管公司制组织存在这样的缺点，但随着国家税制改革和商事改革的不断进行，公司的税负成本和管理成本会逐渐降低，公司的优势也会逐渐显现出来。但创业者选择组织形式时，应综合考虑自身情况及组织未来的发展规划，合理选择组织形式。当无法抉择时，建议创业者选择公司制的组织形式。毕竟，在防范未知风险上，公司的优势是其他组织形式无法比拟的。

2. 非公司制组织

非公司制组织（民间非营利组织、行政事业单位等除外，下同）不具有法人资格，也就是说他们不能独立承担责任，他们的责任是与创业者绑定在一起的。当非公司制组织资不抵债时，创业者（有限合伙人除外）仍需承担无限连带责任，从这个意义上来说，创业者设立非公司制组织面临的风险更大。但是非公司制组织也有其独特的优势。（1）降低税负。如上文所述，公司制企业存在双重征税的问题；而非公司制组织盈利后，创业者只需要缴纳一次个人所得税，税负较低。（2）组织架构简单，降低管理成本。一般来说，非公司制组织内部架构比公司制组织简单，无须设立股东大会、董事会、监事会等，决策效率更高。除此之外，非公司制组织的成立、注销程序也相对简单。对于业务模式单一、经营风险较低且未来无扩张计划的组织采用非公司制的形式可能更为适合。例如，我们常见的商铺，绝大多数采取个体工商户的形式，就是因为成立、经营管理、注销程序等都相对简单，管理成本较低。（3）经营管理需要。私募股权投资等创投企业一般采取有限合伙制，除了降低税负之外，带给普通合伙人较好的激励机制也是一个非常重要的原因。这样的制度让有能力的普通合伙人投入少量金钱,承担无限责任,更好地绑定自身目标和企业发展目标;有限合伙人投入大量金钱,承担有限责任,在不干涉普通合伙人经营管理的同时,更放心地向合伙企业投入大量资本。(4)法律、法规的强制规定。涉及公众利益的组织,如会计师事务所等,必须采用合伙企业的形式。由于将承担无限责任,合伙人将面对更大的风险,这样的做法更有利于保护公众利益。

【视野拓展】

个人独资企业、合伙企业、个体工商户[①]

个人独资企业,一般也称为独资企业,即个人出资经营,归个人所有和控制,由个人承担经营风险和享有全部经营收益的企业。

合伙企业是指由各合伙人订立合伙协议,共同出资,共同经营,共享有收益,共担风险,并对企业债务承担无限连带责任的营利性组织。国有独资公司、国有企业、上市公司以及公益性事业单位、社会团体不得成为普通合伙人。合伙企业可以由部分合伙人经营,其他合伙人仅出资并共负盈亏,也可以由所有合伙人共同经营。

个人独资企业与合伙企业的区别主要体现在人数上,个人独资企业只是一人成立的企业,而合伙企业应由两人以上成立。就是因为合伙企业人数较多,为保障每个合伙人的权益,所以相关规定更为复杂,对于合伙人的入伙、退伙、经营权、分红等都有着细致的规定,可以通过《中华人民共和国合伙企业法》进行了解。另外,合伙企业可分为普通合伙企业、特殊普通合伙企业和有限合伙企业,普通合伙企业较为常见,多数合伙企业都是普通合伙企业;特殊普通合伙主要用于专业机构,如会计师事务所等;常见的有限合伙企业如私募股权投资。而个人独资企业因为不涉及多人利益,因此规定较为简单,也不存在多种类型,适用于业务模式简单、投入较低的项目。

个体工商户,是指有经营能力并依照《个体工商户条例》的规定经工商行政管理部门登记,从事工商业经营的公民。个体工商户是从事工商业经营的自然人或家庭。自然人或以个人为单位,或以家庭为单位从事工商业经营,均为个体工商户。根据法律有关政策,可以申请个体工商户经营的主要

---

① 资料来源:王卫红,金伟林,何伏林. 创业案例教程 [M]. 杭州:杭州出版社,2017.

是城镇待业青年、社会闲散人员和农村村民。此外，国家机关干部、企事业单位职工，不能申请从事个体工商业经营。个体工商户只能经营法律、政策允许个体经营的行业。如果创业者想进一步了解各种组织形式的详细规定，可以查阅相关的法律、法规：《中华人民共和国公司法》《中华人民共和国个人独资企业法》《中华人民共和国合伙企业法》《个体工商户条例》等。

三、注册流程与相关法律

根据《公司法》第六条，"设立公司，应当依法向公司登记机关申请设立登记"。根据《公司登记管理条例》第四条，"工商行政管理机关是公司登记机关"。显然，当我们需要"开公司"，或选择其他组织形式创业时，无须多虑，只要查找相关的法律法规，到相关的部门去咨询，按规办事就可以了。一般来说，各个地区的公司登记手续都相差无几，我们可以登录本地的工商行政管理部门的网站，或打电话，或直接去办公地点，按对方要求填表、准备资料，即可进入申请流程。2015年7月1日，浙江省率先实行营业执照、组织机构代码证、税务登记证、社会保险登记证和统计登记证"五证合一"登记制度。2016年10月1日起，按照《关于加快推进"五证合一、一照一码"登记制度改革的通知》，"五证合一"登记制度在全国范围内全面实施，该办证模式更进一步简化了审批手续，大大降低了大众创业的门槛，大大减轻了创业者"跑手续"的负担。现以浙江省为例，下文为浙江省有限责任公司和股份有限公司设立登记需提交的材料规范。具体应以本省工商行政管理部门的最新规定为准。

视频9.2：
创业政策解读

（一）有限责任公司设立登记提交材料规范

（1）《公司登记（备案）申请书》。

（2）《指定代表或者共同委托代理人授权委托书》及指定代表或委托代理人的身份证件复印件。

（3）全体股东签署的公司章程。

（4）股东的主体资格证明或者自然人身份证件复印件。
- 股东为企业的，提交营业执照复印件。
- 股东为事业法人的，提交事业法人登记证书复印件。
- 股东为社团法人的，提交社团法人登记证复印件。
- 股东为民办非企业单位的，提交民办非企业单位证书复印件。

- 股东为自然人的，提交身份证件复印件。
- 其他股东提交有关法律法规规定的资格证明。

（5）董事、监事和经理的任职文件（股东会决议由股东签署，董事会决议由公司董事签字）及身份证件复印件。

（6）法定代表人任职文件（股东会决议由股东签署，董事会决议由公司董事签字）及身份证件复印件。

（7）住所使用证明。

（8）《企业名称预先核准通知书》。

（9）法律、行政法规和国务院决定规定设立有限责任公司必须报经批准的，提交有关的批准文件或者许可证件复印件。

（10）公司申请登记的经营范围中有法律、行政法规和国务院决定规定必须在登记前报经批准的项目，提交有关批准文件或者许可证件的复印件。

注：依照《公司法》《公司登记管理条例》设立的有限责任公司适用本规范。一人有限责任公司和国有独资公司参照本规范提供有关材料。

（二）股份有限公司设立登记提交材料规范

（1）《公司登记（备案）申请书》。

（2）《指定代表或者共同委托代理人授权委托书》及指定代表或委托代理人的身份证件复印件。

（3）由会议主持人和出席会议的董事签署的股东大会会议记录（募集设立的提交创立大会的会议记录）。

（4）全体发起人签署或者出席股东大会或创立大会的董事签字的公司章程。

（5）发起人的主体资格证明或者自然人身份证件复印件。

- 发起人为企业的，提交营业执照复印件。
- 发起人为事业法人的，提交事业法人登记证书复印件。
- 发起人股东为社团法人的，提交社团法人登记证复印件。
- 发起人为民办非企业单位的，提交民办非企业单位证书复印件。
- 发起人为自然人的，提交身份证件复印件。
- 其他发起人提交有关法律法规规定的资格证明。

（6）募集设立的股份有限公司提交依法设立的验资机构出具的验资证明。涉及发起人首次出资是非货币财产的，提交已办理财产权转移手续的证明文件。

（7）董事、监事和经理的任职文件及身份证件复印件。依据《公司法》和公司章程的规定，提交由会议主持人和出席会议的董事签署的股东大会会议记录（募集设立的提交创立大会的会议记录）、董事会决议或其他相关材料。其中股东大会会议记录（创立大会会议记录）可以与第（3）项并提交；董事会决议由公司董事签字。

（8）法定代表人任职文件（公司董事签字的董事会决议）及身份证件复印件。

（9）住所使用证明。

（10）《企业名称预先核准通知书》。

（11）募集设立的股份有限公司公开发行股票的应提交国务院证券监督管理机构的核准文件。

（12）法律、行政法规和国务院决定规定设立股份有限公司必须报经批准，提交有关的批准文件或者许可证件复印件。

（13）公司申请登记的经营范围中有法律、行政法规和国务院决定规定必须在登记前报经批准的项目，提交有关批准文件或者许可证件的复印件。

注：依照《公司法》《公司登记管理条例》设立的股份有限公司申请设立登记适用本规范。

【视野拓展】

效仿华为、阿里，初创企业不一定适合[①]

"站在巨人的肩膀上，更容易接近成功。"在榜样与标杆思维下，我们常常会不自觉地去效仿成功者。比如创业者们总会有意无意地学习华为、阿里、腾讯等领军企业。一些人甚至认为，只要有好想法、有资金、有人才，直接把领军企业的组织管理模式照搬过来，就能实现同样或更大的成功。

然而，许多初创企业在实践过程中却"越学越乱"，最终迎来的不是成功而是破产。这是为什么呢？对此，浙江大学管理学院教授郭斌分析，原因在于这些初创企业不会运用减法思维。领军企业的管理模式，不是每一家初创企业的每个阶段都适合学习。

☆ **建议初创企业遵循的原则**

原则1：小步快跑，快速迭代。

[①] 资料来源：郭斌. 效仿华为、阿里，初创企业不一定适合 [EB/OL]. [2019-06-18]. https://baijiahao.baidu.com/s?id=1636647184148205830&wfr=spider&for=pc.

不论是产品设计还是组织管理,"小步快跑、快速迭代"的策略能帮助创业企业更易适应不断变化的市场环境,这也是精益创业思想所强调的。

从目标导向出发,不断通过阶段性结果反馈来调整和修正,快速解决所遇到的问题。在此过程中,也需要检验创业所基于的假设(例如对产品、业务和市场需求的判断)是否足够稳健可靠。

这种做法被创业者称为"hit the ground running"。通常这个短语被认为是起源于第二次世界大战,意为迅速着手以完成那些关键性的任务。就像那些跳出机舱、张开降落伞准备空降到敌占区的伞兵,为了提高自己的生存概率并顺利完成预设作战目标,他们需要一落地就尽快脱离降落伞,并迅速冲向目标。

原则2:在减法思维的基础上做加法。

随着创业企业的发展,为了获取和把握更多增长机会,创业企业会逐步地做加法。这是正常选择,做减法并不意味着绝对排斥加法。更为确切地说,在创业早期阶段,减法思维是更为有效的基础策略,创业者可以先做减法再做加法,在减法的基础上做加法。

(三) 新企业相关的法律

一个社会的法律规定为其公民能做什么或不能做什么建立了一个框架。这个法律框架同样在一定程度上允许或禁止创业者所做的某些决策和采取的部分行动。显然,创建新企业会受当地法律的影响,创业者必须了解并处理好一些重要的法律和伦理问题。创业涉及的法律和伦理问题相当复杂。创业者需要认识到这些问题,以免由于早期的法律和伦理失误而给新企业带来沉重代价,甚至使其夭折。创业者一般不会有意触犯法律,但往往高估他们所掌握的与创建和经营新企业相关的法律知识,或者缺乏伦理意识。

在企业的创建阶段,创业者面临的法律问题包括:

- 确定企业的形式;
- 设立适当的税收记录;
- 协调租赁和融资问题;
- 起草合同;
- 申请专利、商标或版权的保护。

在每一个创建活动中,都有特定的法律和规定决定创业者能做什么和不能做什么。一名创业者必须熟悉相关法律法规。但是法律环境对创业的影响并没有到此为止。当新企业创建起来并开始运营后,仍然有与经营相关的法律问题。例如：

- 人力资源或劳动法规可能会影响员工的雇佣、报酬以及工作评定的确定；
- 安全法规可能会影响产品的设计和包装、工作场所和机器设备的设计和使用；
- 环境污染的控制，以及物种的保护。

尽管许多可能在某一企业达到一定规模时才适用，但事实是，新企业都追求发展，这意味着创业者很快就会面临这些法律问题。所以我们应该在准备创业的阶段，就建立起对相关法律的敏感度，有意识地多了解、多学习相关法律知识，在遇到问题时，及时查询相关法律条文，必要时咨询熟悉法律的老师和同学，在法律的框架内创办、运营自己的企业。

【视野拓展】

有限责任公司与股份有限公司有什么不同[①]

股东人数限制。有限：上限50人。股份：无上限，必须要有2~200发起人。

社会公开。有限：公司状况无须对外公公开，公司的生产、经营和财务状况只向公司的股东公开，财务状况保密；股份：公司要定期公开财务状况，而且公司上市了要向社会公布财务状况。

股权转让。有限：股东之间可以自由转让，如果向股东以外的人转让时，必须要经过公司股东会有过半数股东同意才行。股份：公司可以公开发行股票，而且转让是不受任何限制。

股权表现形式。有限：公司的股权通过股东的认缴出资额比例来定，股东以认缴的出资额比例享有权利和承担责任。股份：公司的资本分为的数额较小，因为股东人数较多，股东的表决权是按股东的认缴出资额计算的，每股都有一票的表决权。

法律依据：根据《公司法》第七十六条，设立股份有限公司，应当具备下列条件：（1）发起人符合法定人数；（2）有符合公司章程规定的全体发起人认购的股本总额或者募集的实收股本总额；（3）股份发行、筹办事项符合法律规定；（4）发起人制订公司章程，采用募集方式设立的经创立大会

[①] 资料来源：海口律心法律咨询. 有限责任公司和股份有限公司有什么区别？[EB/OL]. [2021-09-29]. https://baijiahao.baidu.com/s?id=1712220305465502350&wfr=spider&for=pc.

通过；(5) 有公司名称，建立符合股份有限公司要求的组织机构；(6) 有公司住所。

第二节 新企业的生存

一、新企业如何完成"从0到1"的跨越

我们常常把创业企业的最初阶段称为"从0到1"阶段。这个阶段对于创业企业而言，存在着一系列巨大的挑战，例如产品尚不稳定、缺少足够的现金流、产量不够大导致难以分摊成本、缺少触达用户的渠道等。由于创业企业最初通常是围绕着产品（或服务）来运转的，而产品的很多相关决策实际上都取决于能够从市场中获得多大的订单或需求量，这个时候创业企业就不可避免地会面临这样的一个问题：由于没有前期运营历史、没有历史业绩、没有前期客户，那么通过什么方式让客户相信企业的产品品质和能力？如何在公司的现金流被耗尽之前，迅速地扩张企业的用户基础，从而让企业进行可持续运营的状态？这就是创业企业面临的经典问题，即冷启动问题。就此而言，从0到1这个说法，是非常形象的。因为0代表着虚无，要从虚无中衍生那个1，这代表了一种创生，代表了一种质的变化。要回答"如何解决冷启动"这个问题，我们首先需要思考的是：冷启动过程需要克服各式各样的问题，这些问题可以形成一个非常长的列表。在这个长长的问题列表背后，冷启动本质上需要克服的困难或阻碍是什么？

（一）新企业冷启动策略—四个基本机制

新企业的冷启动，首先要克服的是"资源限制"（resource constraints）问题。我们知道，创业企业在最初是非常缺乏资源的，他们无法像持续运营的企业那样通过长时间的累积来逐步建立资源基础，只能依赖于创业团队所带入的有限资源以及天使投资人给予的有限资金。初始资源能够给他们留下的试错机会和时间通常并不太多，创业团队需要在这样有限的时间窗口内迅速越过从0到1的阶段。这就是为什么创业企业在冷启动阶段需要将有限资源聚焦在一个非常明确的市场需求，并且在针对这个需求设计和开发产品或服务时尽量遵循"做减法"的原则——好钢用在刀刃上，服务于聚焦的客

户类型并为他们提供具有价值吸引力的产品及服务。

第二种基本机制是"合法性"(legitimacy)机制。作为一个在制度理论当中被经常使用的词汇，它的含义与我们在中文情境下的"合法性"(legal)含义其实是不一样的。我们可以这样来简单地理解：创业企业在业务运转过程中，除了需要符合法律、道德、社会规则等要求之外，他们存在着众多的利益相关者，而这些利益相关者拥有创业企业所想要交换的资源（例如客户可以给企业带来收入）。因此，企业需要获得这些利益相关者的接受和认同，也就是从他们那里获得合法性。在从 0 到 1 的阶段，合法性寻求问题就变成了一个经典的"鸡与蛋悖论"——是先有鸡还是先有蛋？例如客户并未使用过你的产品，而你也没有前期的业绩可以证明你的产品价值，那么客户需要先使用你的产品才能知道产品是否能真的达到他们的价值预期；然而他们接受和使用这个产品的前提恰恰是他们相信你这个产品能够满足他们的价值要求。由于产品转换成收入至少需要经历产品被知晓以及产品被接受两个阶段，因此从合法性寻求视角，有两种常见的策略：（1）通过与外部的流量拥有者合作来触达尽可能多的用户，也就是所谓的"借势"，甚至是获得他们对产品质量和价值的背书效果。例如抖音就启用了一系列流量明星来进行引流。（2）选择一些具有较高知名度的标杆用户来作为最初的样板用户。由于这些标杆用户对于产品质量和性能是具有更为挑剔的眼光和更严苛的要求，而这些也是市场所知晓的，那么尽管为标杆用户提供产品和服务不论是在难度上还是成本上通常都高于常规用户，但是一旦能够成功地完成产品和服务的提供，就可以借助这些标杆用户的背书向市场以高度可见且可信的方式传达企业产品品质的信息。

第三种基本机制我们称为"门槛效应"，通常有如下典型的表现形式：（1）创业企业所提供的产品需要在质量或性能上越过一定的门槛要求之后才有可能获得持续增长的用户基础。如果创业企业所提供的产品或服务在市场中已经存在着同类产品或者是替代品，那么这些同类产品或替代品在质量或性能上的平均水准将会成为用户需求的价值基准；如果创业企业所提供的是全新类别的产品，此前并没有同类产品或明显的替代产品，那么用户将会基于他们的使用习惯确定最低限度的可接受水平的质量或性能。（2）产品易用性的门槛。经典的技术接受理论（technology acceptance model，TAM）指出，产品的有用性感知（perceived usefulness）和易用性感知（perceived ease of use）是影响产品采纳的最为基本的影响因素。产品的质量或性能更偏重有用性感知，而如何最大限度地降低用户使用产品的成本（包括货币化成本以及心理成本），对于产品需求的有效激发也是非常关键的。以抖音为例，抖音平台特意为用户提供了包括背景音乐库、各种美化滤镜、易于使用的编辑工具、视频模板、教学视频等在内的工具集，以帮助他们利用智能手机很便捷地制作可以传播的个性化风格短视频，甚至还推出了可以帮助用户在拍摄视频时保持手机稳定的附件。

第四种基本机制是"网络效应"。网络效应也称为网络外部性（network externality），也就是对于一些产品类别而言，其用户从该产品或服务上所获得的价值，并不仅仅取决于自身所使用的产品，而且还取决于这个产品的使用规模，也就是除了自己之外还有多少用户在同时使用这个产品。对于具有网络效应的产品而言，通常都存在着一个临界规模（critical mass），也就是用户规模达到一定阈值之后，就会出现稳定的正反馈效应——更多的用户需求引发更多的产品改进，更多的产品改进进一步吸引更多用户的涌入，从而迅速帮助企业获得不断增长的市场需求。而要推动临界规模的达成，这通常依赖于两个重要的因素：（1）企业是否能够迅速地建立起突破性的价格或成本优势，尤其是相对于已有的竞争标杆或者是目标用户群体的预期而言。无论如何，价格对于大多数品类而言都是对用户产生吸引力的重要因素。（2）很多产品都是嵌入在特定的产品系统中，因而他们需要互补产品或互补技术（例如软件与硬件之间的关系，以及手写识别技术对于触屏智能手机的意义）的完善度达到一定的门槛。史蒂夫·乔布斯曾经尝试在1993~1998年推出苹果牛顿掌上电脑（Apple Newton Message Pad），这从未来的角度而言是一次非常有价值的技术尝试，但是由于当时一些互补技术，例如手写识别技术、电池的续航能力、无线连接技术等都未能达到门槛要求，最后该产品线被迫终止，并成为史蒂夫·乔布斯当时一度被迫离开苹果公司的重要诱因。在这里，我们有必要讨论一个常见的误解，那就是不少人认为互联网公司由于更多地利用线上渠道和方式进行业务运营，因而不太需要太多的线下资源和操作。事实上，对于像滴滴、携程、美团等具有平台企业性质的公司，在初期的时候他们都有赖于非常强大的"地面部队"来进行产品推广以及尽可能快地扩张用户基础，这也是网络效应发生的重要条件。

（二）新企业典型实践原则

如果从实践视角来看新创企业解决冷启动问题的方式，存在着各种不同的具体做法。尽管具体的实践做法在具体形式和细节上存在着高度的多样性，也与行业特点以及产品特性有着密切关系，不过从其背后的基本逻辑而言，都与我们上面所讨论的四种机制有关：资源限制、合法性寻求、门槛效应和网络效应。我们接下来给出的是三条解决冷启动问题的典型实践原则。

原则1：产品开发尽可能坚持快速试错与迭代的策略。在具体的实施上，作为源自精益创业的一个重要概念，最小化可行产品（minimum viable product，MVP）被大量地运用于创业企业实践中。所谓的MVP，就是在做减法基础上针对潜在目标市场的核心需求先推出尽可能简化的原型产品，然后以最小的成本、最有效的方式、最快的速度验证市场需求是否真的存在、产品是否真正满足了用户的核心需求。这样，即使产品失败也要追求"快速地失败、廉价地失败"；而如果市场需求得到了验证，则根据市场反馈进行产品的快速迭代和改进。周鸿祎在2010年提出的"微创新"也是被经常提及的做法。所谓的微创新就是以用户体验为导向，以已有的产品或拟模仿的产品为基础，快速地进行小幅度改进，根据用户反馈不断地试探和收敛。在360安全软件和腾讯QQ产品的改进当中都可以找到微创新的影子。

原则2：通过重塑客户心智模式或重新定义产品的方式建立差异化优势。我们知道，当一个产品品类边界变得越来越清晰，客户对于产品会形成一个不断被强化甚至是固化的认知模式，也就是每当提到这类产品的时候，人们脑海中会形成关于这个产品的刻板印象。如果不改变人们对产品已有的心智模式，那么作为创业企业而言他是非常难以在为数众多的成熟产品中脱颖而出的。事实上，这些年来，有很多成功的企业在他们的早期阶段采取了重新定义产品的方式来触发市场需求的快速释放。例如2007年1月9日史蒂夫·乔布斯在美国旧金山发布了第一代iPhone这样一款基于触摸屏操作方式的智能手机产品。要知道在当时还是大屏幕+键盘的手机时代，这大大颠覆了当时人们对于"智能手机"的认知。又例如创立于2011年的江小白，对白酒产品从覆盖的人群、使用场景、产品类型进行了重新定义——产品定位为针对都市年轻人，塑造简单、时尚、青春的品牌形象；打造纯净清香的口感，与传统白酒浓香的特点进行区分。需要指出的是，在产品重新定义的时候并不要求必须成为该品类中的第一个，但最关键的是必须成为人们在一提到这个品类时第一个被想到的。这就需要创业企业围绕着所定义的核心价值主张不断地强化用户对于差异化价值的认同和认知。

原则3：建立核心种子用户，并以他们为基础创生初始用户群体。尤其是对于面向消费者（2C）业务领域，核心种子用户的建立具有非常重要的作用。核心种子用户不仅仅是作为最初的产品收入来源，更为重要的是利用核心种子用户来加速产品迭代改进以及网络效应的触发。2019 年 8 月 16 日，小米创始人雷军提到 2010 年 8 月 16 日，MIUI 发布第一版时内测用户只有 100 人，但紧接着第二周就变成了 200 个，第三周 400 个，每个星期翻一番。为此，小米的新总部园区还制作了一个刻有 100 位最初论坛用户名字的雕塑。核心种子用户对于产品具有较高的认同感和忠诚度，对于产品迅速迭代改进有更强的参与意愿，可以站在用户视角为企业产品改进提供具有充分细节和需求针对性的反馈意见和建议；他们自身所具有的用户身份，也非常有利于他们通过口碑效应向周围的潜在用户进行产品的宣传和推广。当企业从核心种子用户出发创生出社群之后，可以在更大的规模上利用社群用户的反馈来改进产品。雷军提到，小米社区每天有数百万人访问，提出各种关于操作系统的改进建议。例如有用户反馈因为工作要求手机要 24 小时开机，但晚上 12 点之后有电话打进来会影响休息，于是小米设置了 VIP 电话功能，限定只有 VIP 24 小时都能打入电话[①]。

【视野拓展】

创业大败局中那些经典的"坑"[②]

创业者们回顾他们在创业的早期过程中所经历过的那些"坑"（也就是那些曾经造成或者是差点导致他们的创业失败的错误）时，大抵都会形容那一段过程中他们或如履薄冰，或后悔，或庆幸。不过当我们把眼光投向那些创业失败案例的时候，那些经典的错误似乎会更为明显地显现出来。因为如果这些创业者最终成功了，当人们看到他们成功的高光的时刻，人们很可能会忽略那些失误所带来的影响。正所谓，成功是成功者的证明。尤其需要指出的是，单个的案例，不论是成功的或者是失败的，都难以摆脱偶然性所产生的影响。如果我们把那些导致创业失败的因素总结出来，他们对于创业失败的影响依然是在概率意义上的。在极端情况下，甚至有创业者可能把所有的错误都犯了一遍，他（或她）最后依然成功了，因为某个带有偶然性的变化发生了。所以，我们讨论的目的是，从概率的角度，有哪些因素是导致创业失败最为关键的原因。如果我们能够避开这些"坑"，并不意味着我

---

① 资料来源：郭斌. 冷启动策略，创业企业如何完成"从 0 到 1"的跨越？[EB/OL]. [2020-05-13]. http://emba.zju.edu.cn/mcontent/show-16-2984.html.

② 资料来源：郭斌. 创业大败局中那些经典的"坑"[EB/OL]. [2020-06-01]. https://baijiahao.baidu.com/s?id=1668278069418867172&wfr=spider&for=pc.

们必然成功，但是从概率角度降低了我们失败的可能性，从而提升了我们成功的可能性。那么，创业存在着哪些经典的失败根源呢？我们可以把这些因素划分为如下五个方面，分别与"伪需求""现金流""团队冲突""能力圈""护城河"有关。

☆ 所瞄准的创业机会陷入了伪需求陷阱

缺乏市场需求，在许多针对创业失败案例的数据分析中都被列为创业失败的首要杀手。尽管创业公司在设立之初都会对所针对的市场需求有着自己的初始定义，但是他们所定义或理解的需求，与市场中真正存在的需求有可能出现较大的偏差。在此情形下，创业企业就遇到了我们称为"伪需求"的问题。造成伪需求的原因通常是对于用户真正的需求本质缺乏深入的洞察，或者是所定义的需求在市场规模上与预期存在着巨大的差距。这个时候，企业所定义的需求机会是无法支撑企业业务增长的目标的。不过也存在着其他一些情形会导致伪需求问题，例如一些产品存在着互补技术或互补产品，就像软件与硬件之间的关系，触屏智能手机与手写识别技术之间的关系。当互补产品或互补技术很不成熟的时候，将会导致用户无法很好地从已有产品上获得真正的价值，从而制约这种市场需求的充分释放。这就意味着，为了避免掉入伪需求的陷阱，创业企业需要将自己的产品或服务建立在坚实的市场需求洞察基础上。在此过程中，精益创业思想具有非常重要的实践价值。这是因为创业企业不论如何努力，对市场需求的洞察依旧可能存在着一些漏洞，需要在此后获取更多的信息和市场反馈来修正对于需求的认知。为避免过度消耗宝贵的早期资源，以及为了避免行动迟缓导致失去宝贵机会，精益创业所秉持的"快速地失败、低成本的失败"原则就有了相当大的价值和意义。

☆ 创业企业出现了现金流的枯竭

现金流对于企业而言，就像血液对于人体的意义，不论如何强调都不为过。它决定了企业是否能够健康地持续运转。如果现金流出现问题，即使企业的产品存在着规模不低的可预期需求，依然可能会陷入困境。而创业企业由于本身的一些特性，更是易于出现现金流的枯竭问题。一方面，创业企业有本能的冲动去尽快地放大运营规模，这可能是由于投资人的要求（例如以对赌协议方式），也可能是由于竞争因素导致需要用速度与竞争者抢夺市场机会。而这必然伴随着在短时间内大量资源的投入，也就意味着现金流流出。另一方面，创业企业在经营过程中的现金流流入，由于客户基础较小、收入模型还在逐步建立过程，以及在与客户交易过程中缺乏议价能力，所以存在着很大的波动性。一旦市场环境发生较为明显的负向变动时,创业企业是缺少足够的内部资源来缓冲环境变化的。所以创业企业通常需要非常小心地构造自己的商业模式,尤其是需要尽可能地建立那种在现金流上更为稳健的收入模式。与此同时,也需要非常审慎地平衡迅速扩张客户规模与维持现金流之间的关系,既要尽可能地抓住市场中的扩张机会,也要避免现金流出现不可控的断流。

☆ 创业团队内部产生了剧烈的冲突

随着创业企业的发展,创业团队内部有可能会产生出一些冲突,这些冲突有些可以得到有效的解决或缓解,但有一些冲突可能会剧烈到让这个企业分崩离析。创业团队内部的剧烈冲突可以是来自创业团队内部的"三观"不一致造成的。这里我们所指的三观包括了创业团队的价值观、商业逻辑和愿景。这种三观差异,会导致创业团队在一些重要商业决策时在目标和看法上存在着难以调和的冲突;即使他们尝试在内部进行妥协并在一定程度上也实现了一些妥协,但这很容易导致创业企业所采取的系列决策缺乏在战略上的一致性,就如同在高速公路上急速狂奔的汽车上有多个司机而这些司机却有着完全不同的目的地。创业团队内部的冲突也可以是源自利益分配上的冲突。在创业的早期,由于整个团队的重心是如何求得生存,这时外部的压力反而会使得创业团队成员把注意力放在应对外部因素上,目标也因此易于协调一致。而当企业渡过了生存危机阶段,企业的商业价值也变得越来越清晰,这个时候对于以股权形式分配的利益人们会变得敏感起来。如果早期在创业公司设立的时候没有形成共同认可的规则或者是合理的股权结构,这个时候利益冲突会变得显性化。另外一种导致创业团队出现不良冲突的情况是源自控制权上出现的问题。由于创业合伙人团队在最初分配股权的时候过于平均,导致创始人在面临创业团队意见不一致的时候缺乏对决策的掌控能力,导致很多内部争议无法收敛、无法形成有效决策,从而在快速变化的竞争环境中容易陷入困境。

☆ 超出了自己的能力圈来做业务

创业团队通常会在自己的能力和资源范围内做出业务决策。但是,早期的一些商业成功可能会导致创业团队出现过度自信的问题,也就是他们在这些早期商业成功的归因上出现了偏差。典型的是一些行业在某段时间内充满了乐观情绪,整个行业出现了快速的增长或者是人们普遍认为行业即将出现快速增长;相应地,由于乐观情绪的普遍存在导致投资者给出偏高的估值,甚至出现一些在之后可以清楚地看到的估值泡沫,只是在当时的乐观市场环境中人们往往不能自我觉察。于是，人们常说的一句话出现了——风来了，猪都能飞。然而，身处其中的创业者很容易产生错觉，他们会倾向于认为这些快速增长是源自自身的能力。这种过度自信，反映在企业的行为上，典型的是业务开始缺乏聚焦，盲目扩张也随之出现。我们之所以称为"盲目"，本质上是因为这种扩张大大超出了创业企业以及创业团队的能力圈范围。

当然，公允地讲，创业企业在进入一个潜在商业机会的早期，很难有充分的信息来判断这种商业机会究竟有多大的潜力。所以，创业团队如果没有一定的自信来支撑自己，是很难有勇气做出一些关键性的决策的，尤其是这样的决策通常需要一定的激进策略。因此为了避免这种机会探索背后激进策略所存在的潜在风险，创业团队需要学会必要时候的放弃。这并不是一个能够轻易完成的挑战。要做到这一点，首先需要充分意识到自己不要受到沉没成本的影响。人们之所以很难做到当断则断的放弃，是因为在这之前人们已经在这个决策上进行了大量的财务投入和心理投入，放弃则意味着这些前期投入将付之东流，并且也意味着自己需要承认之前的决策是一种错误。与此同时，在信息不完全的情况下，我们有时候确实难以分辨坚持和放弃究竟何者是更好的策略。所以我们才会有这样的说法：不论是放弃还是坚持都需要勇气；不过，能分辨什么时候应该坚持而什么时候应该放弃，则意味着智慧。就此而言，为了避免放弃了应该坚持的或者是坚持了应该放弃的，有一个很重要的建议是在进行任何重要的业务决策的时候，都需要在事前为业务发展设置一些必要的关键事件节点和关键衡量指标；当确认无法在设定的时间节点上完成这些关键事件或者是关键衡量指标，则应该考虑放弃。这种做法有助于我们避免受到情绪的过度影响。

☆ 缺乏阻挡竞争者的护城河

我们知道，不论是在中国古代的城池，还是欧洲的那些作为历史遗迹的城堡，往往都有护城河，其作用是让那些入侵者在攻入城中的时候遇到阻碍，从而起到很好的防御效果。对于创业企业而言，当他们寻找到了很好的市场需求机会并成功地用产品和服务捕获了这样的业务机会后，接下来的一个重要问题就是如何阻挡竞争者或是潜在竞争者。如果企业缺乏有效的"护城河"，那么竞争者或者是模仿者的进入必然会争夺企业的生存空间，甚至是让企业完全失去生存基础。企业的护城河可以存在多种形式。最为常见的是在核心技术或资源上的独占性、在用户网络上的先占性，或者是用户较高的转换成本。这些护城河机制或者是导致企业在价格竞争上拥有非常明显的成本优势或者是在用户感知价值上拥有显著的差异化优势。不过，有时候我们也会看到两种非常特别的情形，原本拥有一定的优势的企业被迅速地击穿"护城河"。

第一种情况是我们知道存在着一些巨头企业，例如像阿里巴巴、腾讯、微软等互联网公司，他们有些较为庞大的业务或产品组合，同时也拥有创业公司很难企及的资源优势。当他们发现在某个赛道上有创业企业成功地用产品创新或是商业模式创新释放出市场增长机会后，他们可以以"简单而粗暴的"方式，在这个市场机会上用类似的产品或商业模式创新注入大量资源；更为关键的是，这些巨头企业由于存在着多个产品线或业务组合，他们完全可以放弃在这个新业务上的盈利目标，以资源优势迫使竞争对手耗尽自己的现金流。历史上一个非常经典的例子就是当时微软公司利用免费捆绑策略成功地让 IE 浏览器消除了 Netscape（网景）的生存机会。这就是为什么创业企业在寻找到一个较有潜力的商业机会的时候，他不仅仅需要考虑如何与其他同一赛道上的创业公司竞争并建立竞争优势，还需要考虑如果巨头公司以资源优势策略加入竞争的话如何进行应对。通常有两种可能性的应对思考，一种是选择那些带有细分性质的市场先建立足够的生存基础，因为这种细分市场在最初由于规模天花板的存在不太会吸引巨头公司的过多关注。

另外一种思考方向是寻找到巨头公司在多元业务之间存在的商业逻辑冲突，尤其是在那些巨头公司最为重要的业务板块上，通常这些巨头公司是不可能在此类业务上采取免费或者是低价策略进行竞争的。第二种情况是与当今跨界竞争现象大量出现有关。一些原本与某个行业无关的企业通过跨界的方式进入此行业，并且采取一种我们称之为"降维打击"的方式冲击该行业内原有的参与者。这种降维打击的提法是源自刘慈欣的科幻代表作《三体》，高维度空间的智慧生命采取降维的方式毁灭性地打击低维度空间。这是因为不同行业中对于某种能力的要求存在着巨大的差距，这将导致某种能力在一个行业或领域内只是一种普通能力，但在另外一个行业或领域会成为较高的能力要求。这样的话前一个行业内的企业可以通过"降维"的方式切入后者并构成对后一个行业内的已有竞争者形成毁灭性的打击。

二、新企业的生存管理

新创企业的首要任务是从无到有，把自己的产品或服务卖出去，掘到第一桶金，从而在市场上找到立足点，使自己生存下来。在创业阶段，生存是第一位的，一切围绕生存运作，一切危及生存的做法都应避免。最忌讳的是在创业阶段提出不切实际的扩张目标，盲目地谈扩大，谈规模。创业企业要超越已有的竞争对手，一定要探索到新的成功的生存模式，这是新创企业管理的本质所在。

企业也像人一样是有生命力的，要么健康地、一年一年地发展壮大，要么因失去了生存下去的基本条件或者病死、累死、饿死、冻死、撑死、拖死。从财务角度看，坚持到盈利、保持住现金流，都是企业生存的基本条件，下面从几个方面来说明从财务上如何保证新企业的生存。

(一) 追求合理利润

利润是一个合理而现实的、具有较强操作性的指标，追求利润最大是企业的当然选择，但"追求合理利润"作为初创企业的财务目标更为合适。初创企业以追求"合理利润"（而非利润最大化）的财务管理目标。既不淡化利益追求，又不会因过于追求利益最大而冒不必要的甚至是毁灭性的风险。同时，应当综合考虑市场竞争能力、获利能力、增值能力、偿债能力、资金营运能力、抵御风险能力及信用水平、社会责任等各种因素，把他们作为确定利润指标时的重要决策因素加以考虑，确保企业具有强大的可持续发展动能。

在企业经营中存在着各种利益主体的对立统一关系，他们彼此的经济目标有时并不一致。正是由于各主体之间的利益并不一致，他们不断地试图在矛盾中寻求利益平衡。选择合理利润作为财务管理目标，则可以在一定程度上减少这种不一致性，从而在一定程度上减少企业的短期行为。此外，企业有时出于避税、降低经营风险等方面的考虑，会利用对会计政策、变更会计估计等方面的选择权，实施盈余管理，此时企业选择的并非利润最大，而是从企业利益出发的"合理利润"。这一点，对于初创企业来说，具有一定的合理性，更符合初创企业实情，也更容易被初创企业的投资者和经营者所接受。当然，企业产生短期行为还存在着企业本身治理结构不完善等方面的原因，并非合理制定利润目标所能全部解决的。

【视野拓展】

新创企业成长案例分享——利珀科技[①]

如今，人人都想创新创业，但对于如何发现或识别创业"商机"，很多

---

① 资料来源：白云峰. 如何发现创业"商机"? 关键就2个字! [EB/OL]. [2020-05-15]. https://m.thepaper.cn/baijiahao_7404893.

人都感到迷茫，以至于跟风创业的人越来越多，创业失败率也大大上升。此外，在科技蓬勃发展的当今时代，很多科研院所、高校虽然研发出了大量先进科技，但却让这些科技停留在了实验室和学术论文中，无法实现转化进而真正服务于市场。当然，也并不是每项科技背后都有一片蓝海市场。

那么面对这些技术与创业热潮，我们究竟要如何去识别其中的"商机"，从而创办自己的企业，进而在激烈的竞争中生存下来。

☆ **创业是为了解决问题**

白云峰创办了两家公司，第一家叫利珀科技，是他在读研二的时候创办的第一家公司，之后又创办了第二家公司叫光珀智能。他一开始读研究生时从来没有想过去创业，当时他去企业调研，发现工厂里的检测工非常难招，且检测工检测的产品质量参差不齐，产品质量也不稳定。他就考虑这是不是可以通过计算机的方式来解决，比如他们给产品先拍照，然后通过图像识别分析这个产品是好还是坏，还有没有一些残次品等。

第一家公司的雏形就是在这种想法中诞生的，它诞生的目的是解决在工厂工业检测中检测工难招和人工检测产品质量不稳定的问题。之后他就找到了他的好友、浙大光电系博士王旭龙琦。他拿着几个从工厂带回来的产品跑到光电系楼下问王博士："这个产品能不能通过计算机的视觉拍照来进行一些检测，分析他是否为残次品？"王博士觉得是有可能的，所以他们俩凑了3万元，在青芝坞一个很小的农民房开始做这个实验，准备做第一台机器。当时他们做了一个产品，它可以用在各种各样的工业产品中。大家知道，无论是手机屏幕还是汽车零配件的生产，总会产生一些残次品。这些残次品大部分是通过人工肉眼的方式挑出来的，而他们当时研发出的一个产品就能代替肉眼解决这样的问题。但在这个过程中，他们遇到的问题远远比他们想象的要多得多。

☆ **如何发现技术创业中的商业机会？**

关于如何发现技术创业中的商业机会，白云峰认为要做到两点。

一是机会识别——发现痛点，寻找价值。比如他就是在调研中发现痛点——公司检测存在工人难招和人工检验质量不稳定的问题；工人每天对着强光看十几小时零件，容易得青光眼。所以创业表面看上去是机缘巧合，实际上无论是创业还是在公司就业，背后都有一些共同的东西，那就是寻找价值。也因此，如果你认为自己做的事情有价值，那么就要坚定地走下去。

二是机会利用。他的创业团队前期有篮球队友，后期还加入了浙江大学光电系和计算机系的老师，所以要珍惜每一位在浙大遇到的同学和老师，他们很有可能成为你创业路上的伙伴。因为浙江有创业新四军——浙大系、浙商系、海归系和阿里系。而浙江大学是专业门类最全的院校，也是全国大学创业率最高的学校。

创业，白云峰觉得最重要的是要找到一些人。作为 CEO，很重要的任务一个是找人，一个是找钱。光珀有两位核心人员是浙大毕业的，就是他和陈嵩，陈嵩是浙大管院 MBA 毕业的学长，他做了中国最大的业余自动巡天望远镜。他们要做的是世界领先的技术，一定要有一些世界顶尖的人才，所以他们陆续引进了第二批海归系博士薛松、陈晓刚和马宁，以及第三批以张合勇为代表的中科院博士。他们现在基本是浙大系、海归系、中科院的三批博士组成了一个至少在国内应该算是非常领先的光电检测的创业团队。公司现在总共有 100 多人，其中 60% 是研发人员。

☆ **关键转折点**

他们企业的一个关键转折点，是从杭州市区的一个农民房搬到了临安青山湖科技城。当时卖了几台机器，他们有了几十万元的收入。这对当时的他们来说已经非常多了，于是他们就开始成立公司，但在准备做的过程中也遇到了很多困难。所以真正开始做是在 2014 年，他们被青山湖科技城作为招商引资的项目带到了临安。当时政府还给了 600 万元的奖励。当时他们觉得这是一笔巨款，可以好好地做一些事情了，同时他们也完成了天使轮融资。当时是台湾的一家基金，按照 2500 万元的估值投了 300 万元。一下拿到 300 万元的投资，还有政府 300 万元的分批支持，他们觉得确实可以好好做些事情了。到青山湖科技城之后，他们的企业算是迈上了发展的快车道，还获得了杭州市"青蓝企业""雏鹰企业""高新技术企业""浙江省成长性科技型企业百强"等各项荣誉。但其实在这个快车道上的每一个时间段，他们都遇到了大量问题。

☆ **挑战与应对**

紧接着问题来了，他们在创业路上遇到了第一个巨大挑战。第一款平面检测产品成功后，他们开始做第二款产品，定位为胶囊检测产品。胶囊壳在生产过程中会有很多的破裂、黑点或其他问题，胶囊厂基本上有 70% 的人工在不停地看每一颗胶囊壳有没有破损。很明显，靠人工肉眼，效率非常低，而且工人工作三年到四年基本上会得青光眼。因此，他们觉得这是利用机器视觉的一个非常好的场景，所以他们把第一款机器挣到的大部分钱和融资的钱，全部用于研发这款机器。经过了半年的研发，在产品几乎要达到客户要求的情况下，突然爆发了毒胶囊事件。他们的三台成品和两台半成品样机全部被封掉,他们所有的资产、设备和下一个项目全部被冻结了,相当于项目的投资失败了。这是公司面临的第一个挑战。毒胶囊事件导致他们整个公司的重大战略性产品失败,那接下来怎么办?他们仔细地分析完市场后,觉得工业的产品检测市场是一个真正可以创造价值的市场。除了在胶囊行业和平面片材行业,在很多行业都需要这样的技术,所以他们决定继续快速去寻找下一个市场。当时他们就拓展了太阳能检测市场。现在利珀科技已经占据了中国80%~90%太阳能检测设备的市场。

这些就是他们的太阳能检测产品。他们是第一个能够做到国产替代欧美进口的一些产品,它的原理其实和平面检测的原理差不多,通过拍照识别太阳能电池和太阳能薄膜上有无划痕、不规则或者缺陷,代替人工肉眼。这样一套设备能够卖到20万~40万元,现在已卖出几百台。在碰到毒胶囊事件以后,他们迅速地从薄膜检测转到了太阳能电池检测产品,这是他们公司第二个成功的产品。紧接着他们通过几年时间完成第二轮融资,当时估值是7000万元,他们完成了差不多有1000万元的融资。他们引进了一些战略投资方,比如万丰奥特,其是中国做汽车轮毂前列的企业,在每个汽车铝轮毂和汽车零配件上都需要检测设备,一些自动化改造的设备由他们来做。

☆ 99%面对的都是客户的抱怨

利珀科技也做了很多其他的产品,主要是围绕技术创新。他们也引进了很多光学、机械、电控、算法等方面的人才。虽然利珀科技在快速发展,但其实做每一个产品都是非常难的。他们在创业过程中,每一款基本的产品都需要靠不停磨合、调试参数,每年的采购可能也就几台到十几台。在工业领域,基本上要做上三四年,才会得到普遍的认可。比如他们太阳能产品在做了3年以后,年销售量才突破100台,同样的几个产品也都是这样的,在这个过程中需要坚持。而且他们在做产品的过程中,99%面对的都是客户的抱怨。因此,如何能够避免把客户的抱怨变成负面情绪,并把这些抱怨变成你寻找差距和快速迭代提升的机会,这是至关重要的。

(二)增强融资能力

创业者想要筹集到新企业所需要的资金,就要和资金供给方建立良好的外部关系。首先要处理好与债权人的关系,使债权人的利益不受到损害。初创企业的抗风险能力弱、信用等级低,致使金融机构等债权人不愿将资金贷给初创企业。在这种情况下,初创企业首先应该充分尊重债权人,不逃废、悬空债务,主动与金融机构等债权人保持良好的关系,让其了解企业,看到企业的远大前景。具体做法可以通过两个方面：一方面是企业对金融机构的选择，应该选择对初创企业立业和成长前途感兴趣并愿意对其投资的金融机构，能给予企业经营指导的金融机构，分支机构多、交通便利的金融机构，资金充足而且资金费用低的金融机构，员工素质好、职业道德良好的金融机构；另一方面是初创企业要主动与合作的金融机构沟通企业的经营方针、发展计划、财务状况，说明遇到的困难，以实绩和信誉赢得金融机构的信任和支持，而不应以各种违法或不正当的手段来套取资金。当金融机构等债权人的利益得到保障时，债权人才会与企业保持长久的合作。企业获取了决定企业生存和发展的资金，才能持续发展。

初创企业可以通过发行优先股的渠道加强直接融资，保证资金需要。由于优先股能够获得稳定的股息收入，可以吸引稳健型的投资者；没有表决权，又能确保公司的经营自主权落在实处；积极开展合法的民间融资，如果有适当的股权融资私募机制引导社会资金分流到民间融资市场并进行股权融资，或者是股权与债券的混合融资，就能提高整个社会的股权融资的比例，改善初创企业的资产负债结构；股权融资的比率提高之后，才有可能继续通过贷款以及债券融资等债务融资形式对初创企业进行金融支持；此外还可以开展信托、融资租赁等业务，拓宽融资渠道。

【视野拓展】

2020年全球疫情大冲击下中国企业的"危"与"机"①

2020年，不论对于中国人，还是对于整个世界，新冠肺炎疫情所带来的冲击波，不论是在影响的程度上，还是在影响的范围上，都已经超出了人们最初的预期。新型冠状病毒，如同混沌理论中那只扇动翅膀的蝴蝶，已经在全球掀起了前所未有的风暴。在此背景下，我们需要思考的是：疫情冲击将会给全球带来怎样的影响，尤其是那些将对未来产生深远影响的变化趋势？对于中国企业而言，如何在短期和中长期来思考和应对这些变化？诚然，我们需要回顾过去，从过去中吸取教训，怀抱着不再重蹈覆辙的希望。不过，正像古罗马神话中拥有两副面孔的守护神雅努斯（Janus），一副望向过去，另一副注视未来，已经发生的既定事实，我们已无法改变，只能承受，但更重要的是关于未来，因为唯有未来为我们提供了开放的可能性。

---

① 资料来源：黄先海."熬过今年，明年就有机会！"——浙大经济学院院长分析疫情冲击下中小企业如何破局？[EB/OL].［2020-04-22］. https://www.sohu.com/a/390330821_120209039.

从战略角度，以对未来的思考引导当下的行动，才能真正在这场巨大的冲击波当中寻求更为光明的未来。

☆ **大趋势预判**

从现在的情况来看，疫情初期人们对于疫情所带来的经济冲击，都有些过于乐观。当时，从范围上来看，人们更多地把他看作一个在中国所发生的危机事件；从时间上来看，人们更多是从一个短期冲击事件来思考。

然而，由于全球大多数国家尤其是欧美国家对疫情冲击的估计不足和应对迟缓，导致疫情迅速地向全球蔓延。由此所引发的经济冲击，也已经在性质上发生了巨大变化——从短期冲击不可避免地向长期冲击演变。

从目前趋势来看，全球经济衰退已经成为大概率事件，而这无疑会对中国经济产生重大影响。自2001年中国正式加入世界贸易组织（WTO）之后，中国在全球化进程中与整个世界的经济体系产生了越来越密切的关联，这种关联既对中国自身的经济增长具有重要影响（变得越来越重要），也会反过来对世界经济体系产生影响。这在麦肯锡全球研究院（McKinsey Global Institute）发布的报告《中国与世界：理解变化中的经济联系》中也得到了充分的展现。

虽然在宏观上，中国近年来国内生产总值（GDP）的增长中净出口所占的比重已有所下降，消费的拉动效应日益凸显，但考虑到中国制造在全球产业链中的深度融入，以及一些产业领域对全球市场的显著依赖，全球经济增长的下滑会导致产业需求的缩减，进而造成许多行业中的竞争加剧。这也意味着，产业竞争的模式将发生逆转式变化——从以往的增量竞争状态转变成存量竞争状态，错位竞争的机会大为减少，许多同行企业被迫为争夺有限的市场空间而展开直接竞争。毫无疑问，这将引发很多产业的格局出现大洗牌，一些在竞争中缺乏优势的企业将会被加剧的竞争无情淘汰，产业集中度因此将出现上升趋向。

此外，此次疫情持续时间的加长和影响程度的加大，还将引发更为长期的影响。我们可以把这种长期影响概括为"全球供应链配置的再平衡"和"全球汇率的再平衡"这两个方面。随着中国制造在全球化体系中的影响越来越大，一些欧美发达国家已经开始重新审视制造业在整个经济体系中所具有的价值。

近年来，已经有一些国家考虑重新定位制造业的价值，不过思考的重心放在"如何通过一些更高端、技术含量更高、生产效率也更高的先进制造业来提升制造业对国家经济的影响和贡献"上。此次疫情将导致全球供应链的重新配置。因为越来越多的跨国公司以及那些大型的本土企业，会发现以往按照市场临近、成本降低、效率优先的原则对全球制造资源进行配置和整合的策略，对于相对稳定的竞争环境或是那种趋势相对明确的变化环境是很有效的。但面对此次疫情这样的大型冲击，各国为控制疫情被迫封闭区域，物流能力受限，一些零部件的重要厂商也因疫情出现工厂停摆。因此，即使是一些在正常时期看上去不是很核心的零部件，都可能会造成最终产品生产商因零部件供应不足而停摆。这种情况将会导致那些全球运营的或是全球采购零部件的公司重新设计他们的全球生产网络以及供应链网络，甚至是为了整个生产网络的稳健性而牺牲一部分成本和效率。

另外一种变化是全球汇率的再平衡。此次疫情会给美国经济带来一个非常大的变数，甚至可能引发美国陷入经济危机。美元作为全球货币，事实上这些年来他一直是依赖于美国强大的经济体系来作为支撑的。而美国经济的削弱，将会影响全球对美元的信心，进而会去寻找一些新的货币作为部分替代。

虽然在相当长的一段时间内美元作为全球货币的地位是很难被替代的，但在全球贸易中会有越来越多的部分寻求用一揽子货币来作为风险对冲的选择，这就意味着一些经济保持相对强势的国家，其货币将会以组合的方式部分地替代美元所行使的全球货币职能，成为全球贸易结算中的工具，例如欧元、日元、英镑和人民币。微观的一个可见表现就是，欧元、英镑、日元和人民币在全球贸易结算中的使用规模会出现明显上升。对于中国而言，需要指出的是，尽管目前中国的疫情控制取得了较好效果，但我们并不能简单地认为中国已经或者基本上度过了疫情冲击。实际上，中国仅仅是取得了上半场的胜利，但在疫情下半场仍然存在着潜在危机。

目前，全球除中国等少数国家外，绝大多数国家已采取了被称为"群体免疫"的策略，也就是通过延缓疫情扩散的速度来避免因感染病例数量暴增造成的医疗资源崩溃，最终相当于人口中的绝大多数都通过感染新型冠状病毒来获得免疫力。这种做法其实是一种没有更好策略下的无奈之举。但如果全球大多数国家都采取这种策略，就意味着在若干个月之后，全球除了中国等少数国家之外，全部已拥有了群体免疫力，那么中国将会面临一个两难的问题：如果不进行封闭，那么输入性病例将会导致二次暴发；如果封闭，则会导致中国整个经济体系与全球经济体系在某种程度上脱钩。

这个状况与我们目前所看到的状况是截然不同的。目前由于全球各国都被迫采取了封闭的措施来遏制疫情从外部的输入性蔓延，因此各个国家的经济体系在某种意义上已经是相对脱钩了,因而中国采取封闭措施不会带来太突出的问题。但如果全球进入重新开放状态而只有中国采取封闭的话,中国经济将会面临失去全球竞争力和全球市场的风险,而且这种失去甚至是长期性的。如何解决这个难题,一方面有赖于在接下来的时间里是否有疫苗或特效药出现,另一方面则依赖于中国智慧如何来破解这个难题。

☆ **大冲击下的"危"与"机"**

许多中国词汇都蕴含着丰富的中国式智慧。正如"危机"这个词,它是由"危"和"机"这两个字复合而成。我们也可以把这个理解为危险中蕴含着机遇。而要能够从危险中识别和把握其中的机会,则需要拥有勇气与智慧。我们可以从这样几个方面来看"中国企业该如何应对这场疫情引发的经济冲击",利用好先发优势,提前布局与准备。

首先,由于中国在疫情上半场中果断而卓有成效的处置(尽管在疫情暴发最初阶段,地方政府存在一定的处置失措问题),为中国企业赢得了宝贵时间。相对于全球大部分国家被动地将注意力和资源投入疫情的应对之上,中国企业已经开始了复工复产的阶段。对于中国企业而言,需要利用这个上半场的先发优势来抓住所有可能抓住的机会,在充分挖掘本土市场的同时,为海外市场一旦进入平稳状态时迅速切入海外市场做出提前准备,因为机会总是给那些有准备的人。

其次,对于中国在下半场可能面临的冲击,我们要做出提前布局和准备。一方面,针对全球经济衰退带来的需求收缩,需要我们对产品定位进行必要调整,优先发展那些更具有性价比的产品业务。因为历史经验表明,金融危机之后,全球对于产品成本的敏感程度会随之上升,因而性价比对于市场会具有更大的吸引力,而这恰恰是中国制造长期以来具有的优势基础。另一方面,需要考虑中国自身可能面对的后继疫情冲击。就此而言,数字化转型将成为不可逆转的大趋势。数字化转型本身是数字技术发展及其渗透性应用、市场需求变化和竞争节奏加快、企业业务复杂性和地理范围的迅速扩张等因素综合导致的结果。而此次疫情冲击,加速了企业数字化转型的历史进程,成为企业应对疫情冲击的一个通用策略。由于疫情在全球的扩展以及影响持续时间的延长,数字化对于企业运营的连续性会起到显著的支撑作用,尤其是在人们地理移动受限的情况下。更为关键的是,在生产能力、物流能力受限的情况下,如何通过提升效率来挖掘潜力以应对冲击,将越来越多地依赖于数字化转型的结果。企业要加快供应链的重构。加快供应链的重构也是很多作为系统集成者的企业需要采取的战略行动。这种供应链重构将会沿着两个主要方向：一个是进行供应链的本地化调整，缩短供应链的地理范围，尤其是要依托具有地理临近性的产业集群。例如此次疫情冲击下，吉利面临了无法掌控浙江省外配套企业复工时间的问题。在宁波市地方政府部门的帮助下，从4000余家本地零部件企业中筛选出了350多家供应商，最后35家被吉利选择成为替代供应商，保证了生产运行的平稳性。另一个方向是重新布局供应链，并基于业务连续性管理的视角对供应链中的脆弱环节增加替代性供应商。

在疫情冲击下，企业能力的价值得以凸显。在某种意义上，我们可以把这次疫情冲击看作试金石，是对企业能力和业务连续性的一次压力测试。我们甚至可以在一些行业内观察到一些具有较为充裕的现金流储备以及较强业务经营能力的企业，正在采取逆周期策略进行扩展，也就是利用这次冲击所带来的影响迅速抢占一些企业因无法延续而被释放出来的市场空间。华为在历史上就有过在互联网泡沫破灭和次贷危机时期两次逆势扩张的成功经历。当然，这种"危"与"机"的转换是取决于一些重要的战略情境的，尤其是如下一些关键性的情境因素。

第一，企业所处产业链的终端产品市场在疫情冲击下如何变动？一些行业会在疫情冲击下剧烈收缩甚至是停摆，而有一些行业反而会在此轮冲击中得到了突发的增长机会。

第二，企业所处的市场地位如何？这里的企业市场地位是指企业的规模以及在市场中的定位。在此轮冲击中，一些规模居中以及定位于性价比市场的企业受到的影响反而较小。

因为他们可以凭借性价比优势向下挤压，或是去抓一些对成本和品质有较为平衡性要求的细分市场机会，而此类机会由于规模相对较小，使得那些头部企业没有足够的动机去争夺。

第三，对海外市场的依赖程度如何？在海外市场出现大幅波动时，那些高度依赖于海外市场的企业将会受到较大冲击。在此过程中，寻求本土市场中的一些替代性需求就成为一些企业思考的选择项。

第四，对全球供应链的依赖程度如何？对于全球供应链依赖程度越高，受到后继疫情发展的负面影响将会更大。对于此类企业而言，需要将应对策略的时间视野拉长，需要考虑疫情在更长时间跨度上可能存在的冲击。

第五，企业现金流的充裕性如何？我们知道，现金流的充裕性在此次疫情冲击中成为企业缓冲外部冲击的重要基础，甚至可以支撑企业利用此次危机背后潜藏的增长机会。例如，在冲击的后期，欧美发达国家可能会有不少企业出现经营上的困难，其中不乏有些企业拥有较好的技术资产或品牌。中国企业有机会逆势收购一些有价值的全球资产。

第六，企业是否拥有较强的成本控制能力？正如我们前面的讨论所提到的，在全球经济下行阶段，不论是消费品领域还是在工业品领域，那些客户对于成本的敏感性会明显上升。因此，成本控制能力不仅仅决定了企业在疫情持续冲击下的生存机会，也决定了在疫情结束后企业能在多大程度上抓住疫情结束后的反弹性市场需求机会。

（三）重视财务管理

财务管理的优劣直接关系到企业的兴衰。初创企业的财务管理并不是事无巨细、全面管理，而是应选择一些主要方面实施重点控制，同时还应根据企业整体战略目标和环境的变化而调整主要内容，以达到预期的效果。创业者应该重视会计工作，依据科学的内部会计控制规范和新企业的实际情况，制定适合本企业的内部财务制度，并严格遵守既定的程序和规范，明确会计机构的职责与权限，建立健全会计人员的岗位责任制构建一个良好的控制环境，规避面临的投资风险、筹资风险和经营风险，使财务管理起到应有的保障作用。

初创企业要完善会计核算方法，应从会计基础工作入手，根据《会计法》和《企业会计准则》及各项具体制度的要求，会计核算要客观、真实、及时、准确、明晰地反映企业经营情况的会计信息，同时完善会计监督和分析，使财务管理起到应有的导向作用。企业应当根据经营环境的变化，不断通过存量调整和变量调整（增量或减量）的手段确保财务结构的动态优化。新企业财务结构管理的重点是对资本、负债、资产和投资等进行结构性调整，使其保持合理的比例。包括优化资本结构、优化负债结构、优化资产结构、优化投资结构。

优化资本结构。企业应在权益资本和债务资本之间确定一个合适的比例结构，使负债水平始终保持在一个合理的水平上，不能超过自身的承受能力。负债经营的临界点是全部资金的息税前利润等于负债利息。

优化负债结构。负债结构性管理的重点是负债的到期结构。由于预期现金流量很难与债务的到期及数量保持协调一致，这就要求企业在允许现金流量波动的前提下，确定负债到期结构应保持安全边际。企业应对长、短期负债的盈利能力与风险进行权衡，以确定既使风险最小又能使企业盈利能力最大化的长、短期负债比例。

优化资产结构。资产结构的优化主要是确定一个既能维持企业正常生产经营，又能在减少或不增加风险的前提下给企业带来尽可能多利润的流动资金水平，其核心指标是反映流动资产与流动负债差额的"净营运资本"。

优化投资结构。主要是从提高投资回报的角度，对企业投资情况进行分类比较，确定合理的比重和格局，包括长期投资和短期投资，固定资产投资、无形资产投资和流动资产投资，直接投资和间接投资，产业投资和风险投资等。

【视野拓展】

瑞幸事件暴露哪些"监管空白"①

瑞幸咖啡（以下简称"瑞幸"）总部位于厦门，自2017年6月注册成立，2018年1月在北京和上海正式开始运营并进行快速扩张，至2019年末其门店数量超过4500家，成为我国最大的咖啡连锁品牌。2019年5月17日，瑞幸登陆纳斯达克，成为世界范围内从成立到IPO最快的公司。

2020年2月1日，著名做空机构浑水（Muddy Waters）代发做空瑞幸的研究报告，直指其财务欺诈、商业模式缺陷与若干危险信号。2020年2月3日，瑞幸发布公告否认了浑水做空报告的所有指控。2020年2月5日，美国部分律师事务所开始启动针对瑞幸的集体诉讼，瑞幸则开始连续披露股权变动事宜。

2020年4月2日，瑞幸向美国证券交易委员会（SEC）递交了文件，自曝公司存在严重财务舞弊行为。由三名瑞幸独立董事组成的特别委员会的内部调查表明，瑞幸2019年第二至第四季度与虚假交易相关的总销售金额约为人民币22亿元，同时相应的成本和费用也因虚假交易而大幅膨胀。自爆财务欺诈令瑞幸股价在一小时内经历5次熔断，一度暴跌81.30%。

2020年4月3日，负责瑞幸首次公开募股（IPO）及年报审计的安永华明会计师事务所则公开回应：在对瑞幸2019年报审计过程中，发现部分管理人员在2019年第二至第四季度通过虚假交易虚增了相关收入、成本及费用，并就此向瑞幸审计委员会进行了汇报，瑞幸董事会因而决定成立特别委员会负责相关内部调查。

同日，中国证监会发布公告称，高度关注瑞幸咖啡财务造假事件，对该

---

① 资料来源：韩洪灵等. 中美证监会开启罕见"行动"！瑞幸事件背后暴露了哪些"监管空白"？[EB/OL]. [2020-04-30]. https://www.thepaper.cn/newsDetail_forward_7207072.

公司财务造假行为表示强烈的谴责。不管在何地上市，上市公司都应当严格遵守相关市场的法律和规则，真实准确完整地履行信息披露义务。中国证监会将按照国际证券监管合作的有关安排，依法对相关情况进行核查，坚决打击证券欺诈行为，切实保护投资者权益。

2020年4月21日，美国证券交易委员会发布名为《新兴市场投资涉及重大信息披露、财务报告和其他风险；补救措施有限》（*Emerging Market Investments Entail Significant Disclosure, Financial Reporting and Other Risks; Remedies are Limited*）的声明，指出"与美国国内相比，包括中国在内的许多新兴市场，信息披露不完全或具有误导性的风险要大得多，并且在投资者受到损害时，获得追索的机会要小很多。"

从瑞幸自曝财务造假以来，爱奇艺、好未来等中概股相继被做空，最终在美引发中概股信任危机。4月23日，美国证券交易委员会主席杰伊·克莱顿（Jay Clayton）有史以来第一次在电视上公开提醒投资人不要投资中概股。

这样罕见的"行动"在中国也有发生。4月15日，国务院副总理刘鹤在主持召开国务院金融稳定发展委员会第二十六次会议时强调，监管部门要依法加强投资者保护，对造假、欺诈等行为从重处理。

4月27日，一张"瑞幸被相关部门接管"的截图在网上疯传。随后消息迎来"实锤"：中国证券监督管理委员会已派驻调查组进驻瑞幸多日。这是《证券法》修改之后中国证券监督管理委员会首次实施长臂管辖权的案件，也意味着我国证券执法开启了证券监管新时代。结合瑞幸事件后中美证监会高层的强烈反应，可以预见的是，对于跨境上市公司的监管力度未来将会越来越大。深思瑞幸事件不难发现，其背后也暴露出跨境监管上存在的问题，甚至是监管空白。

（四）培育核心竞争力

新企业的核心竞争力有很多可能性，创业者要注意抓住现有优势，挖掘新企业的核心竞争力，并不断扩大优势。对当前很多技术型或创新型创业，技术或创新是企业赢得竞争、快速发展的重要战略，是培育企业核心能力、增强企业长期竞争优势的关键，是打造核心竞争力的硬功夫。初创企业要靠技术的不断改进，及时的优势创业，巩固自己在市场上的地位。此外，要不断提高初创企业的经营管理水平，摒弃"家族式"管理理念，借鉴大企业先进的管理经验，大胆、积极引进职业经理等高素质管理人才，改善经理管理队伍素质,提高经营管理水平。一个出色的管理团队,也可以成为创业企业的核心竞争力。

【视野拓展】

华为"轰动全球"的5G与"备胎"芯①

"华为备胎芯片转正"事件的余热还未散去,"华为5G技术开始'席卷'全球"的突围喜讯,又让舆论"沸腾"了起来。从"备胎"芯到5G技术,华为的一次次突围引起"全球轰动"。而让其实现今日成绩的,不只是5G与备胎"芯"。

"伴随中美贸易摩擦的不断升级,大国之间的较量越来越体现为人才力量、技术力量、管理创新等层面的竞争。"浙江大学管理学院教授吴晓波表示,华为实现从"追赶"到"超越追赶"的背后,离不开管理理念与管理体系的创新。

☆ **华为的学习追赶模式——"僵化—优化—固化"**

我们团队2018年的研究成果《华为管理变革》系统分析了华为管理变革的历程。作为一个从"追赶"到"超越追赶"的中国企业典范,华为是一家典型的从二次创新到一次创新的"上台阶"企业,而能够做到如此的企业,目前在中国并不多。

"上台阶"的原因是什么?很重要的是,华为在追赶中形成了一套独特而又非常有效的管理体系,这套管理体系与以往的理论、方法、工具既有联系,又有很大的不同。众所周知,华为曾巨资引进国外的管理,许多世界一流的管理咨询公司都曾为华为管理体系的建构提供服务。特别是IBM,华为在IBM上投入的费用大概有40亿元。华为为什么要这么做?它从中得到了什么?因为这样能够使华为站在"巨人的肩膀上",可以毫无保留地学习世界上最先进的管理。坦率地说,华为的学习追赶模式,是先"僵化",后"优化",再"固化"。

为什么要"僵化"?"僵化"的前提是什么?国人都明白不能削足适履,但"僵化"就是一种削足适履。这是对现代管理知识的全面学习和接收。但重要的是,在接收了以后,还要适应中国的情形去提升。这就是第二步的"优化",根据中国的企业环境、人文环境做改进性创新。随后,优化的东

---

① 资料来源:吴晓波. 任正非的英明是建立在科学管理体系之上 [EB/OL]. [2019-06-21]. http://www.ruthout.com/information/15880.html.

西还需要"固化",把它变成确定的流程和程序。这种基于流程的管理,在中国是比较欠缺的。

☆ **主动推动变革——创新管理理念与体系**

同时,华为还将东方文化中的精髓融合进去。尊重流程,但流程并不是一成不变,他要适应变化。变化的动力,一端是科技变化,即科技推动(technology push),另一端来自市场需求,即市场拉动(market pull)。当科技推动和市场拉动两种力量结合起来,才能形成创新。

创新本身是一种创造性的破坏,需要主动打破原有流程的平衡从而进行变革。值得注意的是,与大部分企业在面临危机或原有流程已经失效时才迫不得已变革不同,华为是主动推进变革。实际上,华为能在国际上获得今日之成就,很重要的一个原因就是其形成了新的管理理念和管理体系。

为什么这样说呢?因为传统的管理理念是尽可能将不确定性排除在外,认为做好可控的事情就会变得更强大。而华为不一样,他是将那些不确定的要素包容到现有的管理体系内。因此,他既能迅速建立平衡,也能主动打破平衡。总的来说,华为的实践是从管理理念和管理体系上对原有西方主导的管理体系进行突破性提升。

☆ **前瞻布局储"备胎"——拥抱不确定性**

不久前,美国为了向中国施压,禁止所有美国企业购买华为设备,更将华为列入会威胁美国国家安全的"实体名单"中,禁止华为从美国企业手中购买技术和配件。在这之后,华为"海思"的一夜转正引起社会各界强烈关注。有人评价道,这些"备胎"是任正非为应对挑战早早定下的策略。事实上,类似的超前研发布局并不仅仅是针对当下局势而建立的,而是华为日常在做的事。考量和预估不确定性,并做出制度性安排,就是华为日常工作的一部分。比如"海思"的研发工作就是"2012 实验室"体系支撑起来的,该实验室是针对未来大量不确定可能性进行研发的平台。有人可能会认为这是华为早一步为贸易战做的准备。而当不确定性果然发生时,预设的准备安排和研发工作的价值也就体现出来了。所谓"备胎"是通过制度安排所形成的管理体系优势,这正是华为的可贵之处。任正非也确实是一位高明的领导者,他的英明领导建立在科学管理体系之上。

企业领导者需要具有前瞻性,从而为未来的竞争做好策略安排。不只是华为,很多企业都有这样的安排,即销售一代、储备一代、研发一代。"海思"开发的芯片,之所以没有早早面市销售,是因为它是一种战略储备,是为不断进行研发改进而服务的。多年来,海思员工研发的芯片并未得到使用,他们一直如"幕后英雄"般存在。"海思"总裁何庭波在致员工的一封信中将此形容为"数千海思儿女,走上了科技史上最为悲壮的长征"。

有时候,企业员工看问题的视角不如领导者全面,这容易成为因"看不到价值"而产生消极情绪的潜因。但对"海思"员工来说,这种"负面情绪"不会太多,这得益于华为完整的研发管理绩效考核体系。考核从前台传递到后台,使员工能看到自己工作的进展,即便是没有直接应用的技术研发,也能得到绩效承认。

☆ "不让雷锋吃亏"——以奋斗者为本的核心价值观

一直以来,华为始终想灌输给员工一个重要价值观——"长期坚持艰苦奋斗",甚至还一度滋生出了"床垫文化"。对于"床垫文化",我们应当辩证地看待。起步阶段的华为,整个体系都在建立过程中,又面临着快速学习的需求和激烈竞争的环境,员工长时间超强度的奋斗在第一线是比较正常的。发展到现在,一方面,华为的研发体系完备,研发基地的条件大大改善,员工并不需要将床垫搬到办公室了。但拼搏精神是长期存在的,这与华为"以奋斗者为本"的核心价值观相契合。另一方面,华为设立了立体、全面、紧密的持股体系和薪酬体系,这套体系使得华为员工的付出都能得到应有的承认和激励。华为内部有一句话是"不让雷锋吃亏"。员工不计私利地为集体出力,企业则及时地将机会与利益向奋斗者倾斜。正因如此,华为的奋斗体系才能可持续地推进。

☆ 华为的进阶之道——"软实力"

中美贸易战并非突然发生,其实早有预兆。随着国际竞争格局的改变,新兴力量和原有在位力量必有冲突。在位国家及其企业长期享受优越的环境和利润,当面临挑战者时,他们必会采取反制措施。当前的情景也说明中国企业确实强大了。面对瞬息万变的外部环境、新的市场和用户需求,华为该如何突围?或者说,如何解决冲突?首先要明确的是,中国早期企业壮大主要依靠成本优势和性价比,对直接经济利益过于关注。而当今社会,重要的不仅是经济利益,还有对文化价值观、精神、审美价值方面的满足。要解决冲突,华为在显著的硬实力基础上,还需提升软实力,更好地强调其文化价值。特别是在各国不同文化背景下,华为需要思考的是,好的产品和技术如何帮助当地人民实现价值创造,如怎样帮助当地社团、社会组织和企业更好地使用华为硬件设备,促进当地创业等。

从这个角度来看,华为还需要向发达国家的领先企业学习,特别是在社会责任感(corporate social responsibility,CSR)方面,要有更好的平台和实行体系。不只是华为,中国企业都应该向这个方向努力,提升"软实力"。

第三节 新企业的成长

一、企业经营管理基本规律

企业是国家创新体系的核心主体,持续提升中国企业经营管理能力和国际竞争力,是建设面向未来的科技创新强国的核心议题。中华人民共和国成立以来,尤其是改革开放以来,随着计划经济向市场经济的转型,现代企业经营管理基本制度得以确立,创新驱动发展上升为国家战略,企业逐步成为国家创新体系的核心主体。我国企业、产业和国家创新实力大幅增强,已成为具有全球影响力的创新大国。然而,我国企业经营管理仍然面临严峻的内外部挑战。内部方面,与国外领先企业相比,我国企业经营管理整体效能仍亟待提高,激励创新包容失败的企业文化尚未有效建立,企业子公司和分支部门中仍然存在信息孤岛,企业经营管理对创新能力和经济绩效的提升价值亟须进一步释放。外部方面,我国企业和产业核心技术对外依赖仍然十分严重,提升我国企业在全球价值链中的地位仍任重道远;进入对外开放新阶段以后,我国企业不但面临日益严峻的国际竞争压力,也需要与"一带一路"倡议等国家战略相结合,深度融入和优化全球创新发展体系。党的十九大指出中国特色社会主义进入新时代,对科技创新做出了全面系统部署,明确提出要"培育具有全球竞争力的世界一流企业"。

(一)优势战略制胜规律

战略的词义最早是指军事领域的智慧艺术和科学,现代西方学者将"战略"一词引入企业管理领域。美国管理学家艾尔弗雷德·D·钱德勒(Alfred D Chandler)在《战略与结构工业史的考证》一书中正式提出企业战略管理的概念,揭开了现代战略管理理论研究的序幕。战略管理理论主要有以下几个观点:(1)资源基础理论。1984年,沃纳菲尔特(Wernerfelt)发表企业资源基础论,意味着资源论的诞生,该理论认为难以模仿和复制的资源是企业竞争优势的源泉,但后来资源基础理论却无法解释为何大量的高价值技术公司在面对激烈的市场竞争时缺乏"有用的能力"。后来有大量的实证研究佐证了该理论的合理性。（2）钻石模型理论。1990年，波特（Porter）提出钻石模型，该模型理论是关于企业战略的综合分析理论，为企业战略选择提供了一种分析工具。（3）平衡积分卡理论。1993年，卡普兰和诺顿（Kaplan and Norton）公开发表的第一篇关于平衡计分卡的论文《平衡记分卡驱动绩效目标》，将平衡计分卡延伸到企业战略管理之中。（4）核心能力理论。1990年，普拉哈拉德和哈默尔（Prahalad and Hamel）在哈佛商业评论中首先提出核心能力的概念，此后，核心能力理论作为战略管理理论界中的前沿问题被广为关注和研究，随后蒂斯（Teece）等在吸收核心能力理论的基础上提出了改变能力的能力即动态能力理论，提出了动态变化的能力理论，其主张面对快速变化的市场环境，企业要及时回应市场需求，快速响应市场变化，整合内部和外部能力推动产品创新。

【视野拓展】

共享单车——"误了初心"还是"误入歧途"？[①]

　　从各路资本纷纷注入到如今 OFO 只能通过动产抵押才能换取阿里融资，从行业内企业如雨后春笋般涌现到如今重新洗牌多家企业倒闭，从政府积极倡导发展到如今不堪重负纷纷限制共享单车的数量，从"绿色出行解决城市出行最后一公里"到如今"城市新型垃圾坟场"，共享单车行业的诞生和发展，充满了传奇和梦幻色彩。在这样的变化过程中，共享单车行业到底经历了什么？是行业诞生不合理性的"误了初心"，还是行业发展路径的"误入歧途"？

☆ "误了初心"：行业诞生的不合理性

　　共享单车行业，所谓"共享"却不是"共享经济"。何为"共享经济"，共享经济（sharing economy）是指拥有闲置资源的机构或个人有偿让渡资源使用权给他人，让渡者获取回报，分享者利用分享自己的闲置资源创造价值。需明确的是，共享经济强调了闲置资源的共享，现如今大热的爱彼迎（Airbnb）、任务兔子（TaskRabbit）等都符合上述定义，人们通过将自身闲置资源或技能有偿让渡给他人，以达到资源最大化利用的目的。但一直打着"共享经济"旗号的共享单车行业实际上却并不满足上述条件。共享单车的车辆来源并非个体所有，而是运营的企业所拥有，这与共享经济的本质

[①] 资料来源：蔡宁，贺锦江，王节祥. "互联网+"背景下的制度压力与企业创业战略选择[J]. 中国工业经济，2017（3）：174–192.

内涵是有所背离的。其形式更符合于一家利用互联网技术的自行车租赁公司。

既然不是共享经济，那么私有企业在运营过程中无偿使用公共资源是否合理？如前所述，共享单车企业其实更接近于一家自行车租赁的私有企业。共享单车的移动端开锁和支付，不设有固定停车桩等使其在城市出行风靡，但也因此带来了停车拥挤、占用公共场所、对城市交通造成阻碍等问题。与一般的汽车租赁公司将车放在私有停车场不同，共享单车的车辆其实是停放在人行道及大马路边这些具有公共资源属性的场所。作为一家私有企业，占有公共资源进行营业显然有其不合理性。而且如今，共享单车的治理更多地变成了政府的任务，包括废弃车辆处理等，这显然是消耗了纳税人的付出。换句话说，共享单车行业的治理需要纳税人来买单。

因此，共享单车行业的诞生本身就具有争议性，"共享单车"不"共享经济"、私有企业占用公共资源、需要纳税人为其治理买单。或许正是其"误了初心"，才导致了如今企业骑虎难下、资本投入方欲罢不能、政府治理难的窘境吧。

☆ "误入歧途"：行业发展的路径失误

免费一时，却不能笼络用户一世。与许多互联网企业的发展路径一致，共享单车行业也是利用免费战略不断累积用户，采用初期免费、后期收费的策略。免费战略已经成了互联网行业发展的一个经典战略，不论是风靡一时的网约车"烧钱大战"，还是周鸿祎关于 360 永远免费的承诺。正是利用消费者的这类心理，在前期资本充足的情况下，企业往往都采取了免费战略以获取用户。不可否认，这的确能够在初期快速吸引用户，并且短期内使企业快速占领市场。但也不得不承认的是，这样的"占领"，在更免费或更优质、性价比更高的同类竞争品出现之时很多时候显得不堪一击。共享单车的前期盈利模式中就有关于"押金"盈利的说法，但这种盈利模式在小蓝单车倒闭、政府开始介入押金治理之后开始失效，单车企业倒闭之后公众的押金难以退回，爆发大规模的群体性事件。支付宝推出芝麻信用分达到某一值即可免押金骑行的活动，少了押金收入，企业营收更为紧张，而随之企业对减免活动的减少，开始收取月卡、季卡、年卡费用等行为，让用户开始迅速转移，免费战略积累起来的用户黏性很低。这和当年滴滴出行积累起来的用户相似，当专车、快车收费上涨之后，用户开始转向曹操专车、易到用车等优惠活动更多的约车 App。

蜂拥而入，恶性竞争导致"共输"局面。共享单车行业可为前所未有的热闹，有人从颜色进行区分，不但集齐了各种颜色，每种颜色下都有多家企业，"小蓝""小黄"已远不是单个企业的称呼。甚至有人笑言，进入共享单车的壁垒其实是颜色，新进入企业只能选择彩色了。正是如此拥挤的行业，导致竞争异常激烈，资本家的大量资本涌入，给了企业之间竞争的筹码，没有被"大树"看上的企业逐渐被抛弃，而拥有BAT等资本投资的企业，也展开了以补贴大战为主导形式的互相竞争。由于产品替代性强、用户黏性低，因此"烧钱"这样的竞争形式显然不具有可持续性，加之互相更低价的攀比，使得企业往往面临"共输"的局面。

为此，共享单车行业的发展路径值得我们深思，包括企业应该采取什么样更为合理的策略，政府应该采取什么样的治理策略，才更有利于共享经济的发展及为社会创造更多的价值。互联网的免费战略也值得我们做进一步的思考，因为这种策略背后既面临着作为商业竞争策略的有效性问题，也涉及在市场经济条件下是否有违于市场公平竞争的问题。

在市场、技术快速变化和竞争日益全球化的动荡环境下，原有的管理方式已不适应生产力发展的需要。企业必须探索、建立一套以培植企业核心能力为战略目标的管理方式，制定并执行以市场—社会需求为导向、核心能力为基础的优势战略制胜规律。这一规律是我国企业经营管理的首要的基本规律。在当前转型时期运用这一规律要遵循以下几个具体运作规律：

- 需求导向与遵循国家战略意图相结合的规律；
- 长短期计划相结合，战略先导的规律；
- 能力培植优先，任务与能力相匹配的规律；
- 全员参与规律。

【视野拓展】

丰巢的"封巢"风波——如何求解？①

丰巢自2020年4月30日开始上线会员服务，并推出了相应的智能快递柜收费规则：非会员包裹可免费保存12小时，超过需收取0.5元/12小时的费用，3元封顶；会员可享受不限保管次数、7天长时存放的服务，会员月卡每月5元，季卡每季12元。这样的规则推出之后，引发了极大的市场关注以及用户情绪反应，一些小区甚至采取了宣布停用丰巢的措施。一时

---

① 资料来源：郭斌. 丰巢的"封巢"风波：如何求解？[EB/OL]. [2020-05-15]. https://baijiahao.baidu.com/s?id=1666739299328240147&wfr=spider&for=pc.

间，引发了大量关于丰巢收费问题的讨论。在这些讨论当中，一个关注的焦点是丰巢究竟应该是免费还是付费服务？丰巢收费究竟是否合理？这样的讨论固然有其意义，但这也会带来一个认知上的问题，那就是似乎这个问题变成了一个零和博弈的关系——一方的收益意味着另外一方需要付出的代价。我们可以思考一下，这个问题的核心究竟是什么？厘清这个问题很重要，因为这将关系到我们如何来寻找解决问题的答案。

☆ 寻找问题的核心

丰巢推行会员制过程中所遇到的问题，我们可以从三个关键的视角来看待和分析问题。

商业模式改进的系统设计视角：许多商业模式背后，都涉及多元的参与者，因而在这些多元的参与者需要在收益和成本上进行合理的分配。像丰巢这样的智能快递柜服务，涉及小区物业、业主及业主委员会、智能快递柜运营者、快递公司、电商平台等多方利益主体。或者简化地来考虑，涉及丰巢、快递公司和小区用户。丰巢此前是对快递员收取使用费用的，按照丰巢柜大中小三种格子分别收每单 0.45 元、0.4 元和 0.35 元的费用。由于顺丰绝大多数的快递还是采取送货上门方式，顺丰自身使用快递柜的比例大概为 6%，因此大量使用是其他快递公司的快递员。如果我们静态地看待问题，那么就是丰巢原来是对单边收费的（也就是快递员），现在试图变成对双边（也就是小区用户+快递员）收费的模式。毫无疑问，丰巢作为智能快递柜运营方，此前一直面临着如何盈利的压力，而对于任何一个能够持续运营和提供服务的企业而言，势必都需要越过盈亏平衡点并寻找更多的业务收入机会。就此而言，收费策略的意义并不宜仅仅视为在短期内找到新的业务收入来源，更为关键的是通过合理的收费策略设计来提升快递柜的使用效率。快递柜的使用效率提升，可以帮助快递员提升工作效率，通过增加他们在单位时间的派单量来提升快递员的收入；更进一步地，通过快递柜的使用效率提升来获得更多的来自快递公司的快递柜使用付费。据丰巢官方表示，从上线会员功能以来，丰巢 12 小时内取件比例提升了 5 个百分点，意味着每天早上可以空出近百万个快递柜格口。

对用户的价值设计视角：如前面所提到的，在商业模式中涉及多元的参与者，效率的提升固然可以为丰巢和快递员带来收入的增长，但是还需要考虑小区用户从中可以得到什么价值？在商业模式的设计与优化过程中，有一条重要的原则，那就是好的商业模式改进方案设计，一定要尽可能地让所有关键参与者（或者说利益相关者）都能够从新的商业模式设计中得到超过原有商业模式所带来的利益或价值，最低限度是在维持现有利益或价值的状况下不额外增加他们需要支付的成本（这个成本不仅仅包括财务意义上的成本，也包括由此带来的一些隐性成本，例如可能会改变他们以往的使用习惯、会使得他们需要付出更多的注意力或精力来处理等）。就此而言，小区用户并未从新的模式中获得直接的收益，虽然快递柜使用效率的提升有可能会在未来给小区用户带来潜在的收益，但这种收益不论是在时间上还是在可能性上都具有太大的不确定性。

用户行为模式改变视角：对于一个现有的服务形式而言，用户会逐渐形成较为稳定的行为模式，包括他们对于服务价值的理解、服务使用的行为方式。一旦服务提供者试图去打破这样的行为模式，势必会引起用户的情绪反应。服务提供者尤其是需要考虑两个方面的问题：（1）用户行为模式的改变通常意味着用户需要付出一定的成本（包括财务成本和心理成本），这就需要给出一定的增加价值来对冲这种成本变化，这通常意味着给用户提供更好的服务或者是提供额外的价值。（2）同样重要的是，所有改变的过程，如何重塑用户的认知以及采取一些做法来缓冲变化过程中的情绪反应，都是服务提供者需要仔细思考的问题。用户会使用以往的模式或者是其他一些服务竞争者的模式作为基准来评估这种变化。尤其是当用户从免费模式切换到付费模式的时候，用户出现的情绪反应会更为突出。从免费切换到付费，在用户心理认知上，既是一种质的变化，而且也会被用户解读为打开了未来不断上涨的费用空间。

☆ 有哪些潜在的解决方案

基于上述的讨论，我们可以思考的潜在解决方案，将会集中在增加用户的感知价值、重塑用户的认知、缓冲行为模式变化的抵触三个方面。

- 增加用户的价值感知

如前所述，从免费切换到收费模式，通常需要提供更好的服务或者是给出额外的收益。短期而言，由于受制于智能快递柜硬件的限制，短期内很难直接改变服务的质量（这个只能从长期来改变，例如丰巢在获得了更多的收入之后对硬件和系统进行升级改造来为小区用户提供更好的服务），我们思考的方向主要是如何给小区用户提供额外的收益。

与用户分享收益以增加价值感知。由于快递柜使用效率的提升可以直接为丰巢和快递员带来收入增加，因此可以适当地从这个效率提升所带来的收入增量中分割一部分分享给用户。丰巢最近的一些做法也是从这个方向来思考的，例如丰巢官方公告中表示将联合快递企业共同鼓励小区用户尽早取件,其中顺丰计划在近期率先推出早取件、赢红包的活动:顺丰包裹在 2 小时之内被取出的用户会得到 2 元红包,在 4 小时内取出将会得到 1 元红包。

从免费模式向付费模式切换的过程中,要让用户并不仅仅有向外支出(付费)的认知,也有获得收益机会的认知(也就是设定一定的条件让用户得到获取收益的机会)。例如在快递柜繁忙时段,可以为用户提供"1 小时内取走将获取额外红包"的机会(注意这里的条件是繁忙时段,因为非繁忙时段用户更快提取包裹并不一定会带来额外的收入增量,或者说繁忙时段的快递提取速度的提升在为丰巢创造收入上具有更大的边际价值);又或者是给用户每个月 2 次超时免费服务的额度,而如果用户不使用超时免费服务的话,可以折换成一定金额的红包。这样,即使有不少用户可能未必会真正用到这些机会,但至少可以让他们在心理感知上认为丰巢会员制的推出并不仅仅是单纯的增加额外支出的计划。甚至可以让一些获得额外收益的用户转变成为计划的支持者,从而改变用户群体内部的认知方向。

通过与第三方合作来为最终用户提供额外的价值。例如丰巢可以联合快递企业,利用小区物业服务人员(通常他们在完成本职工作之外是有闲置时间的)来完成从快递柜到入户的最后一公里的配送服务,小区物业服务人员可以从中按件获得一定的收入(通常这个计件提取的收入会低于快递员支付给丰巢的费用),与此同时有助于减少对快递柜繁忙时段的占用。

- 重塑用户的认知

新规则的出台往往需要市场有一个理解和接受的过程。在新规则出台之前以及在实施过程中,合理地利用媒体来引导和塑造市场的认知,是非常有必要的,尤其是一些涉及用户价值感知和成本支出的重要变化。丰巢在会员制推出过程中,所采取的方式过于简单,没有很好地对用户认知进行引导。例如,在正式推出相关规则之前,可以在一些公开论坛或者是媒体上表达企业有关于推行会员制的设想,以此来引发市场的讨论,试探市场对于方案的接受程度以及探索可能的方案。因为这样的做法具有很少的可回撤性,也就是如果发现市场接受度存在很大的负面反应,可以很快向公众表达这只是一个不成熟的想法,并不会真正实施。与此同时,这个事实上未被实施的方案,也在一定程度上将会成为市场用户在评估新方案时的一个参照点,而不仅仅是让用户把免费作为一个判断的参照点,进而增加新方案被接受的概率。

事实上,从丰巢收费实施以来的情况来看,并非所有的用户都反对收费的会员制，也有一些小区用户表达了无所谓的态度或者是表示可以接受。因此，企业可以一方面对于那些持反对态度的用户，通过了解他们的诉求来寻找更好的方案；另一方面也可以借助那些表示可以接受的用户看法在媒体上传达出一些声音，尤其是智能快递柜在多大程度上以及为他们带来了哪些价值的相关信息。这也有助于缓解市场舆论的压力。

- 缓冲行为模式变化上的抵触

目前用户表达的不满情绪，大多集中在"12小时的免费存放时间太短"以及"快递员不经询问擅自投递"这两个方面而这些都与用户行为模式变化过程的管理有着密切的关系。

渐进式的变化策略。时间是缓冲用户情绪和抵触的有效手段。随着时间的推移，人们对于同样事物的看法，即使在这个事物本身没有变化的情况下，也会逐渐发生变化，会有更大可能去适应和接受某种变化，尤其是这种变化人们最终认为这不可避免的时候。智能快递柜服务如果一直不能形成可持续的盈利模式的话，这个服务本身是不可能一直在市场中持续存在的。所以，丰巢在推行这个变化的时候，更适合的是遵循渐进变化的原则，先选择一些适合的小区进行试点，在试点进展到一定程度再迅速地全面推行。在会员制的收费方式上，也可以按照渐进模式，分成更多个时间阶段，逐步将收费提升到目标水平。

选择权。在方案设计上，将用户的选择权纳入考虑范围，并不仅仅是监管政策本身的要求，也是商业设计中需要思考的重要因素。因为用户在获得了选择权之后，他们的抵触情绪会大大缓解，甚至在一些较为极端的情况下，这些选择权并不一定与实际获得的利益有关，而是与用户的心理效用有关。人们经常使用的一句自嘲的话就反映了这一点："自己挖的坑，含着泪也要跳下去。"事实上，"快递员不经询问擅自投递"这个问题严格而言并不是丰巢的责任，而是快递员的责任，但是由于小区用户的情绪反应导致所有的指责被导向了丰巢。这也反映了丰巢在推行会员制计划之初并未全面地考虑用户的选择权问题。

对变化的解读提供必要的信息。市场关注的另外一个问题焦点是"12小时的免费存放时间太短"。由于在免费模式下用户的包裹免费存放时间与提升快递柜的使用效率之间的确存在着逻辑上的冲突关系，因此这个问题的本质是丰巢与用户之间的利益合理平衡问题。所以，除了上述一些与用户利益分享以及塑造用户价值认知的做法之外，如何从丰巢这一方对用户给出"合情合理"的说法，对于缓冲用户的不满情绪就变得很有必要。

在会员计划刚刚推出的时候，丰巢并未给出必要的解释信息，这导致市场产生了"丰巢态度傲慢"的看法。丰巢官方 5 月 9 日在其公众号致用户的一封信中对这个做法进行了解释，表示后台数据显示快递员派件高峰集中在早上 9~11 点，一般 10 点到达峰值；设置 12 小时保管期限就是基于这个派件高峰时段所进行的推算。如果这种必要的解释在公布会员计划之初或者是在市场情绪反弹的初期就给出，那么与公众的沟通会更为有效。

需要指出的是，尽管我们在上述的分析讨论中是以丰巢的会员制推出为对象的，但其中的分析逻辑和应对做法是可以延展到类似的商业情境的，尤其是那些涉及多方参与者、需要改变用于行为模式的场景。

（二）全面创新管理规律

创新作为引领国家、社会、企业发展的第一动力已被写入《国家创新驱动发展战略纲要》。创新驱动不是仅仅依靠技术创新，而是包括多要素的全面创新。党的十九大报告指出，要把技术创新和制度创新、商业模式创新、管理创新、文化创新等有机结合，进行全面创新，只有全面创新才能提高国家的竞争力，获得持续竞争优势。

全面创新管理基于全面的系统观，以培养企业整体核心能力、提高市场竞争力为导向，以价值创造/增加为最终目标，以各种创新要素（如技术、组织、市场、战略、管理、文化、制度等）的有机组合与协同为手段，通过有效的创新管理机制、方法和工具的运用，实现"三全一协同"。全面创新管理突破了以往仅由研发部门孤立创新的格局，突出了以人为本的人本观和复杂系统的创新生态观，并使创新的要素与时空范围大大扩展。

全面创新管理的要点是：围绕一个中心，依托两个基本点，实现一个目标。即以培养和提高企业核心能力为中心，以战略导向和各创新要素的有机组合协同创新为关键点，实现企业的价值创造/价值增加（提高经营绩效）。全面创新管理实质是组合创新管理上的进一步发展。

企业的经营绩效、核心能力、全面创新管理三者之间存在密切的正相关联系。在全面创新管理框架中：全方位创新是内容，全员创新是主体，全时空创新是实现的形式，他们三者的相互关系如图 9-2 所示。

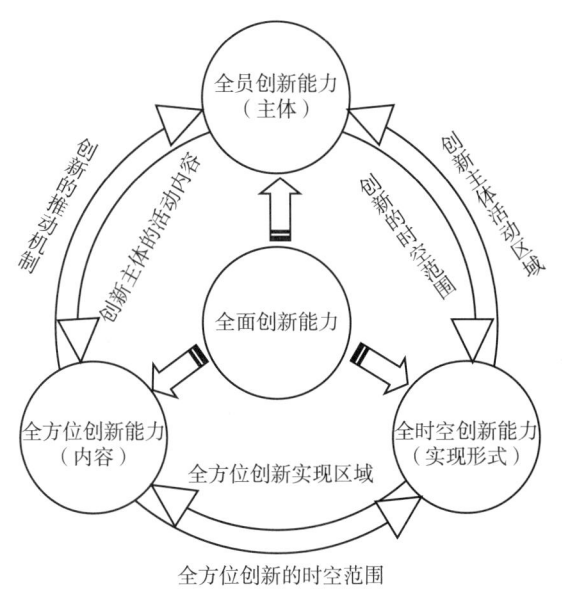

图 9-2 全面创新能力内容及相互关系

【视野拓展】

全要素创新驱动下的产品定制化生产——智能制造平台①

注重技术与市场的有机结合一直贯穿于海尔的创新发展观。自进入全面创新阶段,海尔更加强调市场、战略、管理思想等非技术要素与技术要素的协同创新作用。全要素创新作为一种创新观与制度安排根植于海尔的组织原则中,并持续指导组织实践。全要素创新提倡通过发挥不同层次创新要素之间的整合效益,更新价值创造方式。对我国大多数传统制造企业而言,价值创造的核心一直被锁定在生产环节,企业通过高效率、低成本的工业化生产在全球价值链中占据一席之地。与同类企业相比,海尔在全要素创新上的实践为企业在互联网时代突破日渐固化的价值创造方式提供了机遇。海尔的全要素创新不仅要求市场与技术、管理等多要素的共同参与,而且强调通过多要素协同方式的转变激发新的价值创造方式,提高产品附加值。产品附加值的提升不外乎依靠产品功能拓展、产品个性化定制以及产品与服务打包实现。在全要素创新驱动下,海尔逐渐将传统工厂升级为智能制造平台,其发展过程如图 9-3 所示。

---

① 资料来源:许庆瑞,李杨,吴画斌. 全面创新如何驱动组织平台化转型——基于海尔集团三大平台的案例分析 [J]. 浙江大学学报:人文社会科学版,2019,49 (6):78-91.

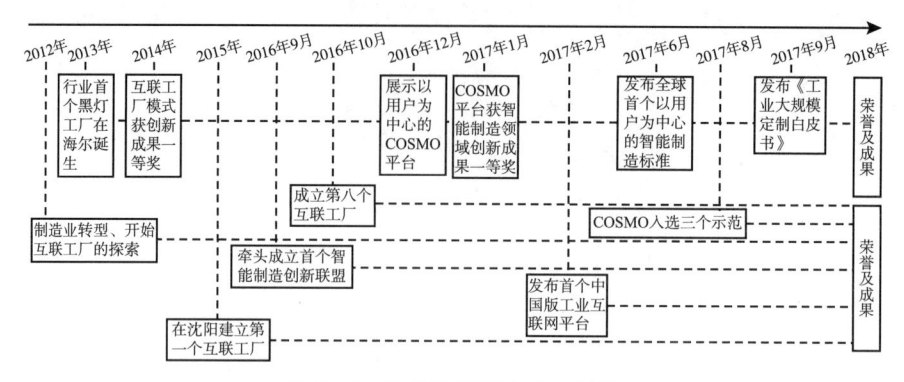

图 9-3 智能制造平台发展历程

互联工厂是智能制造平台的核心组件之一。在互联工厂的建立过程中，海尔先做样板，之后开始复制。第一个转型的互联工厂是海尔沈阳冰箱工厂，后续每新建立一个工厂，海尔都要求有所改进，对工厂进行迭代升级。互联工厂并不是简单地以提高生产效率为目的的自动化改进，而是通过工厂内自下而上的系统集成及与上下游企业间的数字化协作，为个人用户提供柔性定制服务、全流程体验以及为企业客户提供工业智能化解决方案。互联工厂的互联功能主要体现在：用户与全要素互联、用户与"网器"互联、用户与全流程互联。互联工厂与平台上其他核心组件一同构建了新的价值创造方式，其背后是市场、技术与管理力量的高精度协同，如图 9-4 所示。

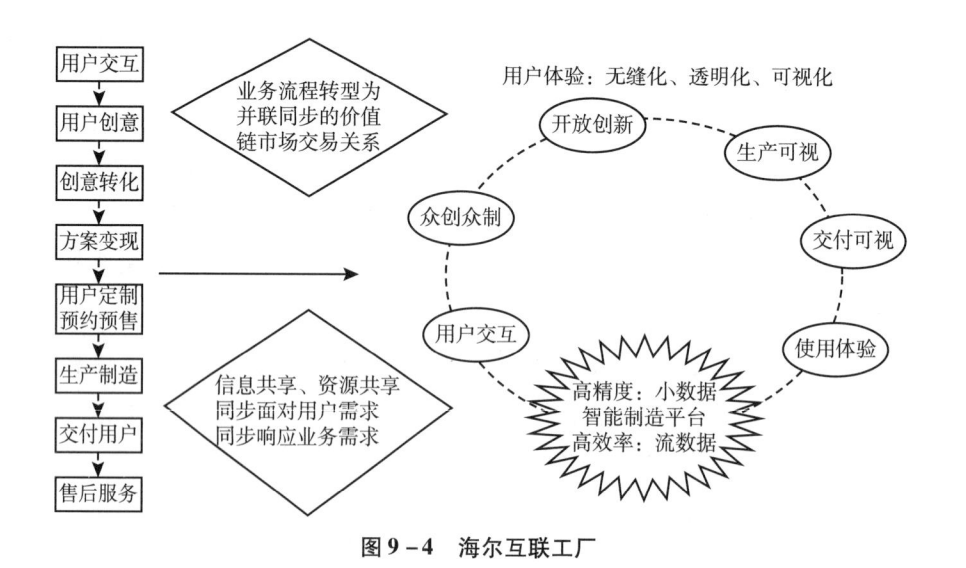

图 9-4 海尔互联工厂

传统制造业的价值链是由研发、制造、销售环节串联形成的。然而价值链串联涉及流程过长，存在无法快速响应用户需求的问题。因此，海尔最初在全要素创新上的探索主要表现为对市场与技术协同作用的高度重视，创造了"市场—研发—设计—生产—市场"的环形价值创造方式。伴随全要素创新发展的进一步深入，环形价值链逐步演变为并联协同的价值链。将组织职能部门变成了节点，让每个节点同时面对用户需求、共享用户信息、提供用户服务成为海尔在平台化转型阶段最主要的价值创造方式。在并联协同的价值创造过程中最为关键的环节是信息的收集、处理与同步。海尔以众创汇为窗口收集用户定制需求，依靠云技术处理智能设备与物联网终端产生的海量数据。多要素并联协同所创造的价值在产品与服务层主要体现在三个方面。（1）模块化定制：将冰箱300多个零部件划分为20个可对接的模块，从而提供16大系列、100多个信号模块化生产的定制产品。（2）众创定制：根据用户创意，通过用户投票等机制筛选出能满足部分用户群体特殊需求的产品方案，一旦订购量达到生产所需的最小批次量，便投入生产。（3）将海尔在智能制造转型中的管理经验、技术解决方案以及基于平台沉淀的数据以大数据增值服务方式提供给企业客户。新的价值创造方式通过用户与生产要素互联、用户与"网器"互联、用户与全流程互联的方式为用户带来基于高精度的最佳体验；同时通过柔性化精益生产线、智能化的家电产品、数字化的信息交互系统为企业带来效率与精度的改进。

海尔通过多要素的协同创新，更新了传统制造企业的价值创造方式，奠定了海尔平台化转型的商业模式基础。全要素创新驱动下的智能制造平台将对用户的关注发挥到了极致。以用户需求为导向，智能制造平台已经成功孵化了众多颠覆性的原创科技产品，如测量系统分析（MSA）控氧保鲜冰箱、净水洗洗衣机、传奇热水器、固态制冷酒柜、小焙烤箱等，进一步增强了海尔在家电行业的竞争力。

（三）人企合一规律

人企合一规律即凝聚以知识工作者为主体的全体员工，运用多种激励手段，充分发挥他们的创造性与积极性，融育人与用人为一体。现代企业之间的竞争实际上是人才的竞争。在知识经济条件下，知识工作者在企业中的重要性日益突出。企业要从战略的角度制定并执行一整套吸引、培育、发展、留住和凝聚人才的策略，以增强组织资本，同时把平衡员工的工作与生活作为企业的主要目标之一，以谋求企业员工的共同发展。在转轨时期，企业在运用这一规律时要遵循以下运作规律。

- 凝聚规律：从思想、感情和远景（愿景）上将员工融于企业生命体中。

- 激励规律：建立有效的激励分配制度，发挥多种激励的组合效应，充分调动人的积极性。
- 向组织资本转化的规律：以核心能力为重点，根据企业经营战略的需要加强人力资本投资，促进个体资本向组织资本的转换。
- 集权与分权相结合，增强集中领导为先的原则：构建有机的组织结构体系，有效地实现分权和集权的动态结合。
- 共同发展规律：坚持企业与员工的共同发展。

中国经济要想从价值链低端走到高端，必须走创新发展的道路。现在的经济结构正处于优化升级阶段，创新成为新经济发展的重要动力，经济的可持续发展需要创新赋能。在新经济时期，企业的经营方式受到极大的挑战，面临巨大的转型压力。因此，创新人才的培养不管是对企业还是对整个国家的发展显得尤为重要，而且迫切需要创新人才实现新旧动能的转化。虽然，我国目前在创新人才培养方面也取得了一定的成就，但跟发达国家相比差距还是很大，不管是创新水平还是创新效率都处于明显的劣势。为了缩小与他们的差距，需要从国家、政府、企业、高校、科研院所等多主体去培养创新人才。

企业要想能够在新常态下获得发展就必须改变原来的那种"野蛮生长"方式，不能仅仅依靠大规模投入和单纯追求规模效益。企业亟须通过创新来推动自身的发展，实现生产要素的最佳配置，而创新人才是最重要的要素，是保持竞争力的必要条件，是企业能够良好发展的保障。

【视野拓展】

海尔集团创新人才培养模式——人企合一[①]

在不同的战略阶段，海尔对创新人才的培养提出了不同的要求，如图9-5所示，战略在变，企业员工的创新能力也要随之变化，要紧跟时代的步伐，为企业的发展提供人力支撑。

---

① 资料来源：吴画斌，刘海兵. 传统制造业创新型人才培养的路径及机制——基于海尔集团1984~2019年纵向案例研究 [J]. 广西财经学院学报，2019，32（4）：123-136.

第九章 如何创办新企业

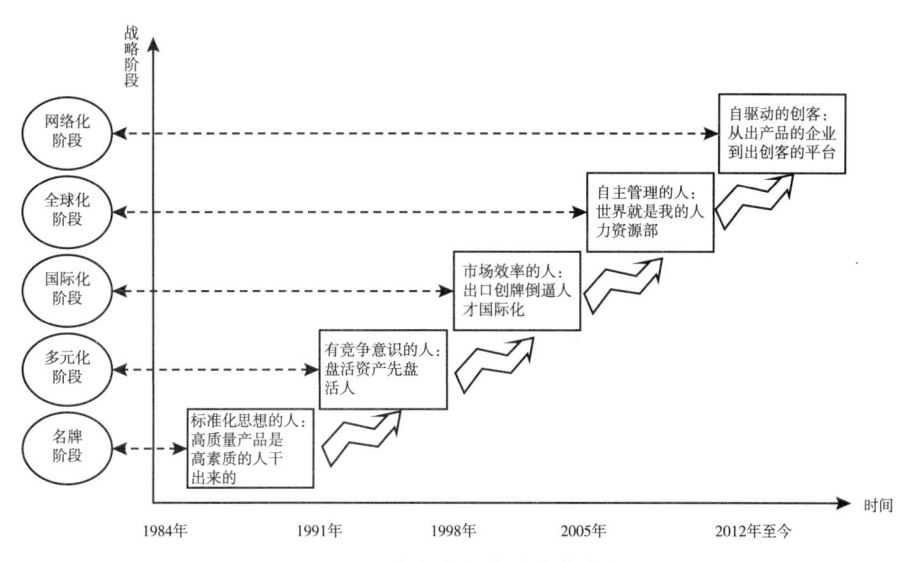

图 9-5 海尔创新人才培养路径

（战略阶段由下至上）：名牌阶段、多元化阶段、国际化阶段、全球化阶段、网络化阶段

- 标准化思想的人：高质量产品是高素质的人干出来的
- 有竞争意识的人：盘活资产先盘活人
- 市场效率的人：出口创牌倒逼人才国际化
- 自主管理的人：世界就是我的人力资源部
- 自驱动的创客：从出产品的企业到出创客的平台

时间：1984年　1991年　1998年　2005年　2012年至今

☆ **名牌战略阶段：打造具有标准化思想的人**

海尔成立初期面临纪律松懈、消极怠工、破坏生产工具、偷拿产品、管理混乱等情况，张瑞敏担任厂长以后就决定立规矩、抓纪律，认为只有及时改变这种现状才可能使工厂得到进一步发展。几天以后，负责人力资源部门的劳人保处公布了著名的管理"13条"以及工人违规后的处理方案。根据几位工作时间长的员工回忆，当时的管理"13条"对员工的消极懈怠、不作为思想起到了根治作用，甚至可以说没有这个管理条例制度的实施就没有现在的海尔。

海尔制定的名牌战略实质是它的创牌阶段，依据的核心思想是"高质量的产品是高素质的人干出来的"，所以当时十分强调纪律、分工、职责、流程、纠偏、改进等方面，实行严格的质量否定制度，形成了全面质量管控体系，建立了用户思维和质量意识，使员工拥有了一整套标准化的思想，并且内化成了自我管理的工具手段。

☆ **多元化战略阶段：塑造有竞争意识的人**

1991年海尔集团正式成立，实行了兼并策略，如兼并青岛红星电器厂、广东顺德等工厂，标志着海尔进入了多元化阶段。随着生产产品的种类越来越丰富，海尔遇到了人才瓶颈，急需各种类型的人才来发展企业。在一本《海尔是海》的书中张瑞敏说要广揽五湖四海的人才，而且要能够自我净化，素质方面要逐渐地提高和升华，淘汰平庸者和懒惰者。为此，海尔开展了一次主题为"千里马与伯乐"的讨论大会，提出了"赛马不相马"的口号，这样可以给员工提供更多的公平竞争的机会。从"相马"变成"赛马"，可以挑选出更多的优秀人才，有利于涌现出更多优秀的人才，通过这种公平、公开的竞争机制，员工的创新潜能得到激发。在赛马机制的影响下，海尔有一批年轻人脱颖而出，成为海尔后期得以发展的基石。

1992年海尔在人力资源方面进行制度创新，实行"三工并存、动态转化"的制度。海尔的员工被分为三个等级，从低到高的等级分别是试用员工、合同员工、优秀员工，并且按照1∶4∶5的比例实行差别待遇。根据考核评比的结果，对那些绩效好的员工进行"上"转，绩效差的员工"下"转，甚至是退出劳务市场。通过这种人才竞争机制的引进，为海尔留下了优秀的人才。1996年海尔继续颁布出"各类人员培养和升迁"的条例，培养人员可以通过不同的途径，主要是三条途径：生产员工、专业职务、管理职务。但这三条培养和升迁路径并不是孤立存在的，他们之间是存在交叉的。所有的人员在上岗之前都要通过竞聘环节，只有优秀的人员才能进入工作岗位，进入岗位以后会受到各方面的监督，即使工作上没有出现错误，但如果没有突出的业绩，这种情况仍然可能会受到批评，甚至是降职。同时，每一个领导在上任期满以后会被调到其他的岗位工作，主要是防止出现拉帮结派的现象，另一个目的是尽可能使这种领导型的人才能够掌握较全面的工作内容，为储备高级人才打好基础。

多元化战略阶段的海尔通过引入竞争机制来选人和用人，让海尔成功度过了人才缺乏的困境，通过制度上的创新增强了员工的竞争意识。海尔的竞争和淘汰机制大概可以概括为"竞聘升迁、在位受控、届满调换、末尾出局"，在这个阶段，遵从"盘活资产先盘活人"的理念，海尔打造出了多个属于自己的品牌，如洗衣机、冰柜、空调等，获得了一批消费者的青睐。

☆ **国际化战略阶段：倒逼出有市场效率的人**

20世纪90年代，国外家电巨头通过各种方式开始进入我国市场。为了应对国外企业的挑战，就要使自己也成为国际化的企业，成为一只"狼"，这样才能够"与狼共舞"，海尔走上了二次创业的道路。当时海尔的销售额仅是惠而浦和三洋的二分之一、索尼的五分之一、西门子的六分之一、三星的九分之一，面对如此巨大的差距，海尔觉得首先应该从培养人才方面缩短差距，差距的根本原因是拥有的人才不同。

1999年海尔把市场关系引入企业内部，进行了基于市场链的流程再造,让企业的每个人都能直接跟市场有关系,组织内部的上下级关系变成市场关系,提高组织的灵活性和员工的创新积极性,以最快的速度满足用户的需求。在流程再造的基础上探索出战略事业单位(SBU)模式,在SBU模式下,员工不能再无偿使用企业提供的各种资源,如果员工想要使用企业的资源,如材料、设备等都要支付费用。为了能够支付这些费用,员工就要进行创新,运用创新的思维方式去经营和使用企业的资源,使资源能够不断增值,增值就能获得报酬,亏损则要进行赔偿。国际化阶段时提出三步走的目标,但匮乏国际化的人才,特别是国际市场建立以后,缺乏懂规则、善经营人才的问题更加突出。为了解决这个问题,海尔决定采取"项目组+少外派+当地化"的创新人才培养模式,主要的思想是在总部成立项目组,然后会派出少数的几个人到国外去参与项目,大部分的人员来自当地,利用他们来工作,让本国的人员再慢慢地融入当地,熟悉当地的法律,与本土化文化融合,通过内外结合的方式培养出适合国际化的创新人才。

国际化阶段的海尔面对内外双重压力,决定从改造员工思想开始,经历了基于市场链的流程再造、SBU模式,提高了企业响应市场的速度,激发了员工的创新潜能。通过出口创牌倒逼人才国际化,培养出懂规则、善经营、具有市场竞争意识的创新人才,他们为海尔国内外事业的发展做出了巨大贡献。

☆ 全球化阶段:衍生自主管理的人

2006年海尔进入了全球化阶段,但它仍然面临着家电市场供大于求的矛盾,而且当时的利润空间很低,如同"刀片一样薄"。互联网时代的到来,逐渐消除了信息不对称的情况,用户掌握的信息越来越多,主动权慢慢地从企业转向用户。同时,海尔集团的规模在不断地扩大,跟其他的大型企业一样,做事的效率越来越低,"大企业病"的弊端表现越来越明显。为此海尔提出了"人单合一"双赢模式,其中人指员工,单指用户的价值。这种模式要求每个员工都能找到自己的"单",都能为用户创造价值,从而实现自己的价值。2010年,海尔开始打造内部自主经营体,自主经营体的组成人数不固定,可以是一群志同道合的人,也可以是独立的个人。此时,以前的正三角组织已经不适合海尔的发展,海尔的组织结构变成了倒三角形式,如图9-6所示。

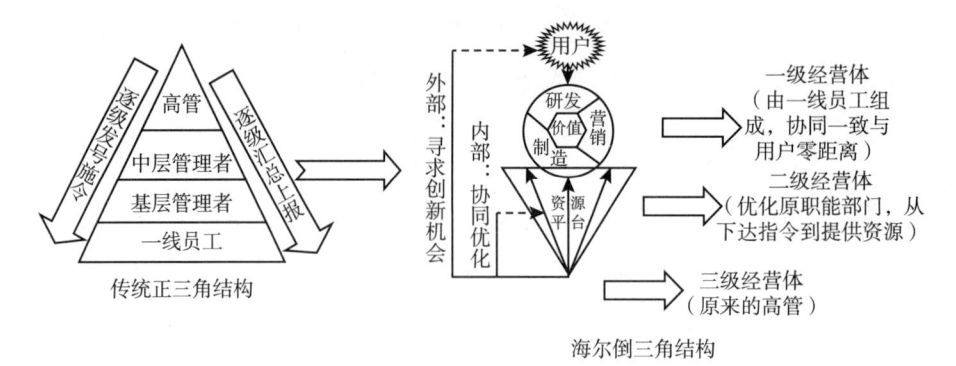

图 9-6 海尔组织结构变化

组织变成自主经营体以后,员工之间没有了上下级关系。领导变成了服务和资源的提供者,他们的主要工作是帮助一线经营体整合资源,员工从过去被动地接受命令,然后执行命令,变成了领导和员工共同创造用户需求,每个人都要寻找自己的"单",否则面临被淘汰的命运。其中,一级经营体主要是直接面对用户;二级经营体是平台经营体,主要是帮助一级经营体寻找可以利用的资源并对其提供帮助;三级经营体是战略经营体,由原来的战略部门组合而成,负责制定战略方向,淘汰那些不能达到期望的一级和二级经营体,同时担负着对经营体升级换代的责任。

全球化阶段的海尔,通过组织结构的颠覆,吸引了很多外部的人才进入,为海尔注入了新鲜的血液。同时,员工的自主性得到进一步增强,他们不再需要别人的监督,而是主动地去寻找属于自己的"单",去创造用户的需求,他们变成了一群自主管理的创新人员。

☆ 网络化战略阶段:孵化自驱动的创客

2012 年海尔进入了一个新的战略阶段:网络化阶段,商业模式发生了巨大的变化。此时已经是大数据时代、社群时代、众筹时代、物联网时代,这个时代的特征是"复杂而不确定"。2015 年,中央提出"大众创业、万众创新",此时的海尔已经在打造"人人创客"的道路上走过了一年多的时间。在 2014 年的时候,海尔就提出要实现"管理无领导"和"员工创客化",要把海尔从一个制造产品的企业转变成培养创客的基地。其实与创客类似的概念在 2013 年就开始出现了,当时在推行"人单合一"模式 2.0 的时候,海尔提的口号是"人人都是 CEO",要求员工要有自我管理、自我驱动的能力。但"人人是 CEO"和"人人是创客"在有些地方是不同的,"人人是 CEO"当时提出的视角主要是针对内部的员工,"人人是创客"的范围更大,这里的人不再局限于企业内部的员工,而是一种更加开放的心态,外部的人员也可以进入海尔创新创业。目前,海尔有五种模式孵化创客,如表9-1所示,海尔创客的孵化具有人力社会化、资本社会化的典型特征。

表9-1 海尔创客孵化五种模式

孵化创客模式	内容形式
内部孵化模式	海尔内部员工借助海尔资源创业
众筹模式	通过网络平台让用户参与创业
脱离母体孵化模式	脱离海尔、凭借自己整合资源创业
大众创业模式	海尔外部人员进入海尔内部创业
万众创新模式	整合创意与资源、对产品创新

网络化阶段的海尔已从出产品的企业变成出创客的平台,员工都成了创客,每个员工都成为独立创造价值的主体,人的自主性和能动性更加突出,尤其是创新性得到极大的提高。员工与组织是平等的伙伴关系,是相互雇佣关系,个人的资本价值在不断提升的同时平台也获得了增值,是共创共享关系。在海尔战略大方向的引领下,员工自组织、自创业、自驱动,通过签订对赌契约、"官兵互选"、竞单上岗(PK竞单)等方式寻找自己的"动态合伙人",构建动态的合伙人制,进行自主决策,自主创新,寻找高"单",获取高酬。

二、企业如何借力发展自己

如何有效地获取知识、运用知识对提高企业创新绩效就显得尤为重要。随着知识经济时代到来和网络技术的普及,知识不再仅仅是体现在书本、资料、说明书和报告中的编码知识,也不再是物化在机器设备上的知识,而是存在于员工头脑中的隐性知识,是固化在组织制度管理形式企业文化中的知识。同时,知识也不再仅仅大量富集在研究室、科研院校、企业研发部门等少数专业区域,而是更为广泛地存在于普通顾客、供应商等更大的群体之中。技术的广泛传播形成了强大外溢效应,在公司、消费者、供应商、大学、新建企业之间形成了一个重要的技术蓄水池。

在知识经济时代,知识成为超越传统的土地、劳动力和资本的更为重要的资源,知识创新不是简单地处理客观信息,而是发掘员工头脑中潜在的想法、直觉和灵感,并综合起来加以运用。即企业不是一台机器,而是一个活生生的有机体。在知识创新型企业中,知识创新不是研发营销或战略规划部门专有的活动,而是一种行为方式,一种生存方式,在这种方式下人人都是知识的创造者。

因此,当知识不再为少数专业人员、少数专业机构所独占的情况下,封闭式创新从根本上受到了挑战:创新本身就是知识的创造性使用,当知识存在于更为广泛的人群中时,创新也要尽可能地将所有人包括进来。这就要求每个组织与外界组织建立联系,以实现知识在不同组织间的共享,构建知识整合、知识共享和知识创新的网络体系,为组织间的知识交流创造良好的知识环境,推动知识创新活动。由于知识的溢出效应,组织在开放式创新中,不但可以获得新的知识资源,而且还可以达到知识创造和共享。

(一) 合理利用开放式创新

在当今时代,企业纷纷运用创新的理念和方法来寻求和构建企业的竞争优势。在传统的创新模式下,他们认为成功的创新需要控制,企业必须自己发明技术、开发、销售,将其市场化,并进一步提供售后服务、提供财务金融支持,一切依靠自己的力量。企业通过资助大规模的研究实验室来开发技术,以此作为新产品来源的基础,从中获取高额的边际利润。这种模型是旧式经济下企业取得成功的典型的垂直整合模式,切斯布鲁(Chesbrough)称为封闭式创新模式。这种模式过分强化和控制自我研究功能,结果一方面那些无力承担大的研究投入的企业因新技术来源障碍而濒于竞争劣势;而另一方面大量的技术因其过度开发或者与市场需求相脱离而被束之高阁。20世纪90年代末,切斯布鲁观察到这种封闭的模式开始发生变化,一种与封闭式创新相反的新理念——开放式创新正在被越来越多的企业所接纳。与将技术紧紧地控制在企业内的封闭式创新不同,在开放式的创新理念下,研究成果能够穿越企业的边界进行扩散,企业的边界被打破了,内部的技术扩散到其他企业发挥作用,外部的技术同样被企业接收、采用。开放式创新核心理念就在于不再区分创新是来自内部还是外部,以期以最小的成本和最短的时间实现创新成果,并获取最大化的效益。开放式创新使得企业能够通过技术许可获得企业需要的技术成果,同时激活一些在封闭的创新环境下可能被抛弃的企业技术,从而获益。

现代企业创新是一个多要素相互作用的复杂的过程。由于创新的复杂性和不确定性、市场竞争日益激烈、产品更新周期的日益缩短,使得任何一个企业不可能在其内部获得所有的全部知识与信息，企业也难以将创新活动的完整价值链纳入企业内部。为了创新，企业不得不与其他的组织产生联系，来获得发展资源，这些组织可能是其他公司，如供应商、客户、竞争企业和合作企业等；也有可能是投资银行、政府部门、大学、科研机构等。通过企业的创新活动，企业与这些组织形成了一个个网络，影响着创新。创新过程是创新要素互动、整合、协同的动态过程。因此，企业技术创新受到很多因素的影响，包括企业内的和企业外的因素，所以说仅仅依赖单要素企业是根本不可能进行创新的。任何一项技术都包含不同的组成要素，如人、能力、过程和组织；任何一项创新都包括要素的新的组合，有些是新的要素，有些是已有的要素。只有善于获取知识，善于整合自身和他人的要素，才能拥有更强的创新能力。

因此，创新要素（包括知识、技能、资源）在空间和组织上的分立和整合是开放式创新的关键所在。开放式创新的本质就是创新要素的融合和集成。企业充分利用开放式创新模式，能够构建强大的企业创新网络，从而整合创新资源、获得溢出效应、突破技术障碍、减少创新风险。企业是一个耗散结构系统，不断地与外界交流资源、能量和信息。企业创新也是一个耗散过程，只有企业获取外部的创新要素大于企业内部耗散的创新要素时，企业才能不断创新，不断成长和发展。由于企业通过创新网络获取创新要素，只有当企业创新网络是一个具有开放性的网络通路时，才能保证企业获取到足够的创新要素。因此，开放式创新模式的核心就是企业与外部建立开放性的创新网络，将更多创新主体涵盖到自身创新体系中来，获得远距离的知识和互补性的资源，并不断向外部开辟新的市场。同时，开放性特征还表现为企业对网络联系的自主控制力，即自主决定网络联系的建立与中断、加强与减弱[1]。

【视野拓展】

格力、海尔、美的三家公司的开放式创新平台

☆ 格力集团—智能制造全产业链应用平台[2]

2019年1月，中国智能制造全产业链应用大会在东莞举行，格力电器联合中国联通、民生银行、深圳建筑总院三大领军企业推出了中国首个

---

[1] 部分资料来源：许庆瑞. 全面创新管理：理论与实践 [M]. 北京：科学出版社，2007.
[2] 资料来源：新华社客户端. 格力电器联合领军企业打造智能制造全产业链应用平台 [EB/OL]. [2019-01-20]. https://baijiahao.baidu.com/s?id=1623153498717175911&wfr=spider&for=pc.

"智能制造全产业链应用解决方案合作创新平台",通过设计规划、装备、自动化、信息技术等不同领域的紧密合作,共同推动中国制造业转型升级,为推动制造业高质量发展提供新模式、新样板。董明珠说,格力和其他三家企业共同打造的智能制造全产业链是开放式的,希望可以和更多的企业一起合作,以智能绿色工厂构建为突破口,用创新赋能制造,以协作升级智造,实现共同发展,推动中国智能升级转型,为建设制造强国贡献智慧和力量。在智能时代,上下游的协同发展能让我们更好地解决问题。

格力与许多高校科研院所签订了技术联合开发项目,包括共建实验基地、人才培育和科学研究等,取得了丰硕的创新成果。格力通过赞助"中国制冷空调行业大学生科技竞赛"等方式支持行业人才培养;同时与东南大学联合上报的研究项目荣获了国家技术发明二等奖。可见,开放式创新有助于减少新技术和新市场探索的不确定性,避免追赶路径的锁定效应,同时进一步推进自主可控的创新发展道路。

☆ 海尔集团—HOPE 平台[①]

海尔首席执行官张瑞敏认为,互联网时代企业发展关注的重点不是自己拥有多少资源,而是能够利用多少外部资源,并提出"不求我所有,但求我所用""最聪明的人在企业的外部""世界是我的研发部"等口号。海尔在开放式创新上的尝试并不是一蹴而就的,而是建立在全时空创新的实践基础之上。平台化转型前,海尔已在欧洲、北美、亚太等地区拥有了15个研发网点、6个设计分部、10个科技信息点,形成了遍及全球的信息化网络;并利用全球科技资源的优势在国外建立了48个科研开发实体,同时联合美国、日本、德国等国家和地区的28家具有一流技术水平的公司建成了海尔中央研究院,实现了创新全球化。在全时空创新方面,海尔依靠即时创新与"马上行动"的理念总能比竞争对手领先一步满足用户个性化需求,依靠接力式创新,充分利用不同区域的时差优势,极大地缩短了开发周期。自2009年起,海尔在全时空创新驱动下,充分利用内外部创新资源,积极建设内外部合作机制,正式采纳开放式创新模式,并搭建了开放式创新平台。目前,海尔在开放式创新的道路上已经走过了单纯的外部资源导入与筛选阶段。目前面临的主要任务是:如何将发散的外部资源与聚焦的内部需求进行高效匹配。为掌握不同学科领域的全球技术发展动向、实现创新资源供给与需求的高效匹配,海尔在开放式创新平台的基础上搭建了 HOPE(Haier

---

[①] 资料来源:吴画斌,许庆瑞,李杨. 创新引领下企业核心能力的培育与提高——基于海尔集团的纵向案例分析 [J]. 南开管理评论,2019,22(5):28-37.

Open Partnership Ecosystem，海尔开放创新平台）平台。HOPE 由海尔原来的技术情报部门转型而来，依靠长期面对用户所积累的市场直觉以及对技术方案可行性的专业判断，为企业内外部创新者提供技术寻源、成果商业化等一站式服务，如图 9-7 所示。

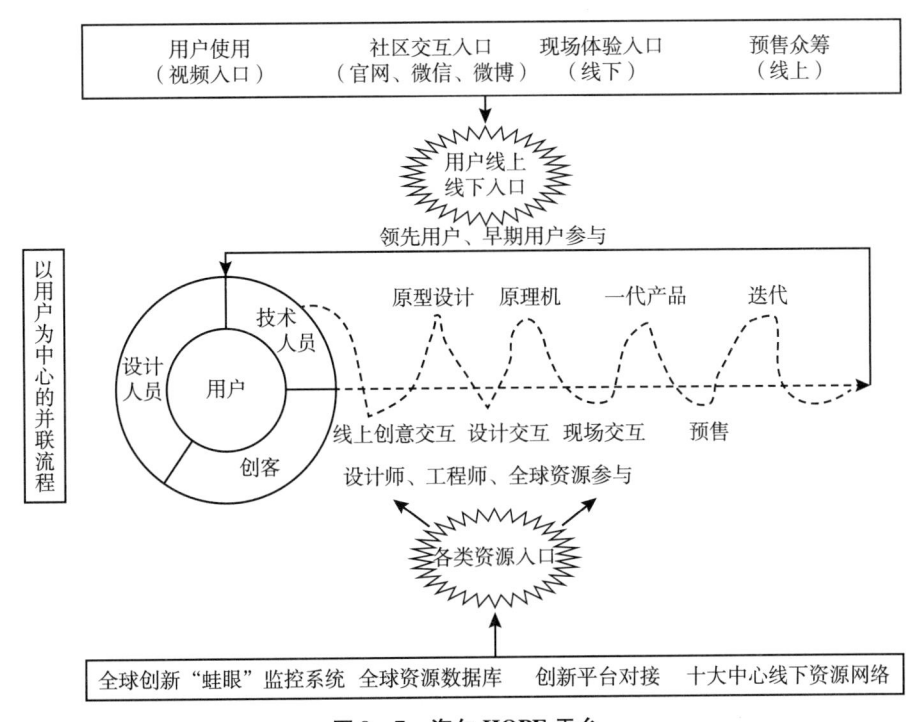

图 9-7 海尔 HOPE 平台

HOPE 平台拥有全球范围内庞大的资源网络（包括专业渠道、线上平台、政府组织、大学和研究机构、创新中心、大公司、十大研发中心、孵化器、VC 协会线上社群、专业数据库等），建立了创新者聚集交互的生态社区（包括领先用户、设计师、科研人员和工程师等），搭建了资源需求与供给的链接机制（如用户线上线下入口、全球创新"蛙眼"监控系统、资源情报创新合伙人、全球技术情报系统、全球资源数据库、创新平台对接、十大研发中心及三网资源渠道、情报体系、利用爬虫工具设立 700 多个关键词搜索全球资源等）。HOPE 平台通过微信、微博、现场体验等线上线下方式收集用户的创意，然后设计师、工程师、技术人员等与其交互，利用全球的创新资源，设计生产出他们满意的产品。在互联网时代的平台型组织中，卖出产品并不是交易的结束，而是交互的又一次开始，因为产品本身就是"网器"，海尔通过"网器"对用户需求做进一步的需求交互分析，从而对产品进行迭代升级，更好地满足用户的需求，吸引更多的用户到平台上来交互。

☆ **美的集团——美创平台、M-Smart**①

美的集团于近日向媒体宣布，将投入11亿元资金，致力打造一个全球企业和个人开放式创新平台。据悉，美创平台于2015年9月12日正式推出，成为面向全球大众的创业孵化平台。

美的集团副总裁兼创新中心总监胡自强介绍，美创平台通过共享技术方案、参与产品众创、创业孵化三个主要流程，实现内外部资源的优化整合。美的集团会对技术进行共享合作，进行线上需求发布、解决方案和线下资源交易；美的用户会参与美的产品创新、研发、测评的全流程。创业孵化是整合内外部创新资源，创业团队在线上申请创业项目，美的提供优质资源，并进行线下项目交易。

公司一方面借助"美创平台"、M-Smart智慧家居开放平台等形式探索家电业务的潜在机会，聚拢与整合社会资源满足多样化需求；另一方面大力投入工业机器人产业，形成了以库卡集团、安川机器人合资公司等为核心的机器人及自动化系统业务，并与数百家高校科研院所、科技公司等进行技术合作，寻找和把握未来可能的颠覆性技术。

（二）企业注重平衡外部获取和自我积累

外部资源是为了借力，借力不是为了拿来，借力的目的是超越。通过开放式创新，企业逐渐从追随者变为领先者，但需要进一步降低外部知识搜索的偶然性和不确定性给企业发展带来的负面影响，因此在某些方面上的储备就变得非常必要。企业在开放式研发系统中，目标是争取在每完成一个项目之后，在下一个类似的项目中能降低对外部力量的依赖，所以在开放式创新中企业要坚持开放和自己能力建设相结合。例如，在2017年海尔在超前研发中心建立了自己的工程师实验室，这是一个非标的高柔性的实验室，能够很好地提高技术研发的效率。同时，海尔还建立了八个共性技术团队，目的是在积累研发能力的同时使其不断地提高。这些技术团队的目标是利用全球研发中心的技术资源，在全行业内做到第一，即开发相同的项目可以用最快的速度、最低的投入成本做好。正是因为海尔有效地平衡了开放式创新和技术创新能力的积累，才使得海尔能够不断地整合全球研发中心的技术资源，让其逐渐变成自己的核心能力②。

---

① 资料来源：张忠耀. 基于美创平台的全球开放式创新体系[J]. 清华管理评论，2019（4）：101-107.

② 资料来源：金伟林，王侦，吴画斌. 开放式创新平台如何赋能——基于海尔集团HOPE平台的探索性案例研究[J]. 特区经济，2020（5）：67-70.

参考文献

[1] 席升阳. 我国大学创业教育的观念、理念与实践 [M]. 北京：科学出版社，2008.

[2] 伍维根，张旭辉，彭德惠. 大学生就业创业教育教程 [M]. 成都：西南交大出版社，2007.

[3] 吴画斌，许庆瑞，陈政融. 创新驱动下企业创新能力提升路径及机制——基于单案例的探索性研究 [J]. 科技管理研究，2020，452（10）：8-16.

[4] 许庆瑞. 全面创新管理 [M]. 北京：科学出版社，2007.

[5] 吴金秋. 高校创业教育的兴起与发展 [N]. 中国教育报，2010-06-03，（3）.

[6] 潘懋元. 新编高等教育学 [M]. 北京：北京师范大学出版社，2009：13-16.

[7] 岑晓腾，苏竣，黄萃. 基于耦合协调模型的区域科技协同创新评价研究——以沪嘉杭 G60 科技创新走廊为例 [J]. 浙江社会科学，2019（8）：26-33，155-156.

[8] 高建伟，丁德昌. 就业指导与创业教育 [M]. 北京：中国传媒大学出版社，2007.

[9] 彭华涛，马龙，吴莹. 推动协同创新应不断强化政府的主导作用 [J]. 经济纵横，2013（8）：13-17.

[10] 储克森. 职业·就业指导及创业教育（第2版）[M]. 北京：机械工业出版社，2007.

[11] 陈劲. 协同创新与国家科研能力建设 [N]. 中国高新技术产业导报，2012.

[12] 熊丽敏，郑玲莉. 高校科技人员协同创新面临的问题与对策 [J]. 中国外资，2012（20）：177.

[13] 李祖超，聂飒. 产学研协同创新问题分析与对策建议 [J]. 中国高校科技，2012（8）：24-25.

［14］彭行荣．创业教育［M］．北京：中国科学技术出版社，2003．

［15］何恬，刘娟．京津冀区域协同创新体系建设研究［J］．合作经济与科技，2013（20）：4-5．

［16］陈峰．广州地区高校协同创新研究［D］．昆明：云南财经大学，2014．

［17］辜胜阻，李睿．大众创业万众创新要激发多元主体活力［J］．求是，2015（16）：28-30．

［18］郑刚，梅景瑶，郭艳婷，等．创业教育、创业经验和创业企业绩效［J］．科学学研究，2018，36（6）：1087-1095．

［19］郑刚，梅景瑶，何晓斌．创业教育对大学生创业实践究竟有多大影响——基于浙江大学国家大学科技园创业企业的实证调查［J］．中国高教研究，2017（10）：72-77．

［20］胡长健，孙道胜．大学生就业创业教育教程［M］．合肥：安徽大学出版社，2007．

［21］张秀娥，徐雪娇．全球创业观察视域下中国创业生态系统建设路径——中国与以色列创业生态系统的比较分析［J］．创新与创业管理，2017（1）：49-63．

［22］张涛．创业教育［M］．北京：机械工业出版社，2007．

［23］孙中博．东北地区创新创业生态系统建设的新挑战与对策［J］．中国管理信息化，2017，20（6）：129-130．

［24］徐振轩．就业指导与创业教育［M］．北京：电子工业出版社，2006．

［25］汪明月，刘宇，秦海波，等．后发地区创新创业模式及优化研究［J］．科研管理，2018，39（9）：71-80．

［26］董平、石爱勤．职业指导与创业教育［M］．北京：北京大学出版社，2008．

［27］胡贝贝，王胜光，任静静．互联网时代创业活动的新特点——基于创客创业活动的探索性研究［J］．科技创业月刊，2016，33（18）：1520-1527．

［28］曾婧婧，龚启慧．双创大赛人才选拔标准研究：创新还是创业？［J］．科学学研究，2017（10）：98-107．

［29］任胜钢，贾倩，董保宝．大众创业：创业教育能够促进大学生创业吗？［J］．科学学研究，2017（7）：105-114．

[30] 刘华海. 高校创新创业教育：青年教师实践"短板"与应对 [J]. 科研管理, 2017（S1）: 636-640.

[31] 刘志阳, 杨超. 财经素养教育的国际经验借鉴与中国标准建构 [J]. 广西财经学院学报, 2019（3）: 116-126.

[32] 郑刚, 郭艳婷. 迈向创业教育2.0: 斯坦福大学创业教育大众化的经验借鉴及启示 [J]. 西安电子科技大学学报（社会科学版）, 2016, 26（3）: 96-103.

[33] 陈敏. 创业指导 [M]. 杭州: 浙江大学出版社, 2004.

[34] 李思捷, 卢灵. 中法高等商科教育比较研究 [J]. 广西财经学院学报, 2015（1）: 118-120.

[35] 关敏泓. 增强高校典型教育实效性研究——以广西财经学院为例 [J]. 广西财经学院学报, 2015（5）: 109-114.

[36] 金伟林, 吴画斌. 打造创新型企业大学——基于海尔大学的探索性实践研究 [J]. 企业管理, 2019（11）: 59-61.

[37] 王英杰, 郭小平. 创业教育与指导 [M]. 北京: 机械工业出版社, 2006.

[38] 德鲁克. 创新与企业家精神 [M]. 北京: 机械工业出版社, 2007.

[39] 韩哲宇, 陶康乐. 新媒体在高校创新创业教育中的应用探究 [J]. 河北青年管理干部学院学报, 2012（5）: 57-60.

[40] 滕松艳. 高校思想政治理论课课堂教学有效性问题探析 [J]. 佳木斯大学社会科学学报, 2013（2）: 162-164.

[41] 刘艳秋. 论有效性教学 [J]. 赤峰学院学报（自然科学版）, 2013（5）: 13-16.

[42] 邓斐乐. 课堂有效性教学浅析 [J]. 中国科教创新导刊, 2013（5）: 13.

[43] 王占仁. "广谱式"创新创业教育的体系架构与理论价值 [J]. 教育研究, 2015（5）: 56-63.

[44] 冉再. 基于SSI构架的恩世在线教育支持系统构建 [D]. 上海: 复旦大学, 2009.

[45] 阚婧. 我国高校创新创业教育的实践探索 [D]. 大连: 大连理工大学, 2011.

[46] 陈昊. 在线教育背景下大学生创新创业教育有效性研究 [D]. 重

庆：重庆交通大学，2014.

[47] Aokimasahi Harayama Yuko. Iiuiustiy – university cooperation to take on here from [J]. Research Institute of Economy, Trade and Industry, 2002 (4): 42 – 49.

[48] Kay, Luciano. Opportunities and Challenges in the Use of Innovation Prizes as a Government Policy Instrument [J]. Minerva, 2012, 50 (2): 191 – 196.

[49] Chen J W, Hobdell M H, Dunn K, et al. Teledentistry and its use in dental education. [J]. Journal of the American Dental Association, 2003, 134 (3): 342 – 346.

[50] Westhead P, Ucbasaran D, Wright M. Decisions, Actions, and Performance: Do Novice, Serial, and Portfolio Entrepreneurs Differ? [J]. Journal of Small Business Management, 2005, 43 (4): 393 – 417.

[51] Barringer B R, Jones F F, Neubaum D O. A quantitative content analysis of the characteristics of rapid-growth firms and their founders [J]. Journal of Business Venturing, 2005, 20 (5): 0 – 687.

[52] Segarra – BlascoA, Arauzo – Carod J M. Sources of innovation and industry-university interaction; Evidence from Spanish firms [J]. Research Policy, 2008, 37 (8): 1283 – 1295.

[53] Etzkowita H. The triple helix: university-industry-government innovation in action [M]. London and New York: Routledge, 2008.

[54] Kuen – Hung T, Wang J C. External technology sourcing and innovation performance in LMT sectors; An analysis based on the Chinese Taiwan Technological Innovation Survey [J]. Research Policy, 2009, 38 (3): 518 – 526.

后 记

本书基于学校的经管专业优势、实训教学特色，探索创新创业人才高质量培养的路径方案，完善创新创业人才培养方案，提升创新创业人才理论能力和实践能力。

为了写出一本接地气的创新创业书籍，本书的筹划及写作历时多年，在学院多位老师的辛勤付出下完成了本书内容的撰写工作。回想写作过程，许多事情仍然历历在目。

首先是写作主题的确定过程。利用寒暑假及平时空闲的时间，我们团队写作成员进行了大量的调研工作。通过大量的社会调研实践，发现大部分高校在创新创业人才培养方面遇到很多相同问题，迫切需要解决。

第一，创新创业教育师资力量较薄弱。新时代的创新创业教师需要的是复合型的人才，而很多老师只具有单科背景，所以在平时的教学和实践指导过程中很难做到面面俱到，不利于学生创新创业能力的培养。第二，创新创业人才队伍培养模式缺乏多元化。学院对创新创业人才队伍的建设体系还在不断地完善中，培养模式呈现出单一化特征，培养渠道不够丰富，不利于"双创"人才快速成长。第三，"双师双能型"教师紧缺。学校在深入推进应用型转型发展，进一步提升应用型创新人才培养能力，但针对如何建设和培养一支适应经济社会发展新常态、具有创新精神和创业实践能力的高素质"双师双能型"师资队伍还不清晰，应该制定完善的培养方案和政策。第四，创新创业教师理论功底有待提高。由于创新创业对于很多学校而言属于新专业，全国许多高校对此专业建设都处于摸索阶段，创新创业教师的工作缺乏相应的理论指导，需要不断丰富自身理论知识。第五，创新创业资源有限。创新创业人才的培养仅仅凭学校内部资源无法满足需求，需要借助外部优秀的"双创"资源才能高质量培养创新创业人才，而部分学校在此方面的资源明显存在不足，不能给予资源方面较大力度的支持。第六，协同育人机制不完善。企业在校企合作过程中的话语权缺失，导致他们没什么积极性参与校企合作，出现学校"一头热"现象，其中最根本的原因是校企合作育人机制不健全，需要建立完善的协同育人机制。

面对如此多的现实问题,写作团队成员经过多次的激烈讨论,最终选择了以服务学生为主体,写一本《创新创业启蒙》的教材,告诉他们如何进行创新创业、如何培养自己的创新创业思维能力。

其次,具体章节内容的设计。团队成员经过反复商讨,最终确定本书共有九章内容,而每章内容里面又分2~3个小节内容。而以上只是内容设计的第一步,更难的是每个章节具体写什么内容,各个章节之间的逻辑结构关系是什么,为什么是按照这种顺序设计安排,有没有更好的设计模式。为了确定出最终各个章节的细节内容,团队成员组织了多次线上及线下讨论会议,经过反复修改,最后才确定了本书内容的具体框架。

最后,配套视频的录制工作。为了能给学生呈现出最好的内容,团队成员决定亲自上阵录制内容的配套视频。视频录制过程真的非常艰苦,记得很多老师由于平时工作太忙了,只能把录制视频的时间安排在寒暑假,牺牲他们本该休息的时间来完成视频的录制工作。每年7~8月,浙江这边的温度都很高,有时候可以达到38~40度,只要一走出家门身上就冒汗。但我们团队的老师并没有被这烈日炎炎的高温吓退,反而是冒着高温到学校里来录制视频。有好几次来到学校录制室后发现房间空调坏了,但我们的老师仍然坚持录视频,每录制完一个视频都是满头大汗,身上的衣服也汗湿了。每到这个时候我们就会换另外一个老师上去录制视频,刚才那个老师就到旁边等待,等到自己身上衣服干了以后又会重新进行录制工作。就在这种艰苦的环境里,我们团队老师最后完美地完成了视频的录制工作。

为了更好地推进创新创业教育,解决当前创新创业教育面临的困境,后续我们会写出更多接地气的创新创业书籍,进一步扩大我们的服务范围。怀昂扬之志,扬理想之帆,让我们团队成员携手奋进,再谱新篇!

编 者

2021年10月于杭州